Knaur.

W0087466

Über die Autorin:
Annette Dutton, geboren 1965 in Boppard am Rhein, ist freie Fernsehproducerin und Autorin, zuletzt arbeitete sie für die ZDF-Reihe »Königskinder«. Mittlerweile lebt sie seit neun Jahren in Australien, zusammen mit ihrem Mann John und ihrem sechsjährigen Sohn Oscar.

Annette Dutton

Selling Bratwurst in Down Under

Wie ich der Liebe wegen
nach Australien auswanderte

KNAUR TASCHENBUCH VERLAG

Besuchen Sie uns im Internet:
www.knaur.de

Originalausgabe Juli 2010
Copyright © 2010 by Knaur Taschenbuch.
Ein Unternehmen der Droemerschen Verlagsanstalt
Th. Knaur Nachf. GmbH & Co. KG, München
Umschlaggestaltung: ZERO Werbeagentur, München
Umschlagabbildung: FinePic®, München
Satz: Adobe InDesign im Verlag
Druck und Bindung: GGP Media GmbH, Pößneck
Printed in Germany
ISBN 978-3-426-78334-4

2 4 5 3 1

Für John

Inhalt

Alles in allem gibt es nur zwei Arten
von Menschen auf der Welt – solche,
die zu Hause bleiben, und solche,
die es nicht tun.

RUDYARD KIPLING

Prolog

Die Weißwurst platzte, und das Innere quoll wie ein brutal wachsendes Geschwür über den heißen Grill. Mit dem Unterarm wischte ich mir den Schweiß aus der Stirn. Verfluchter Mist! Ich wendete die Würstchen so schnell ich konnte, um weitere Katastrophen zu verhindern. Verdammt, ich hab doch gleich gesagt, dass eine Weißwurst nicht auf den Grill gehört! Das weiß nun wirklich jedes Kind: Weißwürste werden in heißem Wasser erhitzt, nicht gegrillt. Aber mach das mal einem Australier begreiflich, der ALLES, was nicht bei zwei auf den Bäumen ist, auf den Grill wirft. Aussies sind Wilde, Fleischfresser ohne jede Raffinesse. Völlig egal, von welchem Tier das Stück stammt, Hauptsache, es kommt ein großer Fleischlappen dabei heraus. Gewürze? Zubereitung? Für den Australier eher hinderlich. Deswegen haben die auch von Würstchen keine Ahnung. Da müsste man ja mit dem Fleisch was anstellen, bevor es auf den Barbecue geklatscht wird.

Autsch! Gerade hatte ich mir den Daumen mit der Zange gequetscht. Geschah mir ganz recht. Was konnten die Australier schon dafür, dass ich keine Würstchen braten konnte? Ich wollte schon wieder fluchen, aber John sollte nicht merken, wie genervt ich war.

Ich stand in meiner Wurstbude, schwitzte wie ein Schwein und redete mich innerlich in Rage. Kann mir mal bitte jemand erklären, was zum Teufel ich hier eigentlich mache? Wie? In Australien deutsche Bratwurst verkaufen? Das glauben Sie doch selbst nicht! Und überhaupt: Ich und kochen! John meinte mal, ich würde selbst noch Wasser anbrennen lassen. Das war zwar schon eine Weile her, und ich habe seither beim Kochen durchaus Fortschritte gemacht, dennoch: Die Situation war absurd. Ich war in Australien, stand vor einem Profi-Grill und versuchte allen Ernstes, meinen Lebensunterhalt mit dem Verkauf deutscher Bratwürstchen zu verdienen.

Ich drehte mich zu John um, der den ersten Schwung Brötchen aufgeschnitten hatte. Ein warmes Gefühl überkam mich, und mein Puls schlug gleich ein wenig ruhiger. Kein anderer hätte mich je dazu bringen können, eine Weißwurst zu grillen. John würde im Gegenzug sicherlich behaupten, dass niemand außer mir ihn jemals hätte bewegen können, eine Weißwurst auf bayrische Art zu verspeisen. Er hat es getan. Für mich, sagt er, und dass er es wieder tun würde, obwohl er es nach wie vor eklig findet, das wabbelige Brät aus der Pelle zu zuzeln.

»Stammt dieser Brauch noch aus Zeiten, bevor die Römer euch Barbaren ein paar Tischsitten beibringen konnten?« John hatte den lauwarmen Naturdarm angeekelt ins Gras geschnippt. Sehr komisch. Ich hätte ihm mit der Varusschlacht kommen können, aber das würde nur vom Thema ablenken.

Denn mein Thema war ab sofort die deutsche Bratwurst in all ihren Variationen und vor allem die Frage, wie ich sie in meiner neuen Heimat down under am besten an den Mann und die Frau bringen würde. Der süße Senf zur Weißwurst zum Beispiel kam hier überhaupt nicht an. Ich hatte mir eine große Tube aus Deutschland schicken lassen. Beim Testessen verzogen Johns Freunde nur den Mund und spuckten das mühsam Gezuzelte samt Senf auf ihre Teller zurück. Sie machten aus ihrem Missfallen keinen Hehl und ließen mich ohne Umschweife wissen, dass sie mein kulinarisches Angebot für einen schlechten Scherz hielten: »*Jeez, bloody hell*, wer hat denn den Zucker in den Senf gerührt? Hast du den mit dem Salz verwechselt? *Yuk!*«

Nichts Geringeres als Jesus und die Hölle wurden bemüht, um das einheitliche Geschmacksurteil rüberzubringen: widerlich! »Ist ja gut«, beruhigte ich die Männerrunde und bot Bier zum Runterspülen an. War doch nur ein Klacks Senf. Was sagt denn ein Australier erst, wenn er etwas wirklich Schlimmes erlebt? Ich wollte es lieber nicht wissen. Allerdings war es auch kein Wunder, dass der deutsche Senf in Australien nicht auf Gegenliebe stieß. Hier bevorzugt man *hot english*, einen Senf, den ich auf einer Schärfe-Skala von eins bis zehn mit einer zwölf bewerten würde. Trotzdem war ich enttäuscht. Warum freuten sich nicht alle so wie ich über eine gute Wurst mit Senf?

Ich seufzte, als die zweite Weißwurst erste Platzwunden zeigte, nahm sie vom Grill und pfefferte sie in den Mülleimer.

»Hey! Was machst du denn da?« John machte den Abfalleimer wieder auf. »Die Wurst sieht doch großartig aus. Du musst nur warten, bis die Risse schön kross gebraten sind. Die *Wiesswörst* wird noch unser Verkaufsschlager, wart's mal ab!«

Nicht mal meinem Mann konnte ich die korrekte Aussprache beibringen. Vielleicht hatte ich mir zu viel vorgenommen. Musste es ausgerechnet ein Würstchenstand in Australien sein? Wie sollte das gutgehen? Trotzdem wollte ich mir in mein begrenztes Fachwissen über Würstchen nicht von einem Australier dreinreden lassen, selbst dann nicht, wenn es mein Mann war. Ich klopfte John auf die Finger, als er nach der entsorgten Wurst griff, um sie näher zu inspizieren. Kommt überhaupt nicht in Frage, dass ich mich am anderen Ende der Welt in Sachen deutscher Wurst belehren ließ. Ich sag denen doch auch nicht, wie sie ihr Känguru braten sollen! Ich stellte auf stur und bewachte mit Argusaugen die bereits seit mehr als einer Stunde im Wasser dümpelnden Würste. Sie waren meine letzte Bastion im Kampf gegen die australische Einverleibungskultur. Dieser Wall würde nicht auch noch fallen, meine Liebe zu John hin oder her. Ab sofort kommt mir keine Weißwurst mehr auf den Grill und damit basta!

John linste über meine Schulter hinweg auf die traurige Truppe im Sud. Er winkte ab: »Die kannst du vergessen, *darling*. Glaub es mir doch! Entweder du grillst sie, oder wir lassen es ganz mit der *Wiesswörst*.« Er schüttelte sich angeekelt: »Sieht aus wie ein gekochter Pi... *yikes*!«

Ist ja mal gut jetzt. *Yuk, yikes*. Alles widerlich. Wie viele Wörter braucht es denn noch, um die hässlichen Gefühle für unsere Weißwurst auszudrücken? Ich atmete hörbar aus. Eine volle Stunde hielt ich noch durch, dann gab ich auf. Niemand ist eine Insel. Kein Mensch wollte meine schwimmende Wurst, und wir konnten nicht unsere ganze Ware wegwerfen, nur weil ich trotzig auf deutscher Reinkultur bestand. Die deutsche Fleischer-Innung würde mir wohl kaum die fünf Kilo Weißwurst im Kühlschrank ersetzen, nur weil sie sich originalgetreu zubereitet nicht verkaufen ließ. Und wir mussten unsere Würstchen nun mal verkaufen, am besten viele.

Mit den Schulden, die wir uns für mein leichtsinniges Unternehmen aufgebuckelt hatten, waren wir darauf angewiesen, dass unsere nagelneue Wurstbude schnell Gewinn abwarf. Zögerlich gab ich mich der Einsicht hin, dass Geschäfte nur zu machen waren, wenn ich teilkapitulierte. Ich musste ja nicht gleich alle Ideale über Bord werfen. An der Rezeptur würde ich jedenfalls nichts ändern, aber um ehrlich zu sein, hatte danach auch keiner verlangt.

»Von mir aus. Die verkaufst dann aber du. Ich bringe es

nicht übers Herz, meine Heimat so schamlos zu verraten. Schon wieder. Was zu viel ist, ist zu viel!«

John reckte die Faust zum Sieg und gab mir einen Kuss auf die Wange.

Weißwurst vom Grill. Ich schüttelte mich wieder. Noch leicht verärgert griff ich zur Grillzange und legte die restlichen Würste der angebrochenen Packung in einer ordentlichen Reihe auf unseren Flammengrill. Herrlich, wie der glänzte! Sauteuer war er gewesen, aber ich wollte unbedingt diese typischen Grillstreifen auf der Wurst haben. Wir waren schließlich ein Gourmetgrill und keine Fettpfanne. Gutes hat seinen Preis, und der musste nun abbezahlt werden. Ich seufzte. Mich hatte die Erkenntnis getroffen, dass ich weit mehr Kompromisse eingehen musste als geplant, wenn ich down under mit einem deutschen Imbiss Erfolg haben wollte. Ich hatte mir das Unternehmen »Grillmeister« irgendwie einfacher vorgestellt. So hieß unser Imbiss nämlich – auch wenn es erst mal nur eine Bude auf vier Rädern war.

Wir hatten großartige Pläne und stellten uns vor, dass in ein paar Jahren ganz Australien von »Grillmeister«-Wägelchen überrollt werden würde, und ich wäre dann die Wurstkönigin Australiens. Das sollte keine Träumerei bleiben, das war mein Geschäftsplan. *Think big*, klotzen statt kleckern. Es heißt doch immer, man soll sich seine Ziele bildlich vorstellen, und so sah ich mich samt Krone und Zepter das australische Volk mit deutscher Wurst beglücken. Ich würde Currywurst ins Volk werfen und Begeisterungsstürme ernten. Bildlich gesprochen hatte ich beim Universum schon mal jede Menge Wurst bestellt, und jetzt musste sie nur noch verkauft werden. *Easy peasy, lemon squeezy*, wie der Australier sagt. So leicht wie eine Zitrone auszudrücken. Im Ernst, so in etwa hatte ich mir meine neue Karriere am anderen Ende der Welt vorgestellt, obwohl ich wie gesagt keine Ahnung von Würstchen hatte oder vom Gaststättengewerbe überhaupt. Eigentlich war ich Medienfrau, in Deutschland hatte ich fürs Fernsehen gearbeitet, und wenn es mit den Bestellungen ans Universum nicht klappen sollte, dann war diese Bude hier die vielleicht beknackteste Idee in meinem ganzen Leben.

Die Würste platzten im Minutentakt, heißes Fett spritzte mir ins Gesicht. Ich fluchte jetzt doch halblaut vor mich hin, packte die unförmigen, leicht angekokelten Fleischbrätmonster in die Warmhalteschale und reichte sie wortlos John, der sie gleich der wartenden Schlange präsentierte: »*Wow*, das nenn ich doch mal eine *Wörst*!«, bewarb er die armseligen Krüppel. Ich konnte nicht hinsehen, so sehr schämte ich mich.

Als sich tatsächlich Interesse regte, winkte John mich heran, weil ich mal wieder alles erklären musste. Mein Akzent ist im Bratwurst-Geschäft nämlich der Renner. Endlich mal. Einerseits freute mich die Aufmerksamkeit der Kunden, andererseits tat mir vom vielen Reden schon der Hals weh. Jeder, aber auch jeder Kunde ließ sich unser Sortiment erklären und was genau sich hinter den einzelnen Spezialitäten verbarg. Was muss man sich unter einer Currywurst vorstellen? Schmeckt die etwa wie ein indisches Gericht? Was ist der Unterschied zwischen einer Brat- und einer Weißwurst? Und was um Gottes willen ist eine Krakauer, und gehört Polen nun doch wieder zu Deutschland? Was ist bloß in unserer eigenen Wurstkreation, der »Grillmeister«, drin? Fettgehalt? Glutenfrei? Wie scharf ist die? Kann ein Australier die so ohne weiteres zu sich nehmen? Ich fand das alles ein bisschen viel und hatte nicht immer eine Antwort parat.

Einmal schossen mir die Tränen in die Augen, als eine ältere Dame wissen wollte, ob wir Deutsche immer noch meinten, am deutschen Wesen sollte die Welt genesen? Bloß weil ich ihr anstatt des australischen Standard-Ketchups mal deutschen Senf empfehlen wollte. War das alles noch ehrliche Neugier oder doch eher kleinliche Skepsis? Ich wurde ungeduldig – keine gute Eigenschaft, um ein neues Business zu etablieren.

Der Kunde ist und bleibt König, versuchte ich mir einzureden, selbst wenn ich von der ganzen Laberei noch Lippenkrebs kriegen würde. Es half nicht, mein Kamm schwoll munter weiter: Dafür, dass die Australier selbst keine gescheite Wurst machen können, waren sie ganz schön spitzfindig mit ihrer Fragerei. Hatten die eigentlich schon mal ihre eigenen Produkte probiert? Ich wollte keinen kulturellen Hochmut an den Tag legen, aber was Australier in aller Regel so als Würstchen verkaufen, würde ich guten Gewissens nur meinem Hund anbieten. Und danach würde ich ihn sicherheitshalber noch eine ganze Weile beobachten. Also, wenn hier jemand irgendwen vergiften wollte, dann doch wohl …

Nicht, dass Sie jetzt denken, ich würde die Australier nicht mögen. Das stimmt nämlich überhaupt nicht, und normalerweise rede ich auch nicht so daher. Ehrlich. Ich mag sie, sehr sogar. Sie sind zugänglich, freundlich und hilfsbereit. Nur von Würstchen verstehen sie nicht viel. Und zu diesem Zeitpunkt war ich einfach gestresst, wir befanden uns schließlich noch ganz am Anfang unseres Wurst-Abenteuers, ich fühlte mich unsicher und überfordert. Und ich musste unbedingt wieder runterkommen von meinem Anti-Aussie-Trip, wenn ich diesen und die anderen Tage überstehen wollte. Als John bemerkte, was mit mir los war, scheuchte er mich davon: »Los, mach mal 'ne Pause, *luvvie*. Ich krieg das schon hin.«

John ist der Beste.

Es war Anfang Januar, und in meiner neuen Heimat Australien hatten die Sommerferien begonnen. Das 30 000-Seelen-Städtchen Warrnambool hatte sich für den bescheidenen Ansturm von Urlaubern sommerfrisch herausgeputzt: Die Strände waren am Morgen per Traktor von Algen befreit worden, der Rasen um den See war frisch gemäht, und zur Unterhaltung hatte die Stadt dieses Jahr erstmals einen »Erlebnismarkt« aus dem Boden gestampft, auf dem unter anderem auch unsere Würstchen feilgeboten wurden.

Ich stieg auf den kleinen Hügel hinauf, von wo aus man den Markt gut überblicken konnte, und setzte mich ins Gras. Alles schien perfekt, doch ich konnte meine Nervosität nicht abschütteln. Plötzlich nagten auch wieder die altbekannten Zweifel an mir: Musste ich mich so Hals über Kopf in das Abenteuer Imbissbude stürzen? Was wäre, wenn kein einziger Australier von unserer Wurst zu begeistern war? Und überhaupt, war das wirklich das Richtige, um in meiner neuen Heimat Australien beruflich Fuß zu fassen?

Ich war 36 gewesen, als ich vor fünf Jahren in Windeseile nach Australien ausgewandert war. Ich hatte dort im Oktober mit einer Freundin Urlaub gemacht, und ein halbes Jahr später zog ich bereits um. Seither lebe ich am anderen Ende der Welt. Wenn mir damals einer erzählt hätte, ich würde eines Mannes wegen einmal Bratwürstchen in Australien verkaufen, ich hätte ihn ausgelacht.

Ich schloss die Augen. Rotes Licht zuckte hinter meinen Lidern. Ich konnte mich nur zu gut an diese Reise auf die Südhalbkugel der Erde erinnern, die fast alles, was ich bislang war und tat, auf den Kopf stellen sollte …

1. Eine Reise nach Australien

Es war sieben Uhr an diesem schwülen Oktobermorgen des Jahres 2000, und wir befanden uns in Cairns, den australischen Tropen. Draußen hatte es deutlich über 30 Grad, und es schüttete, als hätte der Herrgott den Englein mal zeigen wollen, wie man eine Himmelsschleuse öffnet.

»Na, dann wollen wir mal. Mal sehen, ob ich mich noch an alles erinnern kann.«

Anja saß hinter dem Steuer und gab sachte Gas. Wir hätten auch zu Fuß gehen können, denn bei der Tiefe der Pfützen hätten wir eigentlich ein Amphibienfahrzeug gebraucht. Und wir saßen in einem Wagen, der noch nicht einmal Allradantrieb hatte. Immerhin funktionierte die Klimaanlage.

Anja war schon einmal in Australien gewesen, zusammen mit ihrem damaligen Freund, der in Sydney aufgewachsen war. Damit hatte sich Anja zur Australienspezialistin qualifiziert. Sie bestimmte, was wir auf diesem Trip unbedingt sehen mussten, und ich buchte die entsprechenden Flüge und Autos.

Anja wollte sich auf die Ostküste beschränken. Einmal vom Norden runter Richtung Süden, von Cairns nach Adelaide – über Sydney, Melbourne und die Great Ocean Road. Das australische Outback oder gar der berühmte *Ayers Rock* im Roten Zentrum waren im Reiseplan nicht vorgesehen. Mir war das recht, denn ich war müde. Zu müde, um Anjas Planung eigene Ideen entgegenzusetzen. Und warum auch? Ich kannte ja noch gar nichts von diesem riesigen Kontinent. Was auch immer ich also in diesen vier Wochen zu sehen bekommen sollte: Es würde Neuland sein.

Dieses Jahr hatte mich an so einigen Entscheidungen in meinem Leben zweifeln lassen, ganz besonders aber an meinem Job. Eine Auszeit ganz weit weg kam mir da wie gerufen, als Anja im Sommer von Australien geschwärmt hatte. Mehr noch. Ich war Feuer und Flamme, denn ans *Great Barrier Reef* wollte ich schon längst. Und solange das Riff Teil unserer Reiseroute war, war ich happy. Ich wollte doch nur eins: abtauchen.

Vor uns zeichnete sich durch den Nebel hindurch eine sanft geschwungene, üppig grüne Hügelkette ab, an deren Fuß sich ein Zuckerrohrfeld ans andere schmiegte. Mit ein bisschen Sonne hätte die Szenerie sicherlich genau die tropische Kulisse abgegeben, die ich mir erwartet hatte. Aber so im dichten Regen hatte sich wohl noch der flatterhafteste Vogel verkrochen.

In der Hoffnung, die Kakadus wenigstens hören zu können, kurbelte ich das Fenster herunter, um zu lauschen. Sofort flutete eine Welle feuchtwarmer Luft ins Wageninnere. Zu hören war leider nichts, nur das monotone Geräusch von Autoreifen, die über den nassen Asphalt glitschten. Ein Geräusch, das ich nur zu gut aus Deutschland kannte. Ich seufzte und kurbelte die Scheibe wieder hoch. Und das sollte nun, zumindest finanziell gesehen, der Urlaub meines Lebens werden?

Als Anja im Sommer den Trip vorgeschlagen hatte, steckte ich mitten in der schönsten Sinnkrise. Wahrscheinlich wäre ich auch begeistert nach Kirgistan geflogen, ach was: gewandert. Ich hatte gerade eine Beziehung hinter mir, von der ich sowieso nie wirklich überzeugt gewesen war. Tatsächlich ärgerte ich mich darüber, dass ich nicht schon früher den Mut aufgebracht hatte, diese für beide Seiten unglückliche Liaison zu beenden. Als ich mich endlich zu diesem überfälligen Schritt aufraffen konnte, war ich zu meinem Erstaunen weder besonders erleichtert, noch blickte ich hoffnungsfroh in die Zukunft. Ich war einfach nur down. Ich schleppte mich täglich zur Arbeit, saß meine Zeit im einsamen Büro ab, bis ich meinen traurigen Körper abends endlich wieder nach Hause tragen durfte. Ein Sommer wie Blei, und es gab nichts, was mich in diesen Monaten aufmuntern konnte: nicht die schönen Sommertage oder meine neu gewonnene Freiheit und auch nicht meine Freunde. Ich saß lieber in meiner dunklen Bude und hing bei dumpfer Musik düsteren Gedanken nach, als im Biergarten die Jahreszeit zu genießen.

Heute würde ich sagen, dass ich depressiv war. Doch im Gegensatz zu einer klinischen Depression, die ihre Opfer wohl aus heiterem Himmel befällt, hatte ich so meine Gründe für mein umwölktes Gemüt. Fand ich jedenfalls. Ich war mal wieder ohne Freund, und mein Job machte mir nicht nur keinen Spaß: Er quälte mich. Dabei hätte ich doch wenigstens mit diesem Teil meines Lebens zufrieden sein können. Ich war Redakteurin in der Entwicklungsabteilung einer Fernsehproduktionsfirma und verdiente nicht schlecht. Trotzdem hatte ich es geschafft, Schulden anzuhäufen.

Doch das ist ein anderes Thema, die eigentliche Sache war die: Ich war in meinem Beruf unglaublich erfolglos. Meine Aufgabe war es, neue Sendungen zu entwickeln. Das war der eher leichte Teil. Der schwere war, die Fernsehsender von diesen neuen Programmideen zu begeistern. Nach einem halben Jahr in meinem Job saß ich auf einem Stapel brandheißer TV-Sensationen, die nie stattfinden würden. Nicht, dass meine Konzepte schlecht gewesen wären. Das fand ich noch nicht mal. Nein, es war eher so, dass die Sender kein Geld ausgeben wollten, und wenn sie es doch mussten, dann nur mit dem kleinstmöglichen Risiko. Diese Haltung stürzte nicht nur mich, sondern einen ganzen Berufszweig in die Krise. Das Einzige, was ich und meine Kollegen in den anderen Fernsehfirmen noch entwickeln durften, waren billige oder bestenfalls originalgetreue Kopien im Ausland erfolgreicher Sendungen. Somit war mein Job überflüssig. Ich arbeitete bei vollem Bewusstsein nur noch für den Rundordner.

Kein Wunder, dass ich frustriert war. Gehalt hin, Gehalt her – meine geistige Gesundheit war angezählt, und da half es auch nicht, dass ich nur für meine tägliche Anwesenheit in der Firma bezahlt wurde. Genauso gut hätte ich meinen Hund ins Büro schicken können, nur hatte ich keinen. Ein Luxusproblem, sicher. Doch über kurz oder lang würde ich Nichtsnutz gefeuert werden. Das war so sicher wie das Amen in der Kirche.

So war das also mit meinem Sommer der Niedergeschlagenheit, und so erklärt sich meine spontane Begeisterung, als Anja mir Australien als Reiseziel schmackhaft machen wollte. Wie gesagt, sie hätte sich gar nicht großartig bemühen müssen. In Gedanken war ich längst weg.

»Ich weiß auch nicht mehr, wo dieser tolle Strand genau war. Da müssen wir jetzt einfach durchhalten«, verteidigte sich Anja, als wir uns zwei Stunden später den dritten Stadtstrand von Cairns anschauten. Dabei hatte ich nur kurz gefragt, wann sie das letzte Mal hier war.

»Der war ganz sicher irgendwo zwischen hier und Port Douglas, und das ist nicht weit. Genieß die kleine Tour doch. Wir sind im Urlaub!«

Wir legten an einem Kiosk eine Pause ein. Ich trank eine Cola und blickte trübsinnig auf den schmalen Sandstreifen.

Das Meer klatschte schmutzig übers verlassene Ufer. Anja rauchte und blätterte in unserem Lonely Planet Australien. Richtig schön war das hier nicht, aber ich verkniff mir einen Kommentar. Immerhin ging es mir jetzt besser, und ich öffnete die Stange Zigaretten, die ich im Duty Free erworben hatte. Ich nahm mir vor, an meiner Laune zu arbeiten. Keinesfalls wollte ich die Spaßbremse in unserem Urlaub sein, den ich mir finanziell eigentlich gar nicht leisten konnte. Aber was soll's? Man lebt nur einmal. Also raus aus dem Tal der Übelkrähen! Notfalls wollte ich mich zu guter Laune zwingen.

Auf dem Weg nach Palm Cove brach plötzlich die Sonne zwischen der dampfenden Dunstdecke hervor, und mit einem Schlag veränderte sich die Stimmung. Als hätte allein mein Entschluss zur guten Laune einen Schalter in der Natur umgelegt. Und dann bogen wir in die Strandpromenade ein.

»Das isses, das isses!« Anja freute sich wie eine Schneekönigin, und auch ich verzog meine Mundwinkel zu einem breiten Grinsen. Das waren die Tropen wie aus dem Bilderbuch! Und noch dazu in der Edelvariante: An den geschmackvollen Fassaden der Resorts konnte man auf den ersten Blick erkennen, dass wir nicht im Backpacker-Himmel gelandet waren. Aber da wollten wir auch gar nicht hin, aus dem Alter und der Armut waren wir raus – zumindest mental gesehen. Daher entschieden wir uns für das kleine Familienhotel, das mit seiner reichlich verschnörkelten Fassade aus dem Rahmen der Konkurrenz fiel. Ich fühlte mich ein wenig wie eine Statistin in »Der König und ich«. Das Zimmer war erschwinglich, die Bar gut bestückt und das Beste: Die Frühstücksterrasse hatte Meerblick. Und davon konnten wir nicht genug kriegen. Weißer Strand, so weit das Auge schauen konnte. Davor wiegten sich erhabene Palmen in der lauen Brise und setzten einen hübschen farblichen Akzent gegen das frische Blau des Südpazifiks. Ab und zu blitzte auf dem Wasser ein nasses Segel in der Sonne.

Unsere Tage in Palm Cove und dem nahe gelegenen Port Douglas, urteilten wir, musste der Himmel erfunden haben. Nach dem Frühstück überquerten wir die kleine Straße zum Strand, wo die Hauptaufgabe des Tages darin bestand, ein geeignetes Plätzchen für unsere Badetücher zu finden. Es gab Möglichkeiten bis zum Horizont und keine einzige bescheuerte Mietliege dazwischen, denn der Strand gehörte hier noch jedermann. Freie Sicht für alle! Das nannte ich mal Demokratie. Anja bewegte sich nur vom Handtuch weg, wenn wir was essen gingen, während ich die meiste Zeit des Tages auf dem Rücken im Meer trieb.

Um den Honeymoonern im Hotelrestaurant aus dem Weg zu gehen, hatten wir uns eines Abends das *Wild Ginger* ausgeguckt. Zunächst aber machten wir uns schnurstracks auf den Weg zum *bottle shop*, wo wir eine Flasche Pinot Noir erstanden. Nebenbei erklärte mir Anja geduldig das australische Prinzip des *Byo*, was *Bring your own* heißt. Selbst ausgeschrieben ist *Byo* noch eine Abkürzung, denn was man selbst mitzubringen hat, bleibt unerwähnt. Jeder außer mir weiß natürlich, dass Alkohol gemeint ist.

»Du bringst also deinen Wein mit und gibst ihn bei der Bedienung ab. Das Restaurant berechnet für das Servieren und den Gebrauch der Gläser eine *corkage*, also eine Korkengebühr«, dozierte Anja.

Als wir endlich an unserem Tisch angekommen waren, hatte Anja bereits die Lage gecheckt: »Guck mal, der da drüben. Wie findest du den denn?«, Anja wies mit ihrem Kinn nach links.

In Gedanken noch mit dem Wein-Thema beschäftigt, sah ich kurz hoch.

»Was soll mit dem denn sein?«

Am Tisch schräg vor uns sah ich den Rücken und das Halbprofil eines Mannes, der alleine zu Abend aß. Wir saßen draußen, und abgesehen vom schwachen Kerzenschein war es viel zu dunkel, um mehr sagen zu können. Ich zuckte mit den Schultern und vertiefte mich in die Karte.

»Der hat so was Topmanagermäßiges, was Supersouveränes. Findest du nicht?«

Woraus Anja dies schloss, wusste ich nicht. Dann klingelte das Handy des Topmanagers. Er ging vor dem Restaurant auf und ab, während er telefonierte. Dabei lachte er ein paarmal laut. Wahrscheinlich angeschickert, dachte ich.

Wir beide schauten jetzt ziemlich ungeniert in seine Richtung.

»Ein bisschen zu alt vielleicht, aber groß. Gute Schultern.«

Ich nickte. Soweit ich es erkennen konnte, machte der Typ in Shorts und kariertem Hemd durchaus eine gute Figur. Na und?

Ich zwang mich, wegzuschauen und mich auf die Auswahl des Essens zu konzentrieren. In den letzten zwei Tagen war Anja und mir der Gesprächsstoff ausgegangen. Wir kannten uns seit dem fünften Schuljahr, und mit Unterbrechungen hatten wir seither den Kontakt gehalten. Tatsache war: Wir waren bestens informiert, was die jeweils andere anbelangte. Über unsere letzten Männer und die aktuelle Joblage hatten wir uns mehr als nötig ausgetauscht. Jetzt musste was Neues her. Dringend. Am besten natürlich ein Mann oder besser noch zwei. Ich meine natürlich einen für Anja, einen für mich. Aber so verzweifelt einen Mann anzustarren, nur weil der alleine am Tisch saß? Das ging dann doch zu weit.

Der nächste Tag sah aus wie alle anderen zuvor, seit wir in Australien waren: makellos und perfekt. Langsam konnte ich verstehen, wie man selbst unter himmlischen Daseinsbedingungen auf dumme Gedanken kommen konnte. Zu viel Harmonie und Schönheit erträgt der Mensch wohl schlecht. Nicht, dass ich mir nun der Aufregung halber eine Knarre besorgen wollte, aber ich gebe zu: Schön langsam wurde es mir ein bisschen öde, und das war gar nicht gut, wollte ich mein neuerdings sonniges Gemüt bewahren.

Vielleicht sollten wir weiterziehen. Blöd war nur, dass der Flug nach Sydney fest gebucht war. Zu viel Nachdenken wollte ich aber nun auch wieder nicht – ich war ja schließlich im Urlaub –, und ein Blick auf Anja sagte mir, dass sie noch an der erwünschten Nuance ihres Brauntons arbeitete. Sie hatte sich seit geschlagenen zwei Stunden nicht gerührt.

Ich schlug mein Buch auf und klappte es gleich wieder zu. Das war das erste und letzte Mal, dass ich mir einen Fantasy-Roman hatte aufschwatzen lassen.

Trolle, halbnackte Amazonen und Prinzen mit Wunderschwertern konnten mir auf ewig gestohlen bleiben. Außerdem hatte ich die Karte im Anhang längst verloren, ohne die ich nun nie erfahren würde, wie sich die schleimigen Orxos einen Tunnel durch ganz Usurpia lecken konnten. Geologisch war das fast unmöglich – wegen der eigentlich unzerstörbaren Somorquarze, die im Weg lagen. Aber es war eben nur fast unmöglich, und um das zu verstehen, brauchte man eben diese Karte. Ich beschloss, in der nächstbesten Bar ein Bier trinken zu gehen.

Weil ich sonst ja nichts zu tun hatte, blieb ich den ganzen Nachmittag in der Bar und unterhielt mich mit dem supersüßen Kellner. Zwar hatte ich gleich gemerkt, dass der schwul war – ich kam ja aus Köln. Trotzdem waren die paar Tequila, die ich ihm ausgegeben hatte, ihr Geld wert, denn er reservierte uns für den Abend den besten Tisch des Hauses.

Als wir um Punkt acht Uhr Platz genommen hatten, kümmerte Anja das allerdings wenig. Ihr Kopf war seit geraumer Zeit hinter der Speisekarte verschwunden. Der goldige Jim schenkte uns vom mitgebrachten Shiraz ein.

»Was darf's denn sein?«, fragte er mit seinem bezaubernden Lächeln und zückte den Block.

»Spaghetti puttanesca. Keine Vorspeise, danke«, hörte ich die Speisekarte sagen, bevor sie zuschnappte und auf dem Tisch landete.

Ich rollte mit den Augen. Anja war stinksauer, und wenn sie so drauf war, gab's daran nichts zu rütteln. Sie würde erst mit dem Geschmolle aufhören, wenn mir die Lust auf alles, wirklich alles in dieser Welt vergangen war. Kein Mensch konnte besser mies gelaunt sein als Anja. Selbst ich nicht. Na, wunderbar! Ich nahm einen großen Schluck. Wider besseres Wissen versuchte ich, gut Wetter zu machen: »Wir können das ganze Restaurant überblicken. Ist das nicht toll?«

Unter weniger launischen Umständen wäre das sogar mehr als toll gewesen. Wir hätten uns nämlich prächtig amüsieren können, indem wir Tisch für Tisch unter die Lupe nahmen, um mal ordentlich abzulästern. Was man halt so tut, wenn man sich nichts zu sagen hat.

Oder man sagt eben nichts. So wie jetzt. Auch gut. Ich hatte mir trotzdem die Knoblauchgarnelen als Vorspeise bestellt, auch wenn das meine stille Leidenszeit verlängerte. Die Alternative war, mit Anja im Kingsize-Bett zu liegen, wo wir uns stumm über die Wahl des TV-Programms hätten verständigen müssen. Dann saß ich doch lieber hier und guckte dumm in der Gegend herum.

Trotzdem hatte ich mir nichts vorzuwerfen. Ja, stimmt, ich hatte sie schlafend allein am Strand liegen lassen samt ihrer Tasche mit Portemonnaie. Um mir einen zu zwitschern. Na gut, Asche auf mein Haupt! So ist das eben mit langjährigen Freundschaften. Wir stritten uns blendend auch ohne Worte. Ich wollte nachschenken, doch Anja hielt ihre Hand übers Glas und sah mich streng an. »Guck mal, Anjalein, der Topmanager ist wieder da!« Völlig anstandsfrei zeigte ich mit dem Finger auf den breiten Rücken vor mir.

Der Manager hatte sich eine in braunem Papier eingewickelte Flasche mitgebracht und bekam gerade von Jim einen Platz zugewiesen, dieses Mal uns zugewandt. Der Manager trug eine Brille, die er zum Studium der Speisekarte absetzte. Ein offenes, intelligentes Gesicht. Nicht, dass ich mich auf das Urteil des ersten Blicks verlassen würde. Ich möchte nicht wissen, wie viele Serienkiller einen liebenswürdigen Eindruck machen. Man kennt das ja: »Der war doch immer so hilfsbereit, unser Nachbar. Sehr ruhig, sehr angenehm. Hat immer für uns Schnee geschippt, wenn wir weg waren. Und der soll nun wirklich mit derselben Schneeschippe ein Dutzend Anhalter erschlagen haben?«

Jedenfalls sah der Manager sehr nett aus. Anjas Gesicht hellte sich plötzlich auf. »Holla, schau mal, mit wem der Manager da redet! Auch nicht von hässlichen Eltern.«

Anja vergaß augenblicklich ihre schlechte Stimmung und reckte sich interessiert in Richtung der beiden Männer. »Sehr viel jünger als der Manager. Ganz anderer Typ«, analysierte sie, ohne den Blick von den zwei Herren abzuwenden.

»Berufssportler vielleicht?« Anja unterhielt sich jetzt angeregt mit sich selbst.

»Wenn ja, dann sicherlich Teamsportler, so aufgeschlossen, wie der ist.«

Der vermeintliche Teamsportler schüttelte dem Topmanager gerade die Hand, dann setzte er sich zu ihm. Anja bestellte nun doch noch schnell ein paar gratinierte Jakobsmuscheln als Vorspeise. Diesen Ausblick wollten wir beide nicht vorschnell aufgeben.

Das Abendessen entpuppte sich als nicht unspannend. Während wir unsere drei Gänge vertilgten, schielten wir immer wieder zu den beiden Männern hinüber, in der Hoffnung, von ihnen ebenfalls wahrgenommen zu werden.

Dass wir die beiden später am Abend dann in der von Jim empfohlenen Cocktailbar wiedersehen würden, war leicht zu erraten, denn Port Douglas ist sehr übersichtlich. Als die beiden endlich auftauchten, stieß mir Anja gleich die Ellbogen in die Rippen. Sie steuerten auf einen Stehtisch zu, dabei wäre neben uns an der Theke durchaus noch genügend Platz gewesen. Überhaupt unterhielten sich die beiden so angeregt miteinander, dass sie nicht viel um sich herum wahrzunehmen schienen. Die werden doch nicht etwa …? Nein, sagte ich mir. Die nicht. Darauf hätte ich einen Eid geschworen.

Wir nippten an unserem Gin Tonic und schauten verstohlen rüber. Nach einer Weile gaben wir unsere Diskretion auf und fingen an zu glotzen. Und wenig später waren wir fast so weit, dass wir mit unseren Streichhölzern nach ihnen geworfen hätten. Eine Ewigkeit später trottete der Sportler zu unserem Platz und gab uns Feuer. Er winkte den Manager rüber, so als wäre die Luft rein. Wir schüttelten Hände und stellten uns vor. John, der Manager, und Richard, der Sportler. Jetzt stellte sich auch heraus, dass Anja mit dem Manager nicht so falsch gelegen hatte. Nur das »Top« entsprach nicht ganz der Wahrheit.

John hatte Sozialarbeit studiert und war nun Geschäftsführer einer kleineren Nichtregierungsorganisation, die sich um die Rehabilitation psychisch Kranker kümmerte. Bei Richard, mit seinem glatt rasierten Schädel und den feurigen Augen, hatte sie sich komplett vertan. Erst verstand ich nur »Versicherungsvertreter«, aber Anja, die nüchterner war, korrigierte mich.

»Der ist Versicherer im Schiffswesen, große Bottiche, Containerschiffe und so. Keine kleine Sache.«

Manchmal glaube ich, Anja hält mich echt für blöd. Dabei bin ich nur nicht so versessen aufs Beruferaten wie sie. Der Abend wurde dann doch noch sehr nett, und nach einer Weile wechselten wir in die *Iron Bar*, die mit ihrem Outbackinterieur auf bodenständig machte: grobes Holz, Wellblech und viel Bier. Das kam auch bei uns gut an. Das Krötenrennen, das die Bar fast jeden Abend veranstaltete, hatten wir verpasst, worüber aber keiner richtig traurig war, denn wir unterhielten uns auch so mehr als prächtig. Einige Bier später küsste ich Richard oder er mich. Wer weiß das schon noch so genau?

John hatte für die nächsten zwei Tage eine Tour in den Daintree-Nationalpark gebucht und war damit erst mal weg vom Fenster. Anja und ich hatten den Regenwald bereits auf eigene Faust erkundet, und so blieben wir in Port Douglas. Wir beschlossen, uns zusammen mit Richard in Cairns einen schönen Tag zu machen.

Ich wusste nicht recht, was ich von Richard halten sollte, und hielt mich ein wenig zurück. Für meinen Geschmack redete er zu schnell, außerdem konnte er kaum ruhig auf einem Stuhl sitzen, er war hibbelig wie Zappelphilipp. Waren da vielleicht Drogen im Spiel? Und als ich feststellen musste, dass ihm das Geknutsche nicht mehr reichte, fingen meine Alarmglocken zu schrillen an.

Auch Anja richtete vorsichtshalber ein warnendes Wort an mich: »Der Typ will dich nur abschleppen, das sieht doch ein Blinder mit dem Krückstock. Mach das bloß nicht!«

Gegen Abschleppen hätte ich im Grunde gar nichts einzuwenden gehabt. Ich war im Urlaub, ich war Single. Trotzdem gab ich Anja recht. Richard war für eine aufregende Nacht nicht der Richtige, er war mir ein klein wenig unheimlich. Schließlich sollte sich das Thema Richard von selbst erledigen, doch zuvor musste ich noch eine Demütigung einstecken.

Als wir am übernächsten Tag zum Strand hinuntermarschierten, fiel mein Blick auf ein knutschendes Pärchen, das sich im Sand wälzte. Moment mal, das war doch Richard! Gestern hatte ich den lieben langen Tag nichts von ihm gehört, da er mit Freunden aus Melbourne unterwegs gewesen war. Aha, das waren also diese Freunde! Es hätte mir egal sein können, trotzdem spürte ich Richards Missachtung wie einen Fausthieb in der Magengrube. Ich senkte den Blick und versuchte, so schnell wie möglich an ihm und seiner langmähnigen Blondine vorbeizukommen. Die beiden waren paniert wie Schnitzel, und so eng umschlungen sahen sie aus wie ein überdimensionales Cordon bleu. Am liebsten hätte ich mir wie ein Kind die Augen zugehalten und wäre einfach losgerannt.

Nachdem ich mich von der Situation einigermaßen erholt hatte, fiel mir auf, dass Richard ein ausgemachtes Riesenarschloch war. Insgeheim aber beneidete ich ihn. Er wollte einfach seinen Spaß, auf große Gefühle konnte er verzichten. In dieser Hinsicht können wir Frauen doch noch immer von Männern wie Richard lernen. Oder besser nicht? Tja, das ist wahrscheinlich schon eine Frage zu viel. Wer blinzelt, verliert. Richard war, da bin ich mir noch heute sicher, von allen Zweifeln unangekratzt.

Jedenfalls war der Versicherungsheini von diesem Zeitpunkt an so was von abgehakt. Das Problem: Wir hatten noch zwei volle Tage in Port Douglas, im klitzekleinen Port Douglas, wo man sich ständig vor die Füße läuft. Prima. Wir waren nämlich vom noch kleineren Palm Cove umgezogen, weil wir die kuhäugigen Liebespaare dort nicht mehr ertragen konnten. Sollte mein Urlaub jetzt etwa darin bestehen, einem Typen aus dem Weg zu gehen? Ich dachte nach. Aktivitäten mussten her, die mich a) vom Strand fernhielten, b) mich von Richard ablenkten und c) so kurzweilig waren, dass ich gar nicht merkte, wie die Zeit verflog.

Zum Glück wurde Anja gerade von ihrem laut knurrenden Magen aus dem Bräunungsschlaf gerissen: »Ist schon wieder Mittag?«

Das war eine gute Idee, fand ich, bloß weg vom Strand! Während ich mir bereits den Sand von den Waden klopfte, sah Anja sich noch verschlafen um.

»John ist wieder da.«

Ich fiel fast vornüber. John ging gemächlich den Strand entlang und war jetzt auf gleicher Höhe mit dem Cordon bleu. Geh weiter, mach schon! Meine Zaubersprüche blieben wirkungslos. John hielt an und plauderte mit dem Schnitzel. Scheiße, scheiße, scheiße! Jetzt hatte auch Anja begriffen, was hier gespielt wurde: »Ist das nicht dein Richard, mit dem John da redet? Und wen hält Richard denn da im Arm?«

Ich wurde rot wie eine Tomate. Das Schlimmste war, dass Anja nun John mit dem Badetuch zuwinkte, als würde sie einem Jumbo beim Einparken helfen. »Hier sind wir, juhuuuuu!«

Ich schüttelte resigniert den Kopf. Es gab nichts, was ich jetzt noch hätte unternehmen können, um die Situation zu retten.

Wenn ich einen Wunsch freigehabt hätte, dann diesen: Ich wollte augenblicklich im Treibsand verschwinden und erst am anderen, mir bekannten Ende der Welt wieder auftauchen. Unnötig zu erwähnen, dass mir dieser Wunsch nicht erfüllt wurde. Immerhin hatte ich in Anjas und Johns Urlaub für den nötigen Schwung gesorgt. Die beiden waren ausgesprochen heiter und vergnügt. Da wollte ich nicht der Spielverderber sein, so dass wir uns für den Abend verabredeten.

Gottlob konnte ich die zwei mit meiner plötzlichen Abenteuerlaune anstecken. Ich buchte mit John einen Tauchausflug und für uns alle drei das Wildwasser-Rafting am darauffolgenden Tag. Für den Rest unseres Aufenthalts in Port Douglas war ich also versorgt. Nun konnte Aufreißer-Richard von mir aus den ganzen Tag über nichts anderes tun, als wie ein Gockel die Macrossan rauf und runter zu stolzieren. Andere Mütter haben auch hübsche Söhne, da musste ich gar nicht lange Ausschau halten.

John hatte eine angenehme Stimme, die zufriedene Gelassenheit ausstrahlte. Er wirkte einfach, als ruhe er in sich selbst. Das gefiel mir. Und auch, dass er auf Anjas manchmal doch sehr besserwisserische Blafferei gelassen reagierte. John sprach gerade von den australischen Alpen, wo man im Winter sogar Ski fahren konnte.

»Ach ja?«, schmunzelte Anja. »Wie hoch sind denn so eure, äh, Alpen?«

»So um die 1 500 Meter«, meinte John.

Anja prustete los: »Alpen nennt ihr das, Alpen?«

Sie kriegte sich kaum noch ein. John lächelte und schaute sie freundlich an. Anja triumphierte, als hätte sie das Matterhorn höchstpersönlich aufgetürmt.

Später am Abend erzählte uns John von den politischen Verhältnissen in Australien. Ich hörte zwar nicht zum ersten

Mal von der sogenannten *stolen generation*, der gestohlenen Generation. Doch alles, was ich bislang wusste, speiste sich aus den Protesten anlässlich der Olympischen Spiele, die unmittelbar vor unserer Reise in Sydney stattgefunden hatten. Viele Australier gaben den Demonstranten recht: Es war Zeit, offiziell »*sorry*« zu sagen und sich bei den Ureinwohnern für das ihnen zugefügte Leid zu entschuldigen. Doch die konservative Regierung unter John Howard blieb stur. Ganz vorne in den Protestreihen mischte damals Peter Garrett mit, der Sänger von *Midnight Oil*. Heute ist er im Kabinett von Kevin Rudds Labour Party, und Rudd hat längst um Verzeihung gebeten. Australien atmete erleichtert auf.

Aber worum ging es eigentlich genau bei diesem »*sorry*«? John konnte mir das erklären. Zwischen 1918 und 1970 hatte die australische Regierung fast 100 000 Aborigine-Kinder ihren Eltern gewaltsam entrissen. Die Verantwortlichen brachten die Kinder entweder in Missionsstationen oder bei weißen Pflegeeltern unter. Den Kindern erzählte man oft, ihre Eltern seien gestorben. Eine Flucht wurde den Kindern unmöglich gemacht, da man sie so weit wie möglich von der Heimat entfernt unterbrachte. Die Lebensbedingungen waren rauh, und viele dieser Kinder wurden sexuell missbraucht und körperlich misshandelt. Es gibt einen empfehlenswerten Film, der diese Zeit in bewegende Bilder umsetzt. *Long Walk Home* erzählt die wahre Geschichte dreier Kinder und deren abenteuerliche Flucht von einer Missionsstation.

Ich war mir nicht sicher, ob ich alles richtig verstanden hatte. Mein Englisch war zwar nicht schlecht und durch viele Reisen ganz gut trainiert, aber tiefer gehenden Diskussionen fühlte ich mich in der Fremdsprache nicht gewachsen. Ich fand es anstrengend, bei den Details nicht den Faden zu verlieren, und so war ich schließlich doch ganz froh, dass das Gespräch später in der *Iron Bar* in etwas lockerere Bahnen gelenkt wurde.

John unterhielt uns nun mit Geschichten von *Monty Python*, der berühmten englischen Komikertruppe. Wir wussten, um was es ging, denn *Monty Python's Flying Circus* kannten wir auch. Wir brauchten John nur ein Stichwort aus dem Sketchprogramm vor die Füße werfen, und schon legte er los. Die Stimmung hätte an diesem Abend kaum besser sein können, und weil alles so schön war oder aber einfach nur so: John und ich füßelten plötzlich miteinander. Irgendwann war das Bier alle, und John musste den Fußplatz aufgeben, um Nachschub zu holen. Ich folgte ihm, und als er mit den Getränken zurückkam, fing ich ihn ab und küsste ihn. Sagt er. Ich konnte mich daran am nächsten Morgen nicht erinnern.

Was hätte ich darum gegeben, das Tauchen abzusagen! Ich hatte einen Schädel von hier bis Panama – mindestens. Schlimmer war allerdings, dass mir mal wieder schlecht war. Der Gedanke an eine mehrstündige Bootstour war alles andere als verlockend. Ich war kurz davor, John anzurufen, bis mir einfiel, dass er weder meine noch ich seine Nummer hatte. Schöner Mist. Ich stellte den Wecker aus, nachdem Anja mich noch halb im Schlaf anraunzte. Vorsichtig stand ich auf. Ich versuchte, mir selber gut zuzureden, es würde mir bestimmt schlagartig gutgehen, sobald ich erst mal ins Meer gesprungen war. Ich packte meine Tauchbrille und die Flossen in die Tasche und schlurfte los.

Wir waren am Bootsanleger verabredet. John winkte mir schon von weitem munter zu. Hoffentlich war der nicht so frisch, wie er tat. Wir hatten doch alle getrunken, und zwar nicht zu knapp. Wieso wedelte er dann auf dem ganzen Weg zum Boot um mich herum wie ein junger Hund? Während ich noch über seinen Enthusiasmus nachgrübelte, spürte ich, wie er einen Arm um meine Schultern legte. Hilfe! Ich wusste zwar nicht, was hier los war, aber es schien mir auf alle Fälle klug, »Husch, husch ins Körbchen« zu signalisieren. Am liebsten natürlich wortlos, denn so ein Gespräch konnte ich heute schon gleich gar nicht führen. Ich hatte noch nicht mal gefrühstückt. Gottlob verstand John. Als ich meinen Rücken versteifte und den Blickkontakt mied, ließ er langsam den Arm sinken. Uffz! Trotzdem fühlte ich mich jetzt noch mieser, besonders weil er eben was von einem *»nice kiss at the bar«* genuschelt hatte. Kuss? Ein peinliches Gefühl bohrte sich wie ein giftiger Pfeil durch meine Bauchdecke und blieb dort stecken. Herrje! Hatten wir uns etwa geküsst? Ich glaubte das nicht. Oder doch? Mann, mann, mann … Es war wirklich an der Zeit, diese Krise, in der ich mich seit dem Sommer befand, zu überwinden. Und zwar mit Anstand.

John wagte zwischen den Tauchgängen immer wieder mal eine kleine Annäherung, aber im Grunde war meine Botschaft angekommen. Was man nicht so alles mit dem Körper ausdrücken konnte. Dieser Tauchtrip hier war nichts für Anfänger. Normal sind zwei Tauchgänge pro Tour, für heute hatten wir angeberische drei gebucht. Schon beim ersten merkte ich, dass der Sprung ins Wasser heute nicht helfen würde. Mir war einfach nur schwindlig, was sich unter Wasser doppelt so beängstigend anfühlte, weil man plötzlich nicht mehr weiß, wo oben und wo unten ist. Trotzdem versuchte ich es noch mit dem zweiten Tauchgang, beim dritten gab ich dann endlich auf.

John hatte trotz allem seine helle Freude an diesem Ausflug. Er hatte in diesem Urlaub gerade seinen Tauchschein gemacht und fühlte sich wie ein Fisch im Wasser. Ich tauchte schon viel länger als er, aber heute konnte ich ganz sicher keinen Blumentopf gewinnen, und insgeheim nickte ich anerkennend. Dieser Mann war fürs Tauchen geboren.

John und Anja gingen am Abend gemeinsam essen. Ich konnte nicht mehr und war froh, allein in die Kissen zu fallen. Wenigstens die Wildwassertour wollte ich mir nicht versauen. Ich schlief wie ein Stein.

Wie erwartet wurde der nächste Tag dann auch ein voller Erfolg. Die Stimmung zwischen mir und John hatte sich entspannt, und Anja hatte scheinbar nicht vor, mich jemals auf den besagten Abend in der *Iron Bar* anzusprechen. Nicht, dass ich mich nach einem solchen Gespräch gesehnt hätte. Aber auch sie hatte offensichtlich nicht das Bedürfnis, noch ein Wort darüber zu verlieren.

Auf dem Rückweg setzte sich John neben mich, und wir plauderten die ganze lange Fahrt über. Zu unserer gegenseitigen Überraschung stellten wir fest, dass wir beide eingefleischte *Beatles*-Fans waren. Ich kann jedenfalls fast alle Texte, und wie sich herausstellte, konnte John mühelos mit mir mithalten.

Wie nebenbei verabredeten wir uns auch für den nächsten Tag. John wollte mir eine ganz besondere australische Tradition näherbringen, den *Melbourne Cup Day*. Er würde zur Feier des Tages mit ein paar Bier in unser Appartement rüberkommen und uns in die Geheimnisse dieses eigenartigen Pferderennens einweihen, das man in Australien nur *the race that stops a nation* nennt: das Rennen, das die Nation zum Stillstand bringt.

Es war der erste Dienstag im November oder besser gesagt: *Cup Day.* Bereits um kurz vor drei war die Hauptstraße wie leergefegt, und auch wir beeilten uns, nach Hause zu kommen. Einige Frauen hatten sich sogar dem Anlass gemäß aufgerüscht. Mit Hut, Cocktailkleid und Stöckelschuhen stürmten sie die Sportsbar und das Pub mit dem großen Bildschirm. Ich hatte uns ein paar Knabbereien besorgt und richtete mich auf einen gemütlichen Fernsehnachmittag ein.

Als nach zweieinhalb Minuten alles vorbei war, schaute ich John ungläubig an. Erst Anja traute sich auszusprechen, was wir beide dachten: »Wie? Das war's schon?«

John hob abwehrend die Hände. »Das war das Hauptrennen, vorher gab es auch schon ein paar andere. Die sind für die meisten nur nicht so interessant wie das letzte, der *Cup* eben.«

Schön, dass es wenigstens ein Vorspiel zu diesem vorschnellen Höhepunkt gab, auch wenn wir das verpasst hatten.

Die Macrossan, die Hauptstraße, füllte sich schlagartig wieder mit Menschen, die aus den Pubs strömten. Ich schüttelte den Kopf, als ich aus dem Fenster schaute. Wie sehr Australier ihre Sportwetten lieben, konnte ich erst Jahre später nachvollziehen. Wer was auf sich hält, setzt natürlich Geld auf seinen Favoriten. Ungefähr 80 Prozent der erwachsenen Bevölkerung Australiens wetten jährlich auf dieses eine Rennen. Insgesamt stehen in den zweieinhalb Minuten des *Cup Race* 140 Millionen Dollar auf dem Spiel. So gesehen fand ich das Rennen auch schon gleich viel aufregender.

Den Rest des Nachmittags hingen wir am Hotelpool rum, wo wir Johns Bierdosen leerten. John pflanzte sich in die Liege neben mich, und mir schwante nichts Gutes. Und tatsächlich: Als Anja kurz hochging, um sich Zigaretten zu holen, begann er meinen Arm zu streicheln.

»Ich hab heute Nacht von dir geträumt. Wir hielten uns in den Armen und küssten uns.«

Ach, du gütiger Gott! Fängt der etwa schon wieder an? Nur gut, dass heute unser letzter Tag war. Morgen würden wir nach Sydney fliegen. Ich lächelte nur, ohne ihn anzuschauen.

»Wir hatten viel Spaß zusammen, oder?«, setzte er nach.

Ich nickte. Der Mann hatte offensichtlich eine Agenda. Aber das konnte er total vergessen, das mit dem »in den Armen halten«! Als wüsste ich nicht ganz genau, was er damit meinte.

Im Bus nach dem Rafting hatte mir John stolz die Fotos seiner Kinder gezeigt. Rachel und Jonathan, die Tochter gerade 20, der Sohn 18. John war frisch geschieden, und dies hier war sein erster Urlaub ohne Familie, überhaupt sein erster Urlaub allein. Selbstverständlich gehörte da ein Abenteuer dazu. Leider konnte ich diesen Wunsch so deutlich auf seiner Stirn lesen, als hätte er ihn mit Textmarker draufgeschrieben. Selten war ich so froh gewesen, dass Anja plötzlich wieder auftauchte.

»Kann ich auch eine haben?«, fragte ich sie, als sie sich eine Zigarette anzündete.

John war Nichtraucher, und es half, ihm ein wenig Rauch ins Gesicht zu blasen.

»Ich geh dann mal«, er trat den Rückzug an.

Wir nickten. »Bis später dann in der *Iron Bar*.«

Wir Mädels hatten uns zum Abendessen nur schnell einen Aussie-Burger mit aufs Zimmer genommen. Das Aussie am Burger bestand aus der Scheibe Rote Bete aus der Dose und aus einem Spiegelei. Burger sind ja schon im Normalfall nicht leicht zu essen, aber mit Spiegelei und schlüpfrigem Gemüse erreicht diese Herausforderung ein völlig neues Level. Nur gut, dass wir Besteck dahatten und niemanden, der uns beobachten konnte. Rote Bete und Eigelb auf dem T-Shirt ist eine arge Sauerei. Was sollte das überhaupt mit der Roten Bete? Da könnten wir in Deutschland doch im Gegenzug glatt eine halbe Kartoffel auf eine Frikadelle legen und das Ganze als

»Germanen-Klops« verkaufen. Manchen Nationen liegt das Marketing einfach im Blut.

Ich wischte an meinem T-Shirt herum und zog mir schließlich ein neues an. Wir saßen auf unserem Mini-Balkon und beobachteten, wie es dunkel wurde, was in den Tropen eine überschaubare Zeitspanne umfasst. Ganz plötzlich plumpste die dunkelrote Sonne ins Meer, und fast wunderten wir uns, dass dieses Spektakel kein Geräusch verursachte. Kaum war es dunkel, zuckten Blitze übers Wasser. Und dann kamen die Geräusche. Der Donner krachte mit einer Wucht nieder, dass mir angst und bange wurde.

Plötzlich setzte ein Regen ein, der sich gewaschen hatte. Binnen Sekunden lief das Wasser wie ein schmutziger Fluss die Hauptstraße hinunter, und ich fragte mich, ob das noch normal war oder ob gleich der Notstand ausgerufen werden würde.

»Das nenne ich Regenzeit«, meinte Anja genießerisch und nahm ihre durchweichten Füße vom Balkongitter. »Das geht jetzt ein halbes Jahr lang so. Toll, oder?«

Ich sagte nichts und schaute nur. Nach einer halben Stunde war alles vorbei.

»Sollen wir los?«, fragte ich. »Wir machen aber heute nicht so lange, oder?«, ergänzte ich.

Anja schnitt eine hämische Grimasse. Als ob sie nie daran beteiligt gewesen wäre, wenn es mal später wurde!

In der *Iron Bar*, die nach vorne hin offen war, war es trotz des Wetters gemütlich. Der Regen tröpfelte vom Dach, und die Gäste waren entschlossen, sich ihre Laune nicht von den Wolken verderben zu lassen. John machte mir keine weiteren Avancen, und nach zwei, drei Bierchen machten wir uns auf den Heimweg. John ließ es sich trotzdem nicht nehmen, uns zu begleiten, und vor der Tür gab ich ihm einen Abschiedskuss – ganz schwesterlich und völlig unverfänglich. Als ich mich noch einmal kurz nach ihm umdrehte, sah ich, wie er in die Luft sprang und den Arm in den Himmel reckte, so als hätte er seinen ganz privaten *Melbourne Cup* für sich entschieden. Ich musste lächeln. Auf einmal wurde es mir doch ein wenig weich ums Herz.

Ich wischte alle sentimentalen Gedanken schnell beiseite. Morgen würden wir nach Sydney aufbrechen! Außerdem würde es nur ein Abschied auf Zeit sein. Wir drei hatten uns nämlich auf ein Wiedersehen in Lorne verabredet, was ganz in der Nähe von Johns Wohnort Geelong lag. Und da Anja und ich später von Melbourne aus die *Great Ocean Road* runterfahren wollten, lag Lorne buchstäblich auf dem Weg.

»Ich schicke dir eine SMS«, hatte John mir noch schnell zugeflüstert. Es war wohl wirklich besser, Anja erst mal nichts von mir und John zu erzählen. Wobei, eigentlich gab es ja gar nichts zu erzählen …

2. Ein Wiedersehen mit Herzklopfen

Nervös blickte ich auf die Uhr: Seit einer halben Stunde saß ich hier untätig herum, während sich auf dem Markt bereits die ersten Besucher tummelten. Obwohl ich sicher war, dass John unten in der Würstchenbude alles im Griff hatte, schwang ich mich auf die Beine. Wenn es so weiterging, würde er meine Hilfe bestimmt bald gebrauchen können.

John. Ich erinnerte mich daran, was mir gleich an ihm gefallen hatte. Warum war mir eigentlich damals in Port Douglas nicht schon früher klargeworden, dass seine sanfte und geduldige Art viel besser zu mir passte als Action-Boy Richard? Vielleicht war mir in der neuen Umgebung nur das als besonders aufgefallen, was sich überdeutlich vom Normalen abhob. Der hektische Richard hatte mich wahrscheinlich vom vergleichsweise ruhigen John abgelenkt. Das zeugte wieder einmal von meiner Schwäche, dass ich mich nicht auf das Wesentliche im Leben konzentrieren konnte. Nur gut, dass John so hartnäckig geblieben ist. Ich glaube nicht, dass wir andernfalls ein Paar geworden wären.

Nach unserem Abschied von den Tropen hatte ich erst einmal Zeit, um von meinen schwülen Männergeschichten ein wenig Abstand zu gewinnen. Mir wurde ganz heiß, wenn ich nur daran dachte. Eine Flirtpause würde mir jetzt bestimmt guttun.

Sydney war perfekt dafür, denn es hielt alles, was es versprach. Diese Stadt sah in echt noch besser aus als auf der

Postkarte, die mir Anja vor ein paar Jahren aus dem Urlaub geschickt hatte.

Und weil Anja diese Stadt bereits einmal bereist hatte, war für sie klar, dass sie das Programm bestimmte. Anhand einer Stadtkarte machte sie sich daran, unsere heutige Besichtigungstour zu planen: »*Circular Quay*. Mal ganz klar. Damit fangen wir an. Dann *The Rocks*, Oper, Botanischer Garten und vielleicht noch einen klitzekleinen Ausflug mit der Fähre – weil wir da nicht laufen müssen.«

Also dann, auf zum *Circular Quay*, der beliebten Flaniermeile am Hafen, am besten mit dem Bus, der direkt vor dem Hotel hielt. Sicherheitshalber stiegen wir am *Martin Place* aus. Der war laut Karte zwar noch ein gutes Stück vom Quay entfernt, aber ehe uns der Bus in die entgegengesetzte Richtung fuhr, gingen wir lieber ein paar Meter an der frischen Luft. Anja hatte mit keinem Wort erwähnt, dass wir uns mitten im Shopping-Viertel befanden. Drei Stunden und unzählige Klamottenläden später erreichten wir dann endlich unser Ziel.

»Bleibst du mal kurz stehen? Wenn das keine Blase ist. Aua, autsch!« Anja drückte mir ihre Plastiktüten in die Hand und betrachtete eingehend ihre Ferse.

»Tatsache! Ich hinke mal da rüber ins Café. Wärst du so reizend und holst mir Blasenpflaster aus der Apotheke?«

Welche Apotheke? Weit und breit war keine zu sehen.

»Du kannst es auch erst mal da drüben im Supermarkt probieren.«

Toller Tipp, danke. Während ich mich auf den Weg machte, fing mein Handy an zu piepen, eine SMS von John. Wie praktisch, dann konnte ich den doch gleich fragen, was »Blasenpflaster« auf Englisch heißt. Blödsinn! Bis der kapiert hatte, was ich meinte, wusste es natürlich auch die Verkäuferin im

Supermarkt. Ich sollte lieber mal schön meine Murmeln bei-sammenhalten.

»Wieder daheim. Rachel kocht und Lister besteigt mein Bein. Wie haben wir einander doch vermisst! Gruß, John.«

Lister war dann wohl hoffentlich sein Hund. Ich schmun-zelte. Irgendwie konnte ich mir diese heimelige Szene so gut vorstellen, obwohl John nur kurz von seiner Tochter und dem Hund gesprochen hatte. Ich wusste immerhin, dass Rachel bei ihm lebte. Sein Sohn Jonathan war in Melbourne, wo er als Schauspieler bei der Soap *Neighbours* arbeitete. Ich konnte mich noch gut an die Zeiten erinnern, als ich die Serie – damals noch in Originalbesetzung mit Kylie Minogue – selbst ange-schaut hatte. Leider hatten sich in Deutschland außer mir wohl nicht allzu viele Leute für die Seifenoper interessiert, also wur-de sie schnell wieder aus dem Programm gekippt. Ich aber hat-te den Vorteil, dass ich jetzt in Australien über *Neighbours* fachsimpeln konnte, falls ich Jonathan je kennenlernen sollte.

»Schon einen Tag in Sydney und hab noch nicht mal die Hafenbrücke gesehen. Bin hoffnungsloser Fall«, textete ich zurück.

Zwei Minuten später piepte es wieder.

»Grauer Star? So klein ist die doch gar nicht. Schau halt richtig hin!«

Mann, das war doch schon eine ziemlich schöne Zeit gewe-sen mit John in Port Douglas. Wir hätten sicherlich auch hier viel zu lachen. Ich schob den Gedanken beiseite und konzen-trierte mich stattdessen auf die Kosmetikabteilung von *Coles*. Eine halbe Stunde und fünf SMS später ließ ich mich auf den Stuhl neben Anja fallen und hielt ihr stumm die Pflaster unter die Nase.

»Die sind ja für Hühneraugen. Wie soll ich jetzt noch einen einzigen Schritt tun?«

Da Anja zu Fuß wohl nicht mehr weit gekommen wäre, mussten wir uns eine Planänderung überlegen. Am besten, wir machten gleich die Schiffsrundfahrt und sahen uns so die Stadt ohne Latscherei an. Wir schipperten an der Oper vorbei, die für mich wie eine Narrenkappe aussah. Wahrscheinlich lebte ich schon zu lange am Rhein. Dann unter der Hafenbrücke durch, hach, war das schön! Möwen krächzten am blauen Himmel, eine laue Brise wehte uns durchs Haar.

Piep piep!

»Wer schreibt dir denn da andauernd?«

Anja schien leicht genervt, vielleicht auch nur, weil ihr Handy sich den ganzen Tag noch nicht gerührt hatte. Gut, dass es schon nach vier war. Das konnte zeitlich gesehen also locker schon jemand aus Deutschland sein. Und noch bevor ich richtig nachdenken konnte, hörte ich mich »Renate« sagen, meine alte Freundin aus Köln.

»Stimmt ja«, fiel Anja ein, »die war doch auch kürzlich erst in Australien. Grüß doch mal lieb von mir!«

Ich fasste mir innerlich an den Kopf. Wieso hatte ich denn nur gelogen? Weshalb konnte ich nicht einfach die Wahrheit sagen? Jetzt war das Kind in den Brunnen gefallen, und für heute war John eben Renate. War ja auch egal, oder etwa nicht? Ich schob mir ein Pfefferminz in den Mund und öffnete die SMS: »Habe Lister eben von dir erzählt. Er ging mir gleich wieder ans Bein. Gruß, J.«

Ich hoffte immer noch, dass er vom Hund sprach, und schrieb zurück: »Anja lässt dich herzlich grüßen. Wette, sie kennt Sydney besser als jeder Australier.«

Grüße von Anja? Na, bestens! Jetzt hatte ich auch noch John gegenüber geflunkert. Was war nur los mit mir? Anja schaute abwechselnd auf den Stadtplan und in die Bucht. Bevor ich weiterhin in meinem Hirn Pirouetten drehte, besprach ich lieber mit Anja den morgigen Tag. Und den danach. Denn dann sollte es auch schon weitergehen: von Sydney nach Melbourne und von dort aus mit dem Mietwagen über die *Great Ocean Road*. Dorthin, wo John lebte und arbeitete.

In Melbourne hatten wir endlich wieder ein Auto und hätten es am liebsten gleich wieder abgegeben. Denn in Melbourne war man die meiste Zeit mit Parkplatzsuche beschäftigt. In dieser irren Stadt wollten wir unseren Hyundai nach zwei Tagen nur noch ein einziges Mal über den Asphalt peitschen: stadtauswärts in Richtung *Great Ocean Road*.

Aber bis dahin genossen wir die Zeit in St Kilda, diesem Viertel mit einer unvergleichlichen Vielfalt an Cafés und Bars, jüdischen Restaurants, europäischen Konditoreien und Feinkostläden. Uns gefiel der Vibe des Viertels so gut, dass wir uns den nicht eben kleinen Rest Melbournes schenkten. Alles, was uns wichtig erschien, war, im Steakhouse an der Strandpromenade ein Bier aus der Flasche zu trinken und aufs Meer hinauszuschauen. Man soll die Sinne ja nicht unnötig mit Reizen überfluten.

John zeigte sich später ein wenig entsetzt über das, was wir nicht gesehen hatten. Melbourne war sein Torf. Zwar lebte er nicht dort, hatte aber über die Jahre gesehen beruflich und privat so viele Stunden in der Stadt verbracht, dass man ihn mit ein wenig gutem Willen schon als Lokalmatador durchgehen lassen konnte. John sagte damals: »Ich lebe seit 18 Jahren in Geelong. Das ist so, als hätte ich fünf davon in Melbourne verbracht.«

Ich verstand erst viel später, dass ich mit meinen St-Kilda-Schwärmereien wohl eine Art Selbstverteidigungsmechanismus ausgelöst habe, den die Bewohner von Geelong sich irgendwann einmal zugelegt haben müssen. Aber noch kannte ich Geelong nicht, und zunächst würden wir auf unserem Weg von Melbourne zur *Great Ocean Road* einen großen Bogen um die nur eine Stunde von der Küste entfernte Stadt machen.

John und ich simsten immer noch munter durch den Orbit. Wir hätten natürlich auch miteinander telefonieren können, wie das erwachsene Menschen normalerweise tun, aber ich entwickelte eine kindliche Freude an unseren kleinen Textnachrichten. Und das auch, das war mir nun klargeworden, weil ich es genoss, ein kleines Geheimnis zu haben.

Anja wusste in diesem Urlaub alles besser, und ich meine das gar nicht als Vorwurf. Es war ja eine Tatsache. Aber es konnte einem schon ordentlich auf den Senkel gehen. Manchmal kam ich mir vor wie bei den Pfadfindern – mit Anja als Scout. Ich wollte aber noch nie zu den Pfadfindern. Ich wollte im Gegenteil auch mal was selbst entdecken, ohne gleich auf den rechten Weg gelenkt zu werden. Wahrscheinlich meinte sie's gut, und oft war es auch angenehm, sich nicht kümmern zu müssen, aber trotzdem …

Tja, und jetzt hatte ich John. Für mich, ganz alleine. Meiner einer. Und das Beste: Ich konnte mit ihm Witze über Anja machen. Keine bösen. Es war nur schön, den Australier auf meiner Seite zu wissen. Und: Er verstand mich. Auch er hatte sich von Anja schon zurechtweisen lassen müssen, Stichwort »Alpen«. Mein John. Ich ertappte mich dabei, wie ich beim Gedanken daran, dass wir uns bald wiedersehen würden, ganz unruhig wurde. Wir hatten vereinbart, uns nördlich von Geelong auf der *Great Ocean Road* zu treffen, im beschaulichen Torquay.

Die Great Ocean Road kann es meines Erachtens mit jeder Küstenstraße dieser Welt aufnehmen. Nicht, dass ich alle kennen würde. Aber auf der insgesamt eineinhalbstündigen Fahrt von Melbourne bis Torquay schlängelten wir uns Kurve um Kurve durch spektakulärste Küstenlandschaft mit Blick auf die herrlichsten Surfstrände. Später, weit hinter Torquay, führt die Strecke durch einen uralten Regenwald mit Farnen so groß wie Häuser. An der Küste hielten wir an jeder Aussichtsbucht und konnten nicht fassen, dass fast alle Strände menschenleer waren. Ich meine: Es war Sommer, wo blieben nur die Urlauber?

Für uns beengt lebende Mitteleuropäer war dies nicht zu begreifen. Der Raum, diese Weite. Wenn man wollte, konnte man all das für sich haben – ohne lange zu suchen oder reich zu sein. Einfach nur um die nächste Ecke biegen, wenn am Lieblingsstrand schon einer rumliegt. Wenn nicht diese Bucht, dann halt die nächste. Man hätte einen Hass kriegen können, wenn es nicht so schön gewesen wäre. Aber wir kamen in friedlicher Absicht und mit den positivsten Gefühlen. Ich ja sowieso. Und so erreichten wir fast in Hippie-Stimmung Torquay, das Surfer-Mekka, und quartierten uns ins *Best Western* ein.

Den Rest des Tages verbrachten wir damit, vom Strand aus die Surfer auf einer Skala von eins bis zehn zu bewerten. Die A-Note war für den Stil, die B-Note fürs Aussehen. Erstaunlich, wie schnell die Zeit verging, denn wenn man selbst nicht surft, ist Torquay so ziemlich der ödeste Flecken auf der ganzen Strecke. Und wir waren die leibhaftigen Antisurfer. Anja ging ja noch nicht mal ins Wasser. Am Ende waren wir dann doch sehr froh, als John auftauchte. Wir strahlten uns ein bisschen viel an, hoffentlich merkte Anja nichts. Fehlte nur noch, dass ich loskicherte wie eine Sechzehnjährige, also riss ich mich zusammen.

Eigentlich wollten wir unser Wiedersehen mit einem schönen Abendessen zelebrieren, doch auch das war nicht so ganz einfach in Surf-City. Entweder ernährten sich die Wellenreiter von Luft und Liebe, oder ihnen reichte tatsächlich das mickrige Aufgebot an Fast-Food-Buden. In unserer Not betraten wir ein RSL, was die Abkürzung für *Returned and Services League* ist, ein Klub für die Veteranen des Krieges. Landesweit gibt es etwa 1 500 dieser sozialen Einrichtungen für die Helden vergangener Tage. Jeder RSL verfügt über eine Art Kantine, an deren Büfett sich jeder kostengünstig laben darf – egal wie gedient oder betagt. Also auch wir.

John fand, wir müssten das mal erlebt haben. Wir waren aufgeschlossen, und wenn sich die alten Leutchen an uns deutschen Frauen nicht störten, dann nichts wie ran ans Büfett. Um es gleich zu sagen: Das Essen war museal. Wir fragten uns, ob das RSL über eine geheime Zeitmaschine verfügte, mit deren Hilfe sie einer ahnungslosen Großfamilie im Jahr 1950 das Mittagessen vom Tisch beamten. John griente.

»Was habt ihr denn?«, tat er unschuldig, »*meat and three vegs*, Fleisch mit dreierlei Gemüse. So bin ich groß geworden. Was anderes kam bei uns erst gar nicht auf den Teller.«

Jetzt mal nicht arrogant sein, ermahnte ich mich. Das Essen war billig und erfüllte seinen Zweck.

Gegen neun fand Anja dann, dass wir genug getafelt hatten, und wandte sich zu John: »Das war's. Du kannst uns jetzt ins Hotel fahren, und dann verabschieden wir uns.«

Nicht nur John war wie vor den Kopf gestoßen. Unsere Blicke trafen sich kurz. Wie … was? Das sollte es gewesen sein? Wenn Anja sich mit dieser Ansage durchsetzte, hätte ich John zum allerletzten Mal in diesem Urlaub im Resopal-RSL von Torquay gesehen? Das konnte, das durfte nicht wahr sein. Ich spürte eine leichte Panik in mir aufsteigen. Das Dumme war, dass ich bis zu diesem Zeitpunkt nicht so genau wusste, was ich wollte, was ja kein seltener Zustand in meinem Leben war. Ansonsten hätte ich Anja nur kurz geantwortet: »Wir bringen dich gerne heim und vertreten uns dann noch ein bisschen die Füße.«

Nichts wäre leichter gewesen, nur war ich verwirrt und alles andere als geistesgegenwärtig. Also kam es, wie es kommen musste. John fuhr uns ins Hotel. Immerhin saß ich vorne. Wir gaben John ein Küsschen rechts und links, stiegen aus, und weg war er! Halt! Der konnte doch nicht so schnöde aus meinem Leben verschwinden. Was mach ich denn jetzt?

Anja gähnte: »Auf diesen Abend hätte ich auch gut verzichten können. Ich geh ins Bett und lese noch was. Kommst du auch?«

»Ich geh noch 'ne Runde um den Block. Ist mir noch zu früh zum Schlafen.«

Ich trabte Richtung Strand, und als ich mich weit genug entfernt wähnte, wählte ich zum ersten Mal Johns Nummer. Mein Herz schlug mir bis zum Hals. Mailbox. Das gibt's doch gar nicht. Ich nahm meinen Mut zusammen und stotterte etwas wie: »Ich will, dass du wieder zurückkommst.«

John schmückt heutzutage diesen Teil unserer Geschichte immer sehr üppig zu seinen Gunsten aus. Was ich in jener Nacht nicht alles an Liebesbeweisen gehaucht, gewispert und geflüstert haben soll. Ich glaub ihm kein Wort. Obwohl – das stimmt nicht ganz. Sagen wir fairerweise, dass mit sehr viel gutem Willen ein Drittel seiner Wahrnehmung NICHT von hormonellen Schüben getrübt war. Außerdem ist dies meine Geschichte. Wenn er möchte, kann er auch ein Buch schreiben und mich damit in Australien unmöglich machen. Nicht, dass ich ihn unmöglich machen will, ich sag nur, wie ich mich an die Zeit unseres Kennenlernens erinnere. Das muss ja wohl erlaubt sein. Aber warum mache ich mir überhaupt Gedanken? John kann immer noch kein Deutsch, und so wird er mein Buch auch nicht lesen.

Zurück zu Torquay und meinem Anruf. Ich lief die Strandpromenade auf und ab und steckte mir einen Glimmstengel nach dem anderen an. Aus Verzweiflung begann ich das abergläubische Kinderspiel: Wenn das dritte Auto, das vorbeifährt, rot ist, dann ruft er an. Zum Glück kam ich gar nicht so weit mit dem Zählen, denn das zweite rote Auto, das mir entgegenkam, war Johns. Er erkannte mich ein wenig zu spät und hielt erst vor unserem Hotel-Restaurant. Er öffnete die Beifahrertür, und ich kletterte in den Wagen.

»Warum bist du nicht ans Handy gegangen?« Der Rüffel sollte meine Unsicherheit verbergen, aber John hatte mich sprichwörtlich schon ganz gut im Griff. Statt mir auf meine doofe Frage zu antworten, küsste er mich. Das Geknutsche ging so lange, bis der Kellner des Restaurants an meine Scheibe klopfte.

»Geht es Ihnen gut?«

Sehr besorgt klang der eigentlich nicht, und erst jetzt merkten wir, dass wir den Gästen des verglasten Hauses das reinste Kino boten.

Ich schaute auf die Uhr. Wie lange konnte ich wohl noch »spazieren gehen«, ohne Anjas Verdacht zu erregen? Wir überlegten, was zu tun war. Für heute war nichts mehr zu machen. John musste zurück nach Geelong, und ich musste zurück zur Aufpasserin. Schließlich machten wir aus, uns am nächsten Abend in dem etwa eine Stunde südlich von Torquay gelegenen Küstenort Lorne zu treffen. Ich sollte ihm dort ein Zimmer im gleichen Hotel buchen und – Bingo! Da es John vollkommen egal war, was Anja von uns hielt oder dachte, überließ er mir die Überbringung der freudigen Neuigkeit. Das war ein Klacks. Morgen schon wieder John. Wenn sie da mal nicht stutzig würde. Na und, sagte ich mir. Hatte er halt unerwartet in der Gegend zu tun und wollte uns noch ein wirklich schönes Restaurant zeigen.

Viel größere Sorge bereitete mir zu diesem Zeitpunkt mein vereinbarter Besuch in seinem Hotelzimmer. Wenn ich Anja nicht reinen Wein einschenkte – und das war nicht abzusehen, da war ich nämlich ausgesprochen bockig –, dann würde unser Plan Folgendes bedeuten: Ich musste mich mitten in der Nacht heimlich aus dem Mädchenzimmer stehlen und in Johns Bett schleichen.

Mittlerweile glaubte ich selbst, dass es bei mir gewaltig hakte. Ich war Mitte dreißig, Herrgott im Himmel! So was hatte ich selbst in meinen beknacktesten Teenagerphasen nicht gemacht. Und warum nicht? Weil ich es nicht nötig hatte. Und jetzt, wo ich fast in der Menopause war, da schon? Sah jedenfalls ganz danach aus. Erbärmlich, aber was soll's, redete ich mir zu. Der Zinnsoldatin sag ich jedenfalls nichts.

Und so machte ich mich in der folgenden Nacht auf Samtpfoten auf den Weg ins Nachbarzimmer. Die Nacht war es wert.

Ich halte es noch heute für unwahrscheinlich, dass Anja nichts gemerkt hat. Aber sie hat nie ein Wort darüber verloren und ich auch nicht. Als ich am Morgen wieder neben ihr lag, hatte John längst ausgecheckt und war über alle Berge. Das war im Vorhinein so besprochen und keine Flucht – hoffte ich zumindest.

Jetzt war er also wirklich weg, aber wenigstens hatten wir uns dieses Mal ordentlich verabschiedet. Das war auch gut so, denn wir wussten nicht, ob und wann oder wo wir uns je wiedersehen würden.

Bis Adelaide, unserem Abflughafen, war es noch eine gute Strecke zu fahren, ich schätze so an die 800 Kilometer. Ich hatte also eine Menge Zeit, nachzudenken. Wenn ich an John dachte, wurde mir mulmig im Magen, und immer öfter führte ich heimliche Telefonate mit ihm. Sobald ich mit Anja im Auto saß, simsten wir einander wie die Weltmeister, einer schnulziger als der andere: »Du bist weg, aber ich kann dich noch immer fühlen.« So was halt. Argh. Ist uns im Nachhinein sehr unangenehm. Aber während dieser öden Autofahrt konnte ich gar nicht genug davon kriegen. Ich warf einen verstohlenen Blick auf meine Reiseführerin. Also ehrlich, sogar ein blindes Huhn hätte längst gemerkt, dass … Aber Anja schnippte nur die Asche aus dem Fenster, fuhr und schwieg.

Als wir dann am Flughafen eingecheckt hatten, fing ich vor Nervosität an zu zittern. Ich muss wohl wieder ganz bleich geworden sein, denn Anja fragte, was los sei. Nur noch 15 Minuten bis zum Abflug, und dann? Die Sache mit dem »dann« konnte ich mir noch beantworten, wenn ich in der Maschine saß. Jetzt wollte ich die verbleibende Zeit nur für eine Sache nutzen: mit John telefonieren. Ich musste seine Stimme hören und fühlen, dass es mit ihm und mir gut war; dass ich mir meine Gefühle nicht nur eingebildet hatte.

Ich schätze, ich brauchte eine Art Beweis für die Aufrichtigkeit unseres Interesses aneinander, keine Garantie, aber doch eine gewisse Hoffnung auf ein Wiedersehen, auf eine Möglichkeit für uns. Sonst wäre das alles vielleicht gar nicht wahr gewesen, wenn ich erst mal wieder in Deutschland saß. Wie ein ferner Traum, den man sofort wieder vergisst, wenn man aufwacht. Ich wollte nicht weg. Ich wollte unser Kennenlernen nicht so abrupt beenden, ich wollte festhalten, was gerade erst begonnen hatte, und sehen, was daraus wird. Ist das alles vorbei, wenn ich weg bin? Und wenn nicht, wie kann es dann überhaupt weitergehen? Ich konnte meine Gedanken nicht sortieren. Meine Gefühle spielten Pingpong mit meinem Hirn, und die Zeit lief mir davon.

Als Anja davonstürmte, um sich für den langen Flug noch eine Zeitschrift zu kaufen, wählte ich mit zittrigen Fingern Johns Nummer. Täuschte ich mich oder hörte der sich ebenfalls etwas merkwürdig an? Ja, jetzt hörte ich es ganz eindeutig. Die kleinen Aussetzer lagen nicht an der Verbindung. Er hatte einen Kloß im Hals.

»Ich schreibe dir. Und wir können telefonieren. *No worries!* Ist doch kein Problem!«

Falls das ein Versuch war, Optimismus zu verbreiten, kam er bei mir nicht so recht an.

»Ja, bis bald dann.«

Mehr brachte ich nicht raus. Er aber auch nicht. Was hätten wir schon noch sagen können? Jetzt würde es auf Taten ankommen, Worte allein würden nicht reichen. Schreibt er wirklich? Ruft er an? Und was wäre mit mir, wenn meine Urlaubslaune verflogen war: Würden dann immer noch Schmetterlinge in meinem Bauch herumflattern? Wir würden sehen.

Jetzt musste ich erst einmal den Rückflug nach Deutschland überstehen. Zunächst würden wir fünf Stunden lang über den australischen Kontinent fliegen, um ihn dann in Richtung nördlicher Hemisphäre zu verlassen. Die Aussicht war magisch. Rot- und Brauntöne dominierten das Bild wie auf einer abstrakten Zeichnung. Wir flogen über Wüste und die Olgas, pinkfarbene Salzseen und bläulich schimmernde Billabongs. Auf dem Bildschirm wurde der Qantas-Trailer gezeigt, den wir schon vom Hinflug kannten. Zu Peter Allens reichlich emotionalem *I still call Australia home* sah ich die dramatische Gebirgskette der Kimberleys, hüpfende Kängurus und dösende Koalas, Uluru, Sydneys Oper, Krokodile im

Kakadu-Park, die Blue Mountains und fröhliche Aborigine-Kinder am Strand. Also so ziemlich alles, was sich an Australienklischees in Liedlänge effektvoll aneinanderreihen lässt. Auf dem Hinflug hatte der Clip nur meine Vorfreude verstärkt, jetzt kullerten mir die Tränen über die Wangen und ich hatte Mühe, ein Schluchzen zu unterdrücken. Nur gut, dass Anja schon weggenickt war und ich mich hinter ihrer Zeitschrift verstecken konnte.

Man kann über die Länge des Fluges Australien–Deutschland viel lamentieren, aber in meinem Fall hatte es etwas Gutes, dass es so lang dauerte. So hatte ich genügend Zeit, um das Ende dieser Reise zu begreifen. Die Stewardess reichte mir mit einem Lächeln den Sauvignon, den ich gerade bestellt hatte. Ich nahm einen Schluck und sah aus dem Fenster. Wir hatten Australien verlassen. Wir flogen aus dem abstrakten Gemälde mit den rotbraunen Pinselstrichen hinaus auf eine dunkelblaue Fläche, den Indischen Ozean. Ich blickte noch einmal zurück, konnte aber außer einer endlos wirkenden Küstenlinie, die von wilder Gischt gerahmt wurde, nichts mehr erkennen. Entschlossen wischte ich die Feuchtigkeit aus meinen Augenwinkeln und schaute nach vorne.

3. Zurück in den Winter

Zu Hause schneite es dicke Flocken, die sogar liegen blieben, und die Straßen waren zum Teil vereist. Als hätte uns das Wetter mit dem Vorschlaghammer zeigen wollen, dass der Urlaub vorbei war. Anja fand den Schnee märchenhaft. Wann bleibt der schon mal in der Stadt liegen? Natürlich hatte sie wieder einmal recht: Es hätte schlimmer kommen können, schließlich war es Mitte November. Mit Schneeregen, eisigen Böen und Matsch. Im Radio redeten sie vom frühen und heftigen Wintereinbruch und gaben arschkalte Prognosen für die kommenden Monate. Wir rauchten zum Abschied ein paar zollfreie Kippen bei Anja, hörten in unsere noch schnell in Adelaide erworbenen CDs rein, bevor ich mich in meinem kleinen roten Flitzer auf den Heimweg machte.

Noch nie war mir mein Leben so unwirklich vorgekommen. Ich konnte es kaum erwarten, meinen Computer hochzufahren. Wenn jetzt eine E-Mail von John im Posteingang war, würde alles gut werden. Dabei hatten wir uns schon in Singapur fleißig gemailt, und ich zweifelte keine Sekunde daran, dass daheim eine Nachricht auf mich warten würde. Als es schließlich so weit war, klickte ich mit Schmetterlingen im Bauch auf das Briefsymbol. John schrieb:

Während du am Flughafen warst und ich das letzte Mal mit dir gesprochen habe, ging ich daheim im Garten auf und ab und dachte: »Verdammt. Ich weiß einfach nicht, was ich sagen soll.« Ich glaube, dir ging's genauso. Ich fühlte mich so unbeholfen, traurig und komisch. Es ist schön, dass ich dir das jetzt schreiben kann. Ich denke, das werden wir in den nächsten Wochen noch ein bisschen öfter tun.

Ich atmete auf. John empfand tatsächlich das Gleiche wie ich. Und das Beste: Er konnte darüber schreiben. Hier war endlich mal ein Mann, der aus seinem Herzen keine Mördergrube machte. Und nicht nur das, er konnte auch erzählen. Über sich, den Alltag und seine Kinder. Seine Berichte hörten sich auch nicht nach Pflichtübung an, im Gegenteil. Das Schreiben schien ihm geradezu Spaß zu machen.

Und er hatte recht, wenn er meinte, dass das nicht die letzte Mail zwischen uns gewesen war, denn die nächsten Wochen verbrachte ich hauptsächlich mit meinen Freunden Microsoft, Outlook und Telekom. Ohne Flatrate, denn die gab es im Winter 2000 noch nicht. In den kommenden Monaten schufen John und ich ein E-Mail-Dokument von über 350 Seiten Länge. Das entspricht einem gar nicht so kurzen Buch. John hat alle E-Mails aufgehoben, was mir erst merkwürdig vorkam, aber sich später als sehr hilfreich erweisen sollte. Aus heutiger Sicht und mit der entsprechenden Distanz gebe ich zu: ganz schön zum Augenrollen, was wir uns da an schwülstigen Texten quer über den Globus schickten. John hatte zum Beispiel einmal geschrieben:

Ich fühle mich dir schon so nah. Ich fange an zu verstehen, dass ich dir vollkommen vertrauen kann, so wie du mir. Erinnerst du dich, als ich dich in Port Douglas fragte, ob wir für immer Freunde sein könnten? Ich habe schon damals gespürt, wie wundervoll du bist, so dass ich mir in jedem Falle deine Freundschaft erhalten will – was auch immer passiert.

Ich stand Johns Gesülze leider in nichts nach:

> Wie herrlich und absolut treffend, was du da wieder mal über uns geschrieben hast! Ja, ich finde es auch fantastisch, dass wir nun zuerst Freunde geworden sind. Ich wusste schon, als ich dich kennenlernte, dass wir für immer Freunde bleiben würden. Und jetzt, da uns so viel mehr verbindet, spüre ich neben der Liebe immer noch dieses starke Freundschaftsband. Nicht viele Liebespaare haben das, wir haben wirklich Glück!

Aber trotz allem Hin- und Hergeemaile, trotz all der seltsamen Gefühle, die sich jedes Mal, wenn ich eine neue Mail bekam, in meinem Bauch breitmachten, wusste ich nicht, wie John eigentlich jetzt zu mir stand. Waren wir nun beste Freunde, die einander nebenbei ziemlich attraktiv fanden, oder was war das nun eigentlich mit uns? Ein Urlaubsflirt, den wir trotz moderner Kommunikation doch schnell wieder vergessen würden? Eine Fernbeziehung? Oder gar der Beginn einer großen Liebe?

Immerhin erzählte mir John bereits in einer seiner ersten Mails alles Wichtige über seine Familie, das heißt seine beiden Kinder. Ich war zufrieden. Mehr noch: Ich war geradezu auf Wolke sieben. Jedenfalls konnte das doch kein schlechtes Zeichen sein, oder warum sonst berichtet einer so sichtlich stolz von Kind und Kegel? Seine Kinder waren ihm wichtig, das konnte ich der Mail zweifelsfrei entnehmen.

Jetzt wollte ich natürlich brennend wissen, ob er auch den Kindern schon von mir erzählt hatte, und wenn ja, wie deren Urteil wohl ausgefallen sein mochte. In einer ausführlichen Mail erfuhr ich erst einmal, dass Johns 18-jähriger Sohn Jonathan selbst gerade frisch verliebt war: in eine 26-jährige Frau. Das war zwar offensichtlich nicht ganz so schlimm, wie sich in eine Deutsche zu verlieben, die noch dazu zwölf Jahre jünger war, aber Jonathans Tipp für beide Fälle war eindeutig: einen kühlen Kopf bewahren! Mich schauderte leicht. Hoffentlich würde sich John den altklugen Rat seines Sohnes nicht allzu sehr zu Herzen nehmen. Wäre dann doch einigermaßen lächerlich. 18! Wenn jetzt plötzlich ungefragt mir unbekannte Teenager von der anderen Seite der Welt mitredeten, wenn es um mein Liebesleben ging, dann musste ich so einiges neu überdenken.

Andererseits: Eigentlich war es doch ziemlich sympathisch, dass John ein so inniges Verhältnis zu seinen Kindern hatte und mit ihnen über Liebesdinge sprechen konnte. Und dass er kein Geheimnis aus unserer Bekanntschaft machte, zeigte doch auch, dass er es ernst meinte, oder?

Wieder war ich überrascht, dass John über seine Gefühle schreiben konnte. Und seine Unsicherheiten. Das ging mir ja ganz genauso, dass ich verunsichert war, und deshalb sollte ich auch nicht allzu viel Zeit verstreichen lassen, ehe ich ihm antwortete. Das Schreiben auf Englisch wurde auch nicht leichter, indem ich es aufschob. Wenn es nur nicht so unsäglich anstrengend gewesen wäre! Das Letzte, was ich in meinem Leben auf Englisch verfasst hatte, war ein Backrezept für Schwarzwälder Kirschtorte – auf Anfrage der Lizenztante einer britischen Dokuserie, deren Rechte wir für den deutschen Markt erwerben wollten. Ich kann nicht sagen, ich hätte mir damit viel Mühe gegeben. Ich habe das englische Tortenrezept gegoogelt und dann ein paar Fehler ins Dokument eingebaut, damit es auch echt wirkte. Doch so eine Mail an John, die musste im Schweiße meines Angesichts verfasst werden. Da half das ganze Internet nichts.

Und natürlich konnte mir das Internet auch gar nicht dabei helfen, herauszufinden, was ich schreiben sollte. Zwar hatten wir beide schon von »Liebe« gesprochen, aber alles in allem doch auf einer reichlich theoretischen Ebene. Wir hatten erst eine gemeinsame Nacht verbracht. Das war alles, woran wir uns klammern konnten, wenn wir von unserer »Liebe zueinander« sprachen. Kein Wunder, dass wir andauernd von unserer ach so tollen Freundschaft faselten, die doch angeblich so viel mehr wert war, als sich Hals über Kopf in eine Beziehung zu stürzen.

Die Wahrheit war, dass unsere »Beziehung« durch die Distanz ohnehin nicht sehr viel mehr war als eine intensive Freundschaft. Wie als ob jemand unseren Liebesfilm auf »Pause« gedrückt hätte. John in Australien, ich in Deutschland. Und es gab nichts, was wir hätten tun können, um diese Situation schnell zu beenden.

Es war, wie es war. Wir lebten eine Ewigkeit voneinander entfernt. Das war ein seltsamer Zustand, für uns beide. Ich wusste, dass ich mir meine Gefühle für John nicht einbildete, aber es gab nun mal kein Vorbild für das, was ich jetzt erlebte. Und so hoffte ich, dass ich recht daran getan hatte, meiner Eingebung zu folgen. Das mit John fühlte sich richtig an, ich musste meinem Bauchurteil einfach vertrauen. Was hätte ich denn sonst tun sollen? Falls es ihm genauso erging, was ich stark hoffte, wie sollte es jetzt weitergehen mit uns?

Am Ende war ich ziemlich stolz auf meine Antwort-Mail und hoffte, dass mein Werk einigermaßen ungezwungen und nicht zu holprig klang. Der Zeitaufwand war allerdings tatsächlich unhaltbar. Ich hatte ganze zwei Stunden meiner Arbeitszeit damit verbracht. Hoffentlich war die Zeit gut investiert. Aufgeregt, was John mir wohl antworten würde, schaltete ich meinen Computer aus und fuhr nach Hause. Pünktlich zum Morgenkaffee am nächsten Tag würde ich seine Antwort im Posteingang finden.

Meine Liebe,

bei allem, was ich heute getan habe, hatte ich das Gefühl, du warst dabei. Wir sind uns so unglaublich nah! Wie kann das sein? Das stimmt mich sehr zuversichtlich. Ich liebe deine Wärme, deinen Witz. Gott, wie ich dich vermisse! Ich dachte heute im Büro so oft an dich, und jedes Mal musste ich lächeln. Eine Karriere ist wichtig, aber jemanden so leidenschaftlich zu lieben – das ist doch der wahre Kern des Lebens, my darling! Ich danke wem auch immer, dass es dich gibt! Deinen Eltern?

Ich bekam vor Freude rote Ohren, als ich Johns Zeilen las. Wie hatte ich nur zweifeln können? Natürlich ging es ihm genauso wie mir, und am Ende würde schon alles gut werden!

Wir schrieben uns immer zeitversetzt, was ich sehr reizvoll fand. Denn wenn ich aufwachte, war da schon immer eine Antwort in meinem Outlook, und ich quälte mich erst an einer Antwort ab, wenn es am anderen Ende der Erde tiefste Nacht war. Das verschaffte mir Zeit. Während also mein lieber John in Australien in aller Seelenruhe schlief, pulsierte im guten alten Europa das Leben.

Manchmal sogar sehr. Ich hatte nämlich Anja angerufen, um ihr endlich von John und mir zu erzählen. Konnte ja nicht ewig so weitergehen. Also hatte ich mir ein Herz gefasst. Erst sprachen wir über die Arbeit, gemeinsame Freunde und sämtlichen anderen Klatsch. Dann sagte ich ohne weitere Umschweife:

»Ich muss dir was erzählen. Ich bin in John verliebt.« Stille.

Nach einer Ewigkeit sagte sie: »Annette, der ist 47!«

Ich: »Weiß ich.«

Anja: »Hm. Körperlich scheint er ja noch voll in Ordnung.«

Ich: »Stimmt.«

Woraufhin sie antwortete: »Aber er ist manchmal so ... so ... (hier rang sie um das treffende Wort) anstrengend!«

Das war wohl Anjas Vorstellung von einer diplomatischen Antwort, denn wahrscheinlich meinte sie eigentlich Schlimmeres. So was wie *anödend* oder *nervtötend*. Leider kannte ich die Gute nur zu gut.

Ich gab mich gefasst: »Also, ich finde das nicht.«

Anja, leicht schnippisch: »Du bist ja auch verliebt. Natürlich siehst du ihn da anders. Aber ist ja auch egal, das führt sowieso zu nichts. Oder willst du mir etwa erzählen, dass er nach Deutschland kommt?«

Zu ihrer Überraschung bejahte ich. Wir hatten zwar noch nichts Konkretes geplant, aber dass John mich irgendwann in Deutschland besuchen würde, stand schon fest.

Anja gönnte sich eine kleine Pause zum Nachdenken und sagte dann: »John in Deutschland oder du in Geelong. Was soll ich dazu schon sagen? Das musst du selber wissen.«

Und das war's. Mehr würde ich aus ihr nicht rauskriegen. Ihr Urteil war verkündet und damit basta! Kein Raum für Gegenrede, Ende der Aussprache. Anja hatte auch nicht gefragt, was genau denn in Australien passiert war. Selber schuld. Ich schwieg, denn es war überdeutlich, dass sie der Sache mit John und mir mehr als kritisch gegenüberstand.

Dies alles schrieb ich John und auch, dass Anja komischerweise tatsächlich überrascht gewesen war über die Neuigkeiten. John schüttelte nur den Kopf. Für ihn war Anjas Verhalten typisch deutsch: immer pragmatisch, direkt und geschäftsmäßig. Fast bemitleidete er sie, denn offensichtlich gab es in ihrem Leben nur wenig Raum für Unvorhergesehenes, das sich nicht in ein Schema pressen lässt.

Unser E-Mail-Austausch lief inzwischen gut und wurde mit der Zeit immer besser und intensiver. Nach und nach verlor ich meine Hemmungen, was das Schreiben in einer fremden Sprache anbelangte. Und auch was das Schreiben über mich betraf. Ich fand es alles andere als leicht, meine Gefühle so schwarz auf weiß vor mir zu haben, und war jedes Mal heilfroh, wenn John mir signalisierte, dass er sich riesig über meine Offenheit freute. Wir hatten beide den Eindruck, dass wir durch die täglichen E-Mails vielleicht sogar direkter miteinander kommunizierten, als das »normale« Paare in dieser ersten Zeit des Kennenlernens tun. Und natürlich mochte ich auch seine Mails. Ich fand sie witzig, intelligent und offen. Perfekt!

Das mit dem Schreiben war also längst kein Problem mehr, was eher danebenging, war das Telefonieren. Allerdings hing dieses Scheitern am Hörer größtenteils mit der Zeitverschiebung zusammen. So war ich beispielsweise abends oft noch in bester Ausgehlaune, während John schon längst mit dem nächsten Arbeitstag begonnen hatte. Im englischsprachigen Raum gibt es für solche Fälle einen schön formulierten Tipp: *Don't drink and dial.* Ruf nicht an, wenn du getrunken hast.

So bekam ich eines Abends folgende Mail von John:

O. K. Gerade habe ich einen Anruf von einigen sehr betrunkenen, verrückten Deutschen bekommen. Sehr viel Rotwein … Ich bin neidisch. Ich würde so gerne mitfeiern. Stattdessen muss ich nun einen Bewerber interviewen. Ich glaube, meine Kollegen konnten eure Party durch meine Tür hindurch hören.

Das war ein noch eher harmloser Fall von Zeitverschiebungsschwierigkeiten. Wobei ich dazu sagen muss, dass sich John meist sehr höflich ausdrückt, sehr angelsächsisch eben. Dementsprechend sollte man seine Mail von eben am ehesten so lesen:

> Mann, warst du besoffen, während ich hier geschäftlich voll eingespannt bin. Du und deine Schnapsdrosseln habt dermaßen rumgegrölt, dass ich die Hand über den Hörer halten musste. Ziemlich daneben, meine Liebe, aber was soll ich machen? Ich liebe dich trotzdem.

Dabei habe ich ihn nur deshalb zu so später – beziehungsweise früher – Stunde angerufen, weil ich ihn bei unserer Rotweinsause so schrecklich vermisst habe! Ich musste nämlich wieder einmal meinen Freunden haarklein berichten, wie sich mein Leben seit dem Australientrip verändert hatte. Vielleicht wäre es einfacher gewesen, wenn ich einen Rundbrief per Mail an alle verschickt hätte. So aber mussten einige Flaschen Rotwein sterben. Ich weiß auch nicht mehr, wie oft ich insgesamt von Australien und John erzählen musste. Damit es mir nicht langweilig wurde, veränderte ich unsere Geschichte hier und da ein wenig, schmückte ein Detail aus, betonte eine besondere Szene und arbeitete insgesamt an meinem Timing.

Mittlerweile war unser Mailverkehr so intensiv geworden, dass ich das Gefühl hatte, an Johns Leben rund um die Uhr teilzuhaben. Ich wusste so gut wie alles über seine Arbeit, seinen Alltag und natürlich über seine Kinder. Eigentlich lief alles super zwischen uns – und doch war ich überrascht, als John am Ende einer Mail ganz beiläufig schrieb: »Ich plane jetzt, dich Ende Januar, Anfang Februar zu besuchen. Würde dir das passen? Bis bald, John.«

Huch, das kam jetzt aber doch ein bisschen plötzlich – das mit der Besuchsankündigung. Ich wurde auf einmal ganz nervös, obwohl ich doch wusste, dass er vorhatte, mich bald zu besuchen. Eigentlich war ich es sogar, die darauf gedrängt hatte. Ich fand, wir sollten uns möglichst schnell wiedersehen, um unsere ganze Schreiberei mit der Wirklichkeit abzugleichen. Obwohl wir uns ganz real und in echt kennengelernt hatten, hatte ich doch ein bisschen Angst, dass wir in der Realität nicht ganz mithalten konnten und an einer Art Internet-Syndrom erkrankt waren. Schreibend ist man doch immer ein bisschen ein anderer. Man kann sich vor dem Laptop ein wenig selbst erfinden. Das gerade ist der Reiz an dieser Art der Kommunikation. Ich kann mich mutiger geben, ein bisschen gewitzter sein als im richtigen Leben und vielleicht auch ein wenig mehr sexy. Am Anfang merkte ich es gar nicht mal so, aber weil ich mich an Johns Reaktion freute, wiederholte ich die kleinen Beschönigungen meiner Selbst, und ehe ich mich versah, war ich in ein besseres Ich geschlüpft. Ich log nicht, aber ich betrieb doch eine Art Charakter- und Seelenkosmetik.

Richtig schlimm fand ich das nicht. Ich war mir sicher, dass auch John sich vor mir ein wenig aufplusterte. Ich musste nur ein bisschen aufpassen, denn mit meiner neu verputzten Persönlichkeit verhielt es sich in etwa so wie mit dem Haarefärben. Schön, wenn die neue Farbe geschickt die grauen Strähnen abdeckte. Nicht so hübsch, wenn der neue Haarton nicht mehr natürlich wirkte. Und dann gab es da noch ein Problem. Jeder, der mit der Schönfärberei mal angefangen hat, kennt das: Man darf nicht mehr aufhören, sonst fliegt der Schwindel auf. Ich musste vermeiden, dass wir uns zu viel vormachten. Dass sich die gegenseitigen Erwartungen in schwindelnde Höhen schraubten. Je länger sich ein falsches Bild in uns festbeißen konnte, desto schwieriger würde es werden, sich davon zu befreien.

John gab mir recht. Wir redeten über solche Gefahren ganz offen und beschlossen daher ein baldiges Wiedersehen. Da ich bereits seine Heimat bereist hatte, sollte er nun mich in meiner natürlichen Umgebung beobachten können. Ende Januar, Anfang Februar schon? Nicht viel Zeit, an meiner echten Erscheinung zu arbeiten. Bis zu Johns Ankunft wollte ich nämlich mindestens noch zwei Kilo abnehmen, und wie das funktionieren sollte, wenn ich gleichzeitig mit dem Rauchen aufhörte, war mir noch nicht ganz klar.

Während ich mich in den nächsten Wochen auf die Verringerung von Körperfett und Nikotinsucht konzentrierte, heiterte mich John mit Berichten von der Teenagerfront bei ihm zu Hause auf. Ich glaubte ihm davon nur die Hälfte (siehe Internet-Syndrom) und las die Anekdoten deshalb so, wie ich Sitcoms konsumierte: Ich fühlte mich unterhalten, fand die beschriebenen Ereignisse aber doch zu aufgeblasen, um echt zu sein.

Trotzdem lachte ich laut, als ich las, wie John sich mit dem Chaos herumschlagen musste, das seine Tochter Rachel und der 20-jährige Untermieter Ben in seinem Haus anrichteten. Rachel machte sich anscheinend seit Wochen über ihren Vater lustig, der sich ihrer Meinung nach – verliebt, wie er war – aufführte, als wäre er ein Teenie mit PMS. Im Gegensatz zu meinem Kölner Single-Haushalt tobte dort im fernen Geelong also das pralle Leben – wenn man Johns Zeilen ernst nahm, und das tat ich ja nur bedingt. Innerlich strich ich die Sache mit dem PMS. Oder besser nicht? Tja, einfach war diese seltsame und unwirkliche Beziehung, die sich bei ihrem Vater da anbahnte, für Rachel sicherlich nicht. Für wen war sie das schon? Doch Rachel hatte sich ihre Lage im Gegensatz zu uns eben nicht ausgesucht. Ich versuchte mich in meiner Antwort trotz meiner leisen Besorgnis an einem entspannten Tonfall.

Die nimmt dich doch nur hoch, und das weißt du ganz genau! Aber im Ernst: Du solltest Rachel nicht so viel von uns erzählen. Das geht ihr ganz sicher auf die Nerven. Ich meine, sie kennt mich überhaupt nicht, und du redest über jemanden, den du in den Ferien kennengelernt hast und der in Deutschland lebt. Hoffentlich weißt du, wie verliebte Leute sind: langweilig! Sie erzählen dir die ödesten Details immer und immer wieder. Also reiß dich lieber zusammen!

Ich geh gleich schlafen. Hatte heute ein paar schlechte Momente, weil ich es tierisch schwer fand, nicht mehr zu rauchen. Aber es war immerhin der erste harte Tag in meiner bereits vier Tage dauernden Nichtraucherkarriere. Die anderen drei Tage waren erstaunlich qualfrei. Geht doch mit dem Aufhören! Du als Nichtraucher kannst den ganzen Entwöhnungskrampf bestimmt nicht nachvollziehen.

Ich hatte wirklich Glück. John schien ein so verständnisvoller Vater zu sein, dass er längst selbst darauf gekommen war, Rachel nicht immer mit seinem Liebeskram zu belästigen. Und nicht nur das, er schrieb mir, sie hätten beim gemeinsamen Wocheneinkauf einen Heidenspaß gehabt. Aber natürlich machte John das zögerliche Verhalten seiner Tochter auch nachdenklich. Beziehungsweise, sie sprach eigentlich nur den Gedanken aus, der sowieso die ganze Zeit über in seinem Kopf herumspukte: Warum verliebe ich mich ausgerechnet in eine Frau, die auf der anderen Erdhalbkugel wohnt? Jetzt war es nur noch ein kleiner Schritt, bis er den Gedanken auch mir gegenüber aussprach:

Manchmal frage ich mich, was es zu bedeuten hat, dass wir uns getroffen haben, und dann ermahne ich mich: »Nein, John! In ein paar Wochen fliegst du nach Deutschland, wo du ohne Druck eine herrliche Zeit mit einer wundervollen Frau verbringen wirst. Und erst danach und nur dann kannst du über die Zukunft nachdenken.« Das sagt sich leichter, als es ist, meine Liebe …

See you soon!

John

Ich dagegen tat mich mit dieser Wahrheit nicht so leicht, ich war ein bisschen irritiert: Wie konnte John nur so unverschämt unvermittelt unser Tabuthema »Zukunft« ankratzen?! War das Zufall oder etwa Absicht gewesen? Und falls das Absicht war: Was sollte das? Wir beide hatten diese heikle Frage bislang nicht einfach ignoriert. Wir hatten uns bewusst dazu entschlossen, nicht darüber zu reden. Jedenfalls nicht sofort. Ich konnte mir gut vorstellen, was John gerade so durchmachte, mir ging es ja ähnlich oder sogar genauso. Ich war mir sicher, dass ihn die Leute daheim löcherten, wie das mit der deutschen Frau denn bloß weitergehen solle.

Ich gestehe, ich starb beinahe vor Neugier und hätte nur zu gerne gewusst, wie John diese Hammerfrage wohl beantwortete. Woher sollten wir denn wissen, was mit uns beiden werden würde, wenn wir darüber noch nicht einmal redeten? Glaubten die Menschen denn im Ernst, dass wir an diesem Punkt unserer noch zarten Liaison schon unser restliches Leben gemeinsam verplanten? Ich für meinen Teil wurde meistens sauer, wenn mich die Leute auf dieses Thema ansprachen, weil mich alle fragten, ob ich denn jetzt nach Australien ziehen würde.

Ich nehme an, auch John hätte ganz gerne Mäuschen gespielt, um zu hören, was ich auf diese Frage antworten würde. Nun, IHM hätte ich eine ehrliche Antwort gegeben, falls ER mich das jemals gefragt hätte. Aber ich wusste, dass es, selbst wenn er mich das jemals fragen würde, mit Sicherheit noch eine gute Weile dauern würde. Falls, wenn, aber. Oh Gott, wie im sechsten Schuljahr! Ich konnte mich schon selbst nicht mehr hören! Dass wir beide uns der gemeinsamen Probleme nur allzu bewusst waren, nützte leider nicht viel, wir mussten da trotzdem durch. Und zwar Schritt für Schritt. Quantensprünge waren in Beziehungen wohl nicht vorgesehen.

Schade.

4. Der erste Beziehungstest:
Sohn Jona zu Besuch in Deutschland

John hatte mich bereits vorgewarnt. Sein Sohn würde in Kürze mit einem Freund durch Europa reisen und mich bei dieser Gelegenheit in Köln besuchen. Jetzt wurde es ernst. Ich hielt den Atem an, als ich eine Mail von Jonathan in meinem Posteingang fand. Ich kannte ihn ja überhaupt nicht, mal abgesehen von den Schilderungen seines Vaters. Ich wusste nicht: Sollte ich mich freuen oder besser nicht? Komisch war die Situation in jedem Falle. Da besuchte mich der unbekannte Sohn noch vor dem Vater. Andererseits lag darin auch eine Chance für mich. Johns Sohn würde mich in meiner Welt kennenlernen. Jetzt musste ich diese nur abstauben, hier und da ein wenig umdekorieren, und schon wären nicht nur er, sondern auch der Vater beeindruckt – ganz ohne viele Worte meinerseits. Ich erhoffte mir, durch die geschickte Darstellung meiner Lebensumstände zu überzeugen, genauso wie ein Bild eben mehr sagt als tausend Worte.

Ich öffnete Jonas Mail:

Hi, Annette!
Nachdem mein alter Herr mir so viel von dir berichtet hat, dachte ich mir, dass wir uns vielleicht treffen könnten – zumal ich gerade in London bin. Ich könnte am 13. oder 14. nach Deutschland kommen, falls es dir passt! Ich würde mich freuen, von dir zu hören, und darauf, dich vielleicht endlich sogar kennenzulernen. Jonathan

Nun war es also amtlich: In ein paar Tagen würde ich Jona vom Flughafen abholen. Da könnte ich schon mal den großen Bahnhof für Besucher aus Down Under proben. Nur nicht nervös werden und immer schön positiv denken!

Während ich mit ganz praktischen Dingen zu kämpfen hatte (wie das Wohnzimmer umzustellen und coole CDs für Jonas Besuch zu besorgen), fühlte sich John eher philosophisch herausgefordert. Mittlerweile war ihm klargeworden, dass er mit seinen leicht dahingesagten Worten über die Zukunft ganz schön was angerichtet hatte:

O.K. Ich habe also das F-Wort erwähnt [F wie in Future und nicht wie in F***]. Ich dachte mir, dass einer von uns das doch irgendwann mal tun muss. Schön zu wissen, dass du in Deutschland genauso mit dieser Frage genervt wirst wie ich hier am anderen Ende der Welt. Ich denke dazu Folgendes: Zu diesem Zeitpunkt ist das Thema völlig unbeantwortbar, und deshalb dürfen wir mit anderen darüber auch nicht reden. Jedenfalls nicht, bevor die letzte Woche meiner Deutschlandreise anbricht. Selbst dann sollten wir eigentlich noch zuvor eine geheime Abstimmung abhalten, ob wir der Meinung sind, das Thema sei zu beantworten. Du denkst vielleicht schon über Antworten nach, so wie ich auch, aber ich werde dich NICHT fragen, bevor die Zeit reif ist. Das ist kein Spiel, das hat was mit Fairness zu tun. Und wenn wir gefragt werden, wenn ich bei dir drüben bin, haben wir eine Standardantwort parat. KEINE Überraschungen!

Wir wissen jetzt schon viel voneinander, aber da gibt's noch jede Menge zu lernen. Wir müssen irgendwie versuchen, die Sache langsam anzugehen. Manchmal, wenn ich davon schreibe, wie sehr ich dich liebe, hab ich das Gefühl, dass das alles noch so ungetestet ist. Und so ist es ja auch. Aber du weißt das auch, und es ändert nichts an deinen oder meinen Gefühlen. Na gut, wir sind von Schwierigkeiten umzingelt, aber wir werden uns da durchbeißen. Was für ein zauberhaftes Problem!

Daraufhin folgte ein ausführlicher Bericht über Johns kleine Familienfeier am ersten Weihnachtsfeiertag, was mich ein wenig traurig machte. Ich wäre nur zu gerne dabei gewesen. Die Australier hatten es um diese Jahreszeit warm und konnten draußen grillen! Neid. Ich selbst hatte für die Feiertage weder etwas Besonderes vor, noch hatte ich es warm. Ich bin zwar nicht gerade ein Weihnachtsmensch, aber es ist auch keine besonders gute Zeit, wenn man gerade frisch verliebt und trotzdem allein ist – weil der Geliebte 16 500 Kilometer entfernt ist.

Aber immerhin brachte seine Mail Klarheit, wie wir mit dem F-Thema umgehen würden. Klang ganz schön bestimmt, was John da über die Zeit, die noch vor uns lag, geschrieben hatte: »Ich werde dich NICHT fragen, KEINE Überraschungen.«

Ich war beeindruckt. Befehlsform UND Fettschrift – na, wenn der seine Mail mal nicht ernst nahm! Das war streng, fast schon gebieterisch, jedenfalls eine ganz neue Seite an John, den ich bislang als eher sanftmütig wahrgenommen hatte. Ich pfiff anerkennend durch die Zähne. Nicht, dass ich auf Sadomaso stand. Dennoch: ganz schön scharf, diese neue Härte.

Während ich mich also fragte, wie ich die Weihnachtstage so ganz alleine rumkriegen sollte, klingelte das Telefon. Es war Anja, die auch nicht mehr als einen Tag bei ihrer Familie verbringen wollte und weiter nichts geplant hatte. So verabredeten wir uns für den zweiten Feiertag bei mir. Ich hatte sie seit dem Australienurlaub nicht mehr gesehen, und wir hatten diese Pause wirklich gebraucht, doch jetzt freute ich mich auf unser Wiedersehen. Kleine Anekdote am Rande: Gestern hatte ich mich daran erinnert, dass Anja mal was mit einem Typen um die 50 hatte. Und ich glaube fast, sie hätte noch was mit ihm, wenn er ein wenig netter zu ihr gewesen wäre. Mir fiel das nur ein, weil Anja letzte Weihnachten mit diesem Menschen bei mir war. So viel zum Thema »viel zu alte Männer«.

Ein paar Tage später war es so weit: Jonathan und sein Freund Chris landeten am Kölner Flughafen, von wo ich sie selbstverständlich abholte. Prompt verwechselte ich Jona mit Chris, obwohl ich ihn von Fotos kannte. Peinlich, war aber nicht mehr zu ändern. Ich machte wieder Boden gut, als ich ihnen im Auto zur Begrüßung eine Flasche Kölsch in die Hand drückte. Die beiden waren zum ersten Mal in Deutschland, und da wollte ich quasi als Repräsentantin des Landes einen tadellosen Eindruck hinterlassen. John war wegen des Besuchs fast noch nervöser als ich. Ich glaube, er hatte ein bisschen Schiss davor, dass ich den Sohnemann ausquetschen könnte, doch abgesehen davon wünschte er sich inständig, dass wir gut miteinander auskämen.

Ich erzählte Jonathan, dass sein Vater über unser Zusammentreffen ein wenig besorgt wäre. Nett, wie wir waren, beschlossen wir, John als Thema fürs Erste auszuklammern. Aber vielleicht würden wir im Verlauf des Wochenendes einander doch noch ein paar interessante Fragen über den Senior beantworten können. Mir wäre an Johns Stelle auch ein wenig mulmig geworden. Um ihn zu beruhigen, schrieb ich ihm erst einmal, dass alles prima laufe und wir uns gut verstünden. Kein Wunder, denn Jona erinnerte mich wirklich in vielerlei Hinsicht an John.

Dass Jona mich ebenfalls mochte, erfuhr ich einen Tag später über den Umweg via Australien:

Du hast Jona tatsächlich für dich eingenommen. Als ich gestern anrief, wollte ich so gerne deine Stimme hören, aber Jona wollte mit mir allein telefonieren. Er sagte mir, du wärst klasse. Er findet dich nett, ehrlich und interessant. Kurz: Er kann verstehen, weshalb ich mich in dich verliebt habe. Ich erinnere mich, dass du das Gefühl hattest, er sei ein wenig aufgetaut. »Gut gemacht«, würde ich am liebsten sagen, aber du warst ja nur du selbst. Wo ist da das Verdienst? LOL Er mochte sogar deine CDs. Kompliment!

Nachdem wir also unsere anfängliche Nervosität überwunden hatten, verbrachten wir ein paar lustige Tage zusammen. Ich schleppte Jona und Chris auf ein Jazzkonzert, am nächsten Tag fuhren wir völlig übernächtigt nach Brüssel, was natürlich nur für mich, die Fahrerin, ein Problem war. Ich stellte fest, dass Johns Angst, Jona könnte zu viel Unerfreuliches über seinen Vater ausplaudern, völlig unbegründet war. Jona meinte nur, dass er in seinem Vater einen super Kumpel habe und dass es ohnehin kaum erzählenswerte Geschichten gebe. Glück gehabt, John! Er konnte wirklich stolz sein auf seinen loyalen Sohn.

Noch von Brüssel aus machten sich Jonathan und Chris auf den Weg nach Amsterdam, und ich war froh. Einerseits, weil ich mit der Feierlaune zweier Jugendlicher nicht mehr mithalten konnte, und andererseits, weil alles so gut gelaufen war. Ich kannte nun schon die halbe Dutton-Familie. Jetzt fehlte nur noch Rachel. Und der Hund.

Auf einmal verging die Zeit bis zu Johns Besuch wie im Flug. Obwohl meine Vorbereitungen noch nicht wirklich weit gediehen waren – das mit dem Rauchen klappte ganz gut, das mit dem Abnehmen weniger –, freute ich mich wie irrsinnig. Wenn ich an das Wiedersehen dachte, bekam ich sofort dieses verdächtige Ziehen im Bauch. John würde mich tatsächlich besuchen, er flog wegen mir nach Deutschland, und wir würden uns wiedersehen.

Manchmal musste ich mich daran erinnern, dass unsere Geschichte in der Wirklichkeit spielte, dass ich mir das Ganze nicht nur ausgedacht hatte. Konnte es denn wirklich sein, dass der Mann, der endlich zu mir passte, am anderen Ende der Welt lebte? Ich stellte meiner Mutter diese Frage am Telefon, wohl weil ich eine Bestätigung suchte und brauchte. Ich glaubte zwar nicht, dass sie mich für vollkommen bekloppt erklären würde, aber ich rechnete doch mit einer Antwort, die das weltumspannende Balzgebaren ihrer überreifen Tochter kritisch beleuchtete.

»Ja«, sagte sie jedoch nur knapp, »warum denn nicht? Frau verliebt sich eben, wo sie sich verliebt, und das ist dann eine Tatsache, der Rechnung getragen werden muss. So oder so.«

Eben, so oder so. Warum zum Teufel denn auch nicht? Es könnte mit John klappen, und es könnte schiefgehen, wie in jeder anderen Beziehung auch. Sicher, die Umstände waren ungewöhnlich, und es gab da ein paar Hürden, die aus dem Weg geräumt werden mussten, aber ansonsten? Mama hatte wie so oft ganz recht: Australien befand sich immerhin noch auf dieser Welt, und auf der gab es heutzutage Flugzeuge, die Erdbewohner vom einen zum anderen Ende befördern konnten. Das kostet zwar Geld und dauert seine Zeit, aber mit gutem Willen und etwas Ausdauer war es doch möglich, oder etwa nicht?

Ich atmete schwer aus. Ich war immer noch hin- und hergerissen. Hoffentlich hatte ich mich da bloß in nichts reingesteigert! Hoffentlich könnten wir dort anknüpfen, wo wir aufgehört hatten. Hoffentlich hatte sich unsere Begeisterung füreinander nicht schon abgeschwächt. Und hoffentlich könnten wir uns im kalten Köln noch immer aneinander berauschen wie damals unter der Sonne Australiens.

Im Stillen erhoffte ich mir sogar, dass unsere Euphorie im Gegenteil noch zugenommen hätte – schließlich hatte uns diese räumliche Distanz ganz schön hingehalten. Im TV-Geschäft nennt man das einen »Teaser«: Wenn dem Zuschauer mit einem Häppchen aus dem Programm Lust auf mehr gemacht werden soll.

In all den Wochen seit unserem letzten Wiedersehen hatten wir uns gegenseitig reichlich mit Teasern versorgt, jetzt aber musste John nach Köln kommen, wenn er den ganzen Film erleben wollte. Die Frage war nur, ob der Film so gut war wie seine Werbung. Im gegenseitigen Bewerben kannten wir uns mittlerweile bestens aus, aber jetzt kam die Stunde der Wahrheit auf uns zu, und ich sah halb ängstlich, halb sehnsuchtsvoll dem Moment entgegen, da die Hauptvorstellung begann. Hoffentlich, dachte ich mir, springt der Funke über, und was wir sehen, hören und fühlen übertrumpft am Ende vielleicht sogar die Erwartungen, die unser Werben zuvor geschürt hatte. Hoffentlich, hoffentlich, hoffentlich … Ich lebte eigentlich nur noch für die nahe Zukunft, für den Zeitpunkt, da John in Köln landen würde. Kaum hatte ich diesen Gedanken, da zog es auch schon wieder in der Magengegend. Herrje, wie ein Teenager!

Obwohl Johns E-Mails wie immer lustig klangen, hörte ich auch bei ihm eine Art nervöser Vorfreude heraus:

Ich hab noch nicht mal angefangen zu packen. Ich werde wohl mit sehr leichtem Gepäck reisen. Soll ich ein nettes Jackett einpacken? Hast du überhaupt ein Bügeleisen? LOL Vielleicht könnte ich dir eins schenken. Wäre das nicht romantisch? Ich fühle mich in vielen Dingen selbstsicher, aber Geschenke kaufen ist nicht dabei. Ein Bügeleisen hört sich ziemlich gut an, finde ich.

Noch drei Tage. Ich bin so blöd, ich freu mich sogar auf das Flugzeug. Wie ein kleines Kind im Süßwarenladen. Übrigens, Jona sagte, die Schokoladenfabrik in Köln ist sterbenslangweilig. Ich hab sie auf dem Video gesehen. Jona hat ja wirklich alles gefilmt. Der Dom sieht hingegen vielversprechend aus. Du kannst mir aber über Europa erzählen, was du willst, Darling. Ich bin jetzt schon total fasziniert.

Am Tag vor Johns Abreise telefonierten wir dann noch ein letztes Mal miteinander. Wir besprachen unter anderem seine Garderobe, die der winterlichen Witterung Kölns überhaupt nicht gerecht wurde, da ließ sich aber erst mal nichts machen. In Australien war doch Sommer, wo sollte er da eine warme Jacke herkriegen?

John meinte leicht anzüglich, es liege dann eben in meiner Verantwortung, ihn in Deutschland ausreichend warm zu halten, bis er sich in Köln die passende Wintergarderobe zugelegt hätte – und das könnte durchaus eine Zeitlang dauern, denn er beabsichtige nicht, die Dinge zu überhasten. Die erste Winterjacke seines Lebens, das wollte schon reiflich überlegt sein.

Oh, mein Gott, wie vermisste ich ihn! Am besten, wir hielten dieses letzte Telefonat so kurz wir möglich. Ich hatte die Nase gestrichen voll – nicht von John natürlich, aber von diesen ewigen Verzehrungen: Es reichte, ich wollte keinen einzigen Teaser mehr. Ich wollte meinen Australier, in echt und dreidimensional!

»See you soon, darling!«

Das hörte sich doch mal gut an. Ja, bis ganz bald! Der Countdown lief …

5. Der Australier fliegt nach Europa

Nun war ich zum zweiten Mal innerhalb weniger Wochen auf dem Weg zum Flughafen. Ich lenkte den Wagen durch den kalten Dauerregen, als hätte ich die Führerscheinprüfung noch vor mir. Ich kann mich nicht entsinnen, jemals im Leben nervöser gewesen zu sein. John und ich hatten uns zum letzten Mal vor zweieinhalb Monaten gesehen. Zwischenzeitlich hatte ich per Telefon, aber hauptsächlich durch E-Mails, John und sein Leben sehr viel besser kennengelernt – den Sohn sogar in echt. Und jetzt war dieser Mann tatsächlich von Melbourne nach Köln geflogen, um mich wiederzusehen. Ich schnaubte meinen Überdruck durch die Nase aus, woraufhin die Windschutzscheibe beschlug. Dann drehte ich die Lüftung voll auf, wobei ich darauf achtete, dass mir der Luftstrom nicht in die Augen blies, denn die würden sich ansonsten unweigerlich röten. Der danebengegangene Haarschnitt gestern reichte mir schon.

Ich blickte kurz, aber kritisch in den Rückspiegel und schnaubte wieder. Es war elf Uhr am Vormittag, der Ringverkehr wie immer samstags schleppend bis kriechend. John sollte um Viertel vor zwölf landen. Reichlich Zeit also. Da ich ein überpünktlicher Mensch bin, hatte ich die Verkehrslage natürlich einkalkuliert. Ich selbst hasse es zu warten und kann es auch nicht leiden, wenn wegen mir ein anderer warten muss. Schon mal gleich gar nicht DIESER andere. Meine Zeitplanung fiel deshalb an jenem denkbar grässlichen Kölner Wintermorgen besonders großzügig aus.

Dem feierlichen Anlass gemäß hatte ich noch schnell den *Veuve Cliquot* kalt gestellt. Die Wohnung war tipptopp, der Kühlschrank gefüllt mit Essen für mindestens zwei Tage, zur Not streckbar auf fast eine Woche. Als hätte ich Vorräte für eine bevorstehende Naturkatastrophe gebunkert. Was als Vergleich gar nicht mal so verkehrt war. Mein Hirn war geflutet, und mein Herz brannte. Warum zum Teufel war ich eigentlich immer noch dermaßen angespannt? Ich wette, John war die Ruhe selbst, oder vielleicht doch nicht?

Ich fragte mich, wie ihm wohl gerade zumute war. Zum ersten Mal im Ausland, auf dem Weg zu seiner deutschen Freundin: Musste doch komisch für ihn sein! Was ging ihm da so durch den Kopf? *A penny for your thoughts, my dear.* Seltsame Gedanken, wette ich. Ach, was weiß ich schon, wie er sich fühlt? Vielleicht sitzt er ja gemütlich im Flieger, ohne sich überhaupt irgendwelche Fragen zu stellen. Ich an seiner Stelle würde dies natürlich schon tun, ich würde mir viele Fragen stellen, viel zu viele – so wie jetzt zum Beispiel.

Liebt er mich denn überhaupt? Wenn ja, hat er sich in mein wahres Ich verliebt oder in ein Bild, das ich ihm über die Entfernung und die Zeit hinweg immer bunter ausgemalt habe? Werden wir uns gleich wieder vertraut sein, oder werden wir beklommen nebeneinander stehen? Oder ist er hier, weil er nur ein Abenteuer will, der Schuft? Und zum guten Schluss: Was wollte ich eigentlich mit dieser nervtötenden Selbstbefragung?

Ich seufzte mal wieder. Wahrscheinlich schloss ich doch nur von mir auf John, und er ist in Wirklichkeit vollkommen zufrieden damit, diese neue Reiseerfahrung zu genießen und alles ganz ruhig in sich aufzusaugen. Das war immerhin der Trip seines Lebens, was brauchte er da noch Selbstzweifel, um sich zu beschäftigen? Und für den Fall, dass er alle Fragen und Zweifel beiseiteschieben konnte – hätte er damit nicht verdammt recht? Im Gegensatz zu mir würde er somit auch seine Vorfreude genießen können.

Eigentlich war es ganz einfach, wir hatten doch alles per E-Mail und auch am Telefon besprochen: Wir würden ein paar unbeschwerte Wochen miteinander verbringen, und dann würde man schon sehen. Kein wahnhaftes Umkreisen unserer Situation, keine krankhafte Nabelschau. Wir sehen uns wieder und fertig. An dieser Stelle seufzte ich noch mal, denn ich fand, dass unsere Abmachung alles andere als leicht einzuhalten war. Für meinen Teil wohlgemerkt. Ich glaubte nicht, dass es für John auch nur halb so schwer war. Männer sind da doch ein wenig anders gepolt als wir Frauen, oder etwa nicht?

Das Bremslicht des Lasters vor mir spiegelte sich als rote Schlange auf der nassen Spur. Wir standen. Kein Grund zur Panik. Noch 40 Minuten. Was, wenn er bei meinem ersten Anblick sein früheres Selbst nicht mehr verstehen konnte? *Wie bitte, dieses blasse Mondgesicht mit Rattenhaar fand ich mal gut? Wohl zu viel Tropensonne aufs Hirn bekommen!* Was, wenn ich wie Anja plötzlich finde, dass der Mann doch eine gewisse Ähnlichkeit mit Methusalem hatte? Und was, wenn sich die anfängliche Beklommenheit, die sich doch mit Sicherheit zwischen uns einstellen würde, nicht wieder legt? Wahrscheinlich würde ich die ganze Heimfahrt über unbewegt auf den Straßenverkehr starren und John sich eingehend mit seinen Turnschuhen beschäftigen, die Stille gelegentlich unterbrochen von peinlichem Räuspern und Hüsteln.

Wird sich zeigen, wird sich zeigen, beruhigte ich mich wieder und trommelte mit den Fingern ungeduldig aufs Lenkrad. Der Lkw rollte langsam an und kam nach einigen Metern wieder zum Stehen. Das konnte doch jetzt bitte nicht wahr sein! Von weitem erahnte ich Blaulicht, und als ich das Radio einschaltete, hatte ich Gewissheit. Ein Unfall. Das fängt ja gut an. Hatte sich ja gelohnt, dass ich schon um fünf hellwach gewesen war und so den Tag perfekt organisieren konnte. Warum kann man sich eigentlich nur auf sich selbst verlassen, wenn's drauf ankommt? Es scheint ein Naturgesetz zu sein, dass man wichtige Termine noch so gewissenhaft planen konnte, irgendetwas lief einfach immer schief! Langsam wurde ich wirklich nervös.

Statt ins Dauerschnauben zu verfallen, zündete ich mir eine Zigarette an. Eigentlich hatte ich ja aufgehört. Auf diesem Stand war zumindest John. Es gab eben Wichtigeres zu berichten, als dass ich wieder angefangen hatte. Ich hätte es ihm schon rechtzeitig gebeichtet. Das musste ich nun nicht mehr. Mein Aschenbecher-Begrüßungskuss würde ihn hinreichend aufklären.

Ich blies den Rauch durch die Nase und legte den ersten Gang ein, die Kriechkolonne bewegte sich wieder ein paar Meter vorwärts. Elf Uhr dreißig. Ausgeschlossen, dass ich pünktlich sein würde. John war mit Lauda Air über Wien geflogen. Ich konnte also auch nicht auf wahnsinnige Flugverzögerungen hoffen. Wenigstens hatte er dann schon gefrühstückt. Das Catering sollte bei Lauda ja klasse sein. Mein Magen grummelte, vielleicht sogar vor Hunger. Ich hatte heute noch keinen Bissen runtergebracht.

Wieder so eine Sache, die John sicherlich nicht passieren würde oder, wo wir schon mal beim Thema sind, überhaupt irgendeinem Mann. Denen geht die Liebe bekanntlich durch den Magen. Meine Gedärme hingegen reagieren auf jegliche Frühlingsgefühle mit Nervosität, und so hatte mich die Wiedersehensfreude erst mal ohne Umwege aufs Klo geführt. Daran durfte ich jetzt nicht mal denken!

Hoffentlich funktionierte Johns Handy in Deutschland. Der kriegt doch sonst die Krise. Der 47-jährige Mann hatte, seit er in Australien lebte (und das tat er seit seinem sechsten Lebensjahr), noch nie – ich wiederhole: NOCH NIE – ausländischen Boden betreten. Für einen Australier ist das nicht unbedingt außergewöhnlich, aber mich hat diese Tatsache umgehauen. John hatte für meine Verwunderung nur ein Lächeln übrig gehabt. Ob er auch noch lachen würde, wenn er sich plötzlich mutterseelenallein im nasskalten Köln wiederfand, wollte ich lieber nicht ausprobieren. Alice im Wunderland hatte bestimmt bessere Karten, sich zurechtzufinden, als sie durchs Erdloch in eine andere Welt fiel.

Auf einmal erschien mir die Verantwortung, die ich mir da aufgeladen hatte, kaum tragbar. Mein Gott, ich spielte hier nichts Geringeres als die Fremdenführerin auf einem fremden Planeten. Na gut: Das war übertrieben. Ich fühlte mich dennoch für Johns Eindrücke von Deutschland verantwortlich und auch für das, was er von Europa zu sehen bekommen sollte. Wir wollten nach Paris, Rom und Wien. Was natürlich idiotisch war. Also nicht, dass wir uns diese wunderbaren Städte anschauen wollten – das mit dem verantwortlich fühlen, meine ich. Wenn er schon um den Erdball flog, sollte er mehr als nur Köln geboten bekommen. Aber zu wissen, dass dieser Mensch absolutes Neuland betreten würde, fand ich schon ein wenig beängstigend. Ob das mal alles so gutging!

Beim nächsten Karawanen-Stopp schickte ich John eine SMS, die er hoffentlich nicht als Witz auffasste, falls er sie denn überhaupt öffnen konnte: »Bin ein wenig spät dran. Bis gleich. Love, Annette«. Für ausführlichere Erklärungen war das Handy nicht so geeignet und ein Stop-and-go-Stau auch nicht, zumal ich gerade am Blaulicht vorbeifuhr.

Ich warf das Handy auf den Nebensitz und war nun wild entschlossen, mich nicht länger aufzuregen, sondern die Dinge so zu nehmen, wie sie kamen. Diesen Zustand metaphy-

sischer Gelassenheit versuchte ich durch tiefe Nikotinin-
halation zu erreichen. Ich hustete. Vielleicht sollte ich doch
mal bei Gelegenheit einen Yoga-Kurs belegen, wie Silke mir
bereits mehrfach angeraten hatte. Dann wäre ich zumindest
vorbereitet, wenn mich mal wieder ein Australier besuchen
sollte.

Schlag zwölf fand ich einen Parkplatz, der nicht zu weit vom
Terminal entfernt war. An einen Regenschirm hatte ich trotz
aller Planung nicht gedacht. Meine neue Frisur war geföhnt
schon schlimm, als Modell »nasser Hund« wollte ich sie mir
erst gar nicht vorstellen.

12:05 Uhr. Ich war da, und wo war er? Der Flur vor dem
Ausgang war fast leer. Ich blickte auf die Anzeigetafel. Die
Maschine war jedenfalls längst gelandet. Und wenn hier keiner war, hieß das doch wohl, dass schon alle raus und weg
waren. PANIK! Konnte dieser Mann denn nicht für fünf Minuten an einem Ort still stehen bleiben? Wo soll ich denn jetzt
suchen? Ich fasste mir mit beiden Händen an den Kopf, als
ein arglos lächelnder Mann um die Ecke bog und auf mich zuging. John!

Er blieb stehen, ließ den Rollkoffer los und breitete die
Arme aus. Das sollte wohl so was heißen wie: »Flieg mir in
die Arme, Kleines!«

Ich brauchte eine Sekunde, um das Szenario zu begreifen,
aber dann – flog ich!

Johns Handy funktionierte nicht. Offenbar hätte er vor
dem Urlaub eine Europalizenz oder so was beantragen müssen, was er nicht gewusst hatte. So hatte er ob meiner Abwesenheit bei seiner Ankunft leicht verwundert, aber doch fröhlich den Kölner Flughafen erkundet. Panisch zu werden liegt
eben nicht in jedermanns Natur. Ich war so was von froh, und

statt ihm in die Arme zu fallen, sank ich erschöpft an seine Brust. Das gab ihm genügend Zeit, meinen Haarschnitt zu betrachten, der sich seit unserer letzten Begegnung doch arg verkürzt hatte.

»Steht dir, die neue Haarfarbe«, flüsterte er mir ins Ohr, während er mich an sich drückte. Ich sagte nichts und zog ihn Richtung Parkplatz.

Erst als wir beim Auto angekommen waren, schaute ich ihm zum ersten Mal seit seiner Ankunft richtig in die Augen: »Schön, dass du endlich da bist. Tut mir ehrlich leid mit dem Wetter, aber mit dem australischen Sommer hätte unser Januar eh nicht mithalten können.«

Mann, was redete ich denn da für einen Stuss? Ich machte eine entschuldigende Geste Richtung Himmel.

John umfasste meine Schulter und drückte mir einen Kuss auf die Wange: »Ich bin ja nicht zum Sonnen hier.«

Auch wieder wahr. Und bevor das Wir-schweigen-uns-peinlich-an-Szenario eintreten konnte, nahm John mich fest in die Arme und küsste mich.

Obwohl das Eis zwischen uns jetzt gebrochen war, wurde die Rückfahrt nicht viel besser. Zu allem Überfluss hatte es noch angefangen, wie aus Kübeln zu regnen. Obwohl ich die Scheibenwischer auf die höchste Stufe gestellt hatte, war es für mich bei dem Regen nicht leicht, überhaupt etwas zu erkennen. Und das alles nur, weil ich zu eitel war, meine Brille zu tragen. John kannte mich mit Brille nämlich noch nicht, und wenn es nach mir gegangen wäre, hätte das auch so bleiben können. Die trug ich nur zum Autofahren – und in Australien war Anja gefahren, weil ich vergessen hatte, meine Brille mitzunehmen.

Das Schlimmste: Ich war mir völlig bewusst, dass John mich von der Seite musterte. Dabei hätte er sich doch für den

Kölner Ring interessieren können, immerhin das Erste, was er im Ausland zu sehen bekam!

Mein Nacken begann zu schmerzen, weil ich mich zusehends versteifte, und auf mehr als Small Talk konnte ich mich in dieser kritischen Verkehrssituation beim besten Willen nicht konzentrieren. Ich fragte den ruhigen Mann neben mir also nach dem Flug, dem Essen und den Filmen an Bord, obwohl ich kaum zuhören konnte. Wie gesagt, ich war die hochkonzentrierte Maschinenführerin und außerdem nervös wie ein Schwein auf dem Weg zur Schlachtbank.

Im Nachhinein bin ich froh, dass John nicht auf die Straße schaute, denn sonst hätte er bestimmt mindestens einmal ins Lenkrad greifen wollen. Und das wäre kein guter Einstand gewesen. Sich von einem Linksfahrer korrigieren lassen? Da hörte sich ja wohl alles auf!

Als ich kurz darauf die Haustür aufschloss, war ich im ersten Moment beruhigt. Meine Wohnung kannte John schließlich schon vom Video des Sohnemanns. Außerdem war ich – ganz der Kontrollfreak – bestens vorbereitet: »Lust auf ein Gläschen Champagner zur Begrüßung?«, fragte ich betont nebensächlich.

»Ja, gerne. Hatte schon einen im Flugzeug.«

So weit, so gut. Ich ließ ihn den Korken knallen und steckte mir eine an. John schaute mich nur eine Sekunde fragend an und wendete sich dann wieder seiner Aufgabe zu. Dafür liebe ich ihn heute noch.

»*Veuve Cliquot*«, sagte ich in meiner Verlegenheit.

Plötzlich konnte es mir nicht schnell genug gehen, bis die Flasche offen war. Denn plötzlich wurde mir bewusst, dass das hier wohl der schwerste Teil des Wiedersehens werden würde. Wir zwei. Alleine. In meiner Wohnung. Die drei Buchstaben standen mächtig wie Elefanten im Raum. SEX. Das war ja wohl das, was als nächste Szene im Drehbuch stand. Ich spürte, wie ich mich immer mehr verkrampfte.

»Mm«, brachte John nur heraus und kippte sich das erste Glas in einem Rutsch hinter die Binde. Ich staunte nicht schlecht und goss nach. Es dauerte keine zehn Minuten und die Flasche war leer. Entweder der Mann trinkt französischen Champagner schon zum Frühstück, oder er brauchte genau wie ich etwas zur Entspannung. Und so wie er das Zeug runterspülte, hätte es auch der ALDI-Sekt getan.

Egal ob Fusel oder Schampus, der Alkohol wirkte Wunder – bei ihm offensichtlich genauso schnell wie bei mir. In null Komma nichts fühlte ich mich hinreichend enthemmt und war bereit, mich um die Elefanten zu kümmern. Ein Blick zwischen uns genügte, und wir machten uns an die Arbeit. »*There's no aphrodisiac like loneliness*« – »Es gibt keinen besseren Liebestrank als die Einsamkeit«, singen die *Whitlams* – eine australische Band, deren CD mir John vor ein paar Wochen geschickt hatte. Wie wahr.

Ich glaube, es war für uns beide eine Riesenerleichterung, einander endlich in den Armen zu liegen, und ich meine das gar nicht mal rein sexuell. Das war zunächst zwar unser dringendstes Anliegen, aber davon mal abgesehen war es nach all den Monaten, in denen wir fast nur schriftlich miteinander kommuniziert hatten, einfach schön, sich auch wortlos zu verständigen.

Es war doch verdammt anstrengend gewesen, mich John in E-Mails mitzuteilen. Jederzeit lauerte dort die Gefahr, dass er mich missverstehen könnte und wir an der Sprachbarriere scheiterten. All die Stunden, die ich damit verbracht hatte, meine Briefe umzuschreiben, zu löschen und neu zu formulieren! Diese Anspannung fiel mit einem Mal von mir ab. Unsere Liebe bestand nun nicht länger nur auf dem Papier, sondern wurde richtig handfest (im wahrsten Sinne des Wortes). Diese wunderbare Tatsache löste mit einem Schlag eine ganze Menge Probleme und Verspannungen. Ein Blick, eine Umarmung – zur Abwechslung mussten wir jetzt rein gar nichts sagen, um uns auszudrücken, um unsere Liebe zu zeigen. Ich glaube, wir waren beide überrascht, wie leicht es war, einfach so zusammen zu sein. Wir waren ein Liebespaar – endlich!

Als uns nach einigen Tagen der Sinn wieder nach Gesellschaft stand, lud ich ein paar Freunde zu einem improvisierten Abendessen ein. Höchste Zeit, dass ich den Australier meinen engsten Freunden vorstellte. Da saßen sie nun also in meiner Küche, bei Antipasti, Spinatgnocchi und Barolo vom italienischen Supermarkt – mein *One-Stop-Shop* für alle kulinarischen Eventualitäten. Ich kochte damals kaum, sondern wärmte höchstens auf.

Es dauerte eine Weile, bis die Runde sich traute, Englisch zu sprechen – außer John natürlich. Ich musste ganz schön oft nachgießen, um das gar nicht so schlechte Schulenglisch meiner Freunde aus den Tiefen des Vergessens in den Bereich der Mundhöhle zu spülen. Aber dann floss es nur so. Silke und Renate hatten es sich zu Aufgabe gemacht, so viel wie nur irgend ging aus dem Mann rauszuquetschen. Wer war der Fremde vom anderen Ende der Welt, an den die Freundin ihr Herz verloren hatte?

Außer Renate war noch keiner in Australien gewesen, und nach ein paar Flaschen Wein waren alle Klischees auf dem Tisch. John genoss es, im Mittelpunkt zu stehen, und beantwortete noch die erstaunlichste Frage mit bierernster Miene. Ja, *Crocodile Dundee* habe er auch gesehen, nein, er selbst lebe nicht in einem Nest im *Outback*. Nein, in seiner Heimat halte man keine Koalas als Haustiere. Ja, Känguru sei verdammt lecker, aber hauptsächlich ernähre er sich doch eher von Rindersteaks.

Zu meiner Überraschung erfuhr auch ich an diesem Abend noch viel Neues über meinen Antipoden, denn interessanterweise hatte er einen ganzen Stapel Fotos mitgebracht. Auf einem Bild war John mitten in einem Fluss stehend zu sehen, wie er eine Frau unter Wasser drückte. Wie sich herausstellte, handelte es sich nicht um einen auf Bild gebannten Mordversuch, sondern um eine Taufe. Ich konnte es kaum glauben: John war lange Jahre Pastor gewesen! Es dauerte ein wenig, bis wir diese Neuigkeit verdaut hatten, aber er hatte noch mehr Beweismaterial im Stapel, zum Beispiel von der Hochzeit eines befreundeten Paares, das er höchstpersönlich getraut hatte.

Ich muss gestehen, dass ich geschockt war, ließ es mir aber nicht anmerken. Ich wusste zwar, dass er lange Kirchenmitglied in einer mir unbekannten Gemeinde war, doch wie kam es, dass ich so gar nichts von seinem früheren Beruf wusste? Ich würde ihn später natürlich ausführlich zu diesem interessanten Lebensabschnitt befragen.

Zunächst aber erklärte seine Beichte von den frommen Jahren die ungeheuren Kenntnislücken in Sachen Popmusik. Von der Musik der Achtziger hatte John nämlich überhaupt keine Ahnung. Es fiel mir wie Schuppen von den Augen: Es gab kein *Wham!* in seinem Leben, weil er Mitte der Achtziger wohl lieber *Happy-Clappy*-Christenpop auf der Gitarre gezupft hatte.

Als dann auch noch klar war, dass der Mann singen konnte, musste er *Waltzing Matilda*, die inoffizielle Nationalhymne Australiens, zum Besten geben, und weil's so schön war, gleich noch mal zum Mitsingen für alle. Kurz, der Abend war gelungen, auch wenn John nicht mit allen Vorurteilen aufräumen konnte (nein, das Wasser fließt in Australien nicht anders ab als anderswo auf der Welt).

Als ich die weinselige Truppe zu später Stunde verabschiedete, nickten Silke und ganz besonders Renate meinen neuen Romeo ab: »Herrlich. Ihr zwei seid wie die *Dornenvögel*. Findest du nicht auch, dass John sogar ein kleines bisschen Ähnlichkeit mit Richard Chamberlain hat?«

Ich verdrehte die Augen himmelwärts, diese ganze Pastorennummer fuchste mich. Ich musste dringend mehr über Johns Vergangenheit erfahren. Renate gab uns zum Abschied ein Küsschen und flüsterte mir ins Ohr: »Friede sei mit euch, und der Pastor sei deine Mission!«

Dass John meine Freunde mochte, war den ganzen Abend nicht zu übersehen gewesen. Umgekehrt war ich irgendwie froh, dass auch John den Segen meiner Clique hatte. Hätte es meine Beziehung zu John beeinflusst, wenn sie ihn abgelehnt hätten? Mit Bestimmtheit kann ich es nicht sagen, aber ich weiß noch, wie erschrocken Renate war, als ich ihr nach dem Australienurlaub erzählte, ich hätte dort einen Mann kennengelernt. »Mein Gott, das wird am Ende doch kein Schafzüchter sein, Annette, oder?«

Ich ließ sie absichtlich ein wenig zappeln. Da gingen ihr nun wirklich die Pferde durch. Ich hab mir in meinem ganzen Leben noch nicht einmal selbst den Pony geschnitten, da werde ich jetzt auch nicht mehr anfangen, Schafe zu scheren! Überhaupt: Das Landleben und ich waren von Haus aus nicht miteinander kompatibel, da konnte ich Renate vollkommen beruhigen.

John fühlte sich also wohl in Köln – bei mir und bei meinen Freunden. Ich spürte das, und er sagte es mir auch. Später meinte er einmal, dass diese Reise nach Europa, in ein anderes

Land, zu mir, die beste Zeit seines Lebens gewesen wäre. Er genoss diese ersten gemeinsamen Tage unseres Wiedersehens, aber eine gewisse Nervosität konnte auch er nicht abschütteln. Weil er aber grundsätzlich eine Aura wie Gandhi ausstrahlt, merkt man es ihm nur nicht so an, wenn die Nerven flattern. Er schrieb es jedenfalls seiner Nervosität zu, dass er sich in Köln selbst eher als ungeschickt und dümmlich erlebte, was sich darin äußerte, dass er eigentlich ständig leichten Schaden anrichtete.

Erst zerbrach meine gläserne Küchenlampe, als er zu abrupt vom Frühstückstisch aufstand (er selbst trug noch nicht einmal eine Beule davon), dann rannte er in einen Fahrradfahrer hinein (leichte Schürfwunde am Knie des Radlers, John blieb unverletzt), und später packte er unsere Einkäufe im Supermarkt so unbeholfen in die Tüte, dass die Milch auslief. Obwohl es zumindest für den Fahrradfahrer eine plausible Erklärung gab.

John schaute nämlich mal wieder in die verkehrte Richtung, als er die Straße überqueren wollte. Unser Rechtsverkehr war eben doch mit Vorsicht zu genießen. Ich weiß nicht, wie oft ich ihn am Arm zurückriss, um Schlimmes zu verhüten. Woraufhin John stets jammerte, er fühle sich wie in einer Rückführungstherapie, wenn ich ihn an der Kreuzung fest an die Hand nahm: »Du machst mich zum Kleinkind mit deinem Klammergriff. Ob du's glaubst oder nicht, ich kann schon allein über die Straße!«

Ich wollte nun ganz bestimmt nicht die Mutter spielen und ließ ihn los. Tja, und das war dann der Moment, als er in den Radfahrer rannte.

»Schwein gehabt«, meinte ich knapp, »hätte auch ein Laster sein können.«

Diese Erfahrung ließ ihn ein wenig kleinlauter werden und

nagte fortan an seiner Selbstsicherheit. Unbegreiflich, was für ein Tölpel Deutschland aus ihm gemacht habe! Ich beruhigte ihn: Ich hatte mich im Linksverkehr in Australien nicht viel besser angestellt. Und überhaupt, wem war nicht schon einmal die Milch ausgelaufen?

Aber um ehrlich zu bleiben: Ein-, zweimal verlor ich die Geduld mit John, als ich bemerkte, wie hilflos er teilweise in Köln umherirrte, wenn ich ihn nicht ans Händchen nahm. Ich bin froh, dass ihn das nicht nachhaltig verstörte. Er war einfach wie ein Fels in der Brandung.

Eines Morgens schickte ich ihn zum Bäcker nebenan und konnte es nicht fassen, als er fünf Minuten später unverrichteter Dinge zurückkam. Dabei hatte ich ihm sogar noch das Geld in die Hand gezählt!

»Die wissen nicht, was das ist, dein *Ihnbeck*«, sagte er.

»*Einback* heißt das, Schatz, *Einback*.«

Er schlug sich vor die Stirn: »Stimmt, genau so hattest du's mir eingeschärft.«

Ich schüttelte ungläubig den Kopf. Und dieser Mann hatte ein Studium erfolgreich abgeschlossen? Ich spürte einen Anflug von Ärger. Ich weiß – meine Reaktion war völlig daneben. Die wenigsten Deutschen wissen, was ein Einback ist, dazu muss man wahrscheinlich im Rheinland aufgewachsen sein. Falls auch Sie sich fragen sollten: Ein Einback ist so eine Art Hefebrötchen, nur länglich.

Trotzdem: Er hätte doch einfach draufzeigen können, oder etwa nicht? Ja, schon, wenn er denn gewusst hätte, wie ein Einback aussieht. Als mir das endlich klarwurde, fühlte ich mich sehr mies und entschuldigte mich.

Das zweite Mal, als ich glaubte, ich müsste eine Nanny einstellen, war, als John uns Ente vom Chinesen holen wollte und sich prompt verlief. Er hat nachher behauptet, die Kölner könnten kein Englisch, er wäre doch nicht ohne Not hungrig und in knapper Jacke zwei Stunden bei minus vier Grad durch Ehrenfeld geschlendert. Ich vermute, dass er statt der »Leostraße« nach einer *Lion Street* gefragt haben muss, anders kann ich mir das nicht erklären.

»A short fuse«, sagte John gleichmütig, als ich bei seiner Rückkehr an die Decke ging und ihn anschnauzte, wo zum Teufel er denn abgeblieben war. Es stimmt schon, was John sagte, ich habe manchmal eine kurze Zündschnur. Aber wie konnte er sich bloß verlaufen, der Chinese war schließlich nur eine Straße weiter. John zuckte mit den Schultern und blieb weiterhin aufreizend gelassen. Er war schließlich wieder zurück, wozu also die Aufregung?

Ja, wusste er denn nicht, was ihm in der fremden Stadt alles passieren konnte, oder hatte er etwa keine Fantasie? Ich war krank vor Sorge, ich hatte ihn schon wie das Mädchen mit den Schwefelhölzern in der Kölner Fußgängerzone erfrieren sehen. Wie gut, dass wir jetzt nach Rom wollten. Eine andere Stadt, eine wärmere Stadt! Die Veränderung würde uns guttun, und mein Beschützerinstinkt würde sich in einer auch mir fremden Umgebung hoffentlich deutlich abschwächen.

6. Europa, zweiter Teil

In meinem Reiseführer steht unter der empfohlenen Reisezeit für Rom »ganzjährig«. Sicher ist, dass der Verfasser nicht vom 1. bis zum 3. Februar 2001 in der Stadt war, um seine kühne These zu überprüfen. Die Ewige Stadt war eiskalt, so kalt, dass man sich jeden Schritt nach draußen zweimal überlegte. Ich bewunderte John, dem die klirrenden Temperaturen viel weniger als mir auszumachen schienen. Australier sind eben nicht so verweichlicht wie unsereins, sagte ich mir.

Die größte Schwierigkeit bei unserer winterlichen Europatour waren aber nicht die eisigen Grade, das Problem war ich. Was ich auch unternahm, ich schaffte es nicht, dieses übergroße Verantwortungsgefühl loszuwerden. Das war natürlich ein Riesenschwachsinn, ich wusste ja selbst, dass es nicht meine Schuld sein konnte, sollte der Australier Europa doof finden. Und selbst, wenn dieser schlimmste anzunehmende Fall eintreten würde und John nur kopfschüttelnd vor den schönsten Ruinen meiner Kultur stünde, na und? Dann könnte ich ihm auch nicht helfen und basta!

Schließlich konnte ich dem Alien aus Down Under in nur drei Tagen schlecht ein neues Rom erbauen, und warum auch? So, wie es war, war es gut. Und überhaupt würde er natürlich Rom toll finden, so wie jeder andere zivilisationsbegabte Mensch auch. Dieses und anderes sagte ich mir mehrfach, doch es nützte nichts. Meine innere Unruhe blieb und hinderte mich daran, diese Reise mit dem seit Monaten herbeigesehnten Mann an meiner Seite unbeschwert zu genießen.

Dementsprechend benahm ich mich wirklich wie eine – reichlich inkompetente – Reiseführerin. John machte es mir insofern nicht leichter, als er sich willig schleppen ließ. Er leistete keinen nennenswerten Widerstand. Zuerst ins Kolosseum und dann zum Forum Romanum? Oder lieber umgekehrt? Trevibrunnen, Pantheon oder besser die Gärten der Villa Borghese? John war alles gleich lieb. Er benahm sich wie ein folgsames Kind, das sich nur zu gerne führen ließ. War ihm etwa alles egal?

»Jetzt sag doch auch mal, was DU gerne sehen willst. Wir haben ja nicht viel Zeit«, forderte ich ihn beim Frühstück am zweiten Morgen heraus. Morgen Abend würden wir schon wieder nach Köln fliegen. John nahm sich noch ein Plunderteilchen vom Büfett und biss sofort hinein. Ich wickelte ein weiteres dezent in die Papierserviette, die ich in meine geräumige Handtasche gleiten ließ.

»Ich weiß nicht, was du hast, *darling*. Ist doch alles gut.« Damit war für ihn das Thema beendet. Für mich nicht. Ich probierte es noch mal.

»Ich hab keine Lust, alles alleine zu planen. Mach du das doch heute mal!«

Ich drückte ihm entschlossen den Reiseführer in die Hand. Nicht eben nett, ich weiß. Zumal der auf Deutsch war. John schaute sich in aller Seelenruhe die Bilder an und tippte dann auf den Petersplatz.

»Hier. Wohnt da nicht der Papst? Vielleicht sehen wir ihn ja am Fenster beim Lüften.«

»Gut. Wenn wir dann schon mal da sind, könnten wir noch die Sixtinische Kapelle machen und den Petersdom«, ergänzte ich die Tagesplanung.

»Fein. Dann reicht es aber auch mit den *AFCs*. Was meinst du?«

»*AFC?*«, hakte ich nach. »Was ist das denn?«

»*Another fucking cathedral*, abgekürzt. Die stehen hier an jeder Ecke rum, Schatz!«

Ich war wie vom Donner gerührt. Hatte ich den Ex-Pastor richtig verstanden? Ich hatte mit Religion beileibe nichts am Hut, aber doch einen gewissen Respekt vor dem Glauben der anderen. Und natürlich übte ich mich als Europäerin in Demut vor altem Gestein. Diese Haltung haben wir vom alten Kontinent doch mit der Muttermilch aufgesogen. Ich weiß nicht, wie viele Kirchen und Kathedralen ich als Kind unfreiwillig von innen erwandern musste. Es müssen viele, sehr viele gewesen sein. So viele, dass ich mich irgendwann, wie die meisten anderen Kinder auch, stumm in mein Schicksal ergab.

Und jetzt saß ich hier mit diesem unmöglichen Mann, dem meine Kulturbeflissenheit völlig egal war, und wusste nicht: Sollte ich lachen oder weinen?

Als John mit dem Buttermesser auf meinen Mund deutete, wurde mir bewusst, dass der seit einiger Zeit offen stand.

»Sieht geschlossen irgendwie intelligenter aus«, urteilte John und wischte sich mit der Serviette die Krumen von den Lippen.

»Dann mal los. Ihr *Tourguide* aus *Down Under* zeigt Ihnen heute ganz exklusiv sein Rom.« John stand auf und machte eine galante Geste Richtung Ausgang – begleitet von einem ironischen Augenzwinkern.

Ich kam mir plötzlich sehr albern vor. Es war ja auch tatsächlich absurd. Da kommt John vom anderen Ende der Welt, das er bis dato noch nie verlassen hatte, und ich zwang ihn in die Rolle des römischen Reiseführers, obwohl ich schon mal hier gewesen war und, für Johns Verhältnisse, sogar um die Ecke lebte. Klar, ich kannte mich nicht weiter aus, aber wen kümmerten schon lästige Details?

So langsam dämmerte mir, dass John die Situation wesentlich großzügiger auslegte als ich. Er nahm die Welt in einem anderen, größeren Maßstab wahr. Für ihn war ich als Europäerin in Europa zu Hause, wo denn auch sonst, bitte schön? Australien – mein Kontinent; Europa – dein Kontinent. War im Grunde doch alles ganz einfach. Dass ich im Zweifelsfall zu blöd war, um mir hier eine Pizza meiner Wahl zu bestellen, kam ihm überhaupt nicht in den Sinn.

Außerdem schöpfte John seine Gelassenheit wohl auch daraus, dass er das, was ihn an Europa wahrscheinlich am meisten interessierte, jeden Tag an seiner Seite hatte. Natürlich war es schön, dass er mehr als Köln-Ehrenfeld auf seiner Reise kennenlernen durfte. Aber der eigentliche Grund seiner Reise war ich! Er war es einfach zufrieden, so viel gemeinsame Zeit wie möglich zu verbringen. Welche blöde Kirche oder Kathedrale konnte da schon mithalten? Wir hatten eine wunderbare Zeit miteinander – auch ohne zig Museumsbesuche –, was will man mehr?

Genau das wurde mir ganz unvermittelt am selben Tag bewusst, als wir uns dick eingemummelt Richtung Petersplatz bewegten. Die Sonne blitzte vom eisblauen Himmel, und ich hätte den ganzen Tag lang so weiter bummeln und kleine weiße Atemwölkchen ausstoßen können. Ich spürte plötzlich eine fröhliche Leichtigkeit und wusste nicht, woher sie kam.

John wies mit dem Finger auf eine kleine, mir unbekannte Kirche. »Siehst du. Wir gehen keine drei Minuten und schon stehen wir vor einer *f... cathedral.* Einfach unglaublich, dieses Rom!«

Ich lachte. Am Ende war John doch kein Kulturbanause, sondern staunte nur über das Neue wie ein Säugling über seine erste Rassel. Um diese Perspektive beneidete ich ihn fast ein bisschen. Der Australier hatte das, was man ein wenig hochnäsig den »frischen Blick« nennt. Er war frei von all dem uralten Geröll, dem tonnenschweren historischen Ballast, den wir Europäer ein Leben lang mit uns herumschleppen, ob wir das nun wollen oder nicht.

War das vielleicht der Grund meiner neugefundenen Leichtigkeit? Ich genoss es auf einmal, dass meine Nase nicht im Baedeker steckte, sondern stattdessen die frische Luft inhalierte, als wäre der nächste Atemzug schon nicht mehr selbstverständlich. Wir konnten tun, was uns passte. Dieser Romtrip musste schließlich nur uns gefallen.

John blieb stehen und schaute sich die Kirche genauer an. Reingehen wollte er nicht. Und so blieben doch wieder ein paar Zweifel, ob ich John wirklich schon so gut kannte, wie ich mir einbildete. Ich hatte in den letzten Wochen geglaubt, ihn so gut, wie es unter den gegebenen Umständen nur möglich war, kennengelernt zu haben. Aber E-Mails und Telefonate sind nun mal kein Ersatz fürs echte Leben.

Natürlich lagen wir, was unsere Interessen betraf, auf einer Wellenlänge. Hier in Rom wurde mir dennoch bewusst, dass die kulturellen Unterschiede doch eine größere Rolle spielten, vor allem wenn es um so etwas Banales wie Urlaub ging. Ich genoss es in meiner freien Zeit einfach, mich mit Kultur zu beschäftigen und mir im Urlaub die Sehenswürdigkeiten dieser Welt anzueignen. Was, wenn John dem – anders als erwartet – nun doch nichts abgewinnen konnte?

Doch die Zuversicht siegte an diesem Tag. Ich fühlte mich einfach so beschwingt, so himmlisch abgehoben. Denn auch wenn John in Sachen europäischer Kultur vielleicht ein ungeschliffener Edelstein war, so konnte ich aus ihm doch noch einen Diamanten machen, dachte ich mir und linste ihn aus den Augenwinkeln an. Das heißt, natürlich nur, wenn er dies überhaupt wollte.

Und was, wenn nicht? Würde ich mit meinem australischen Rohdiamanten leben können? Sofort erschrak ich über meine eigenen Gedanken. Wer war ich denn schon, dass ich meinte, John belehren zu müssen? Ich würde in Australien bestimmt nicht besser dastehen. Wir hatten einfach eine unterschiedliche Art, an dieses Thema heranzugehen. Und außerdem: Europa war schließlich nicht der Nabel der Welt!

Und dann nahm John mir schließlich den letzten Wind aus den Segeln: »*When in Rome do as the Romans!*«, referierte mein wunderbarer Antipode lächelnd.

Wenn du in Rom bist, mach's wie die Römer! Das war mal ein Lehrsatz nach meinem Geschmack. Schau dich um, wie andere leben, und mach's ihnen nach! Es ging darum, sich den jeweils gegebenen Sitten anzupassen. Johns Spruch sollte mich später noch oft daran erinnern, dass man mit vermeintlicher kultureller Überlegenheit nicht weit kommt. Doch wie sehr sich dieser Gedanke für mein Leben einmal bewahrheiten sollte, konnte ich an jenem eiskalten Februartag noch nicht einmal ahnen.

Nachdem ich mich an diesem Tag endlich locker gemacht hatte und den Kurztrip nach Rom endlich genießen konnte, wurde es so richtig schön. John und ich rückten immer näher zusammen. Wir sprachen viel über unsere Vergangenheit, erzählten einander, welche Ereignisse unser Leben bewegten und was uns im Innern antrieb. Wir taten also genau das, was alle Paare zu Beginn tun. Wir lernten uns von Minute zu Minute besser kennen.

Mein John hatte mehr Geist und Witz als die meisten Männer, die ich kannte. Und er wusste ganz andere Dinge; Dinge, von denen ich oder meine Freunde keinen blassen Schimmer hatten. So war sein Wissen über die Marine des Zweiten Weltkriegs zum Beispiel geradezu enzyklopädisch, seine Fertigkeiten im Modellbau seetüchtiger Boote unerreicht. Auf beiden Gebieten verspürte ich allerdings wenig Wissensdurst, und so war diesbezüglich an einen anregenden Gedankenaustausch kaum zu denken.

Wenn ich das Anja erzählte! Deutsche U-Boote und Tuckerbötchen mit Fernbedienung. Fast fühlte ich ihren Zeigefinger auf mir, hörte ihr hämisches Gelächter. Ausgeschlossen, dass Anja jemals von Johns Hobbys erfahren durfte! Ach was, sollten sie doch alle denken, was sie wollten. Ich fühlte mich nämlich gerade wundervoll, wie ich so Seite an Seite mit John mein neues Schwebegefühl genoss.

Ich merkte, wie meine Zuneigung zu John wuchs. Da waren immer noch diese flatternden Schmetterlinge in meinem Bauch, die ich seit meiner Australienreise nicht mehr loswurde. Andererseits merkte ich auch, dass mir an John so viel gefiel, dass wir in so vielen Dingen einer Meinung waren, dass wir miteinander lachen konnten und wir uns miteinander einfach wohl fühlten.

Aber natürlich gab es neben dem Hochgefühl der Verliebtheit auch ein paar unangenehme Fragen zu stellen. Zum Beispiel war da noch die Sache mit Johns Zeit als Pastor.

Ich fand, der Petersplatz war genau der richtige Ort, um das bislang sorgsam ausgesparte Thema anzusprechen. Auf der *piazza* demonstrierten an diesem sonnigen, aber kalten Vormittag um die zwei- bis dreihundert Lebensschützer. »Schau mal, *lifeguards*«, sagte ich und stieß John mit dem Ellbogen an, um seine Aufmerksamkeit zu erregen.

»*Lifeguards*?«, fragte der verständnislos zurück.

Ich seufzte. Menno, das nervte langsam! Konnte dieser doch eigentlich sehr intelligente Mann nicht mal auf Anhieb kapieren, was ich ihm sagen wollte?

»Leute, die gegen Abtreibung sind«, erklärte ich.

»Ach so, die heißen bei uns *pro-life-people*«, meine John und fing an zu lachen.

»Was ist denn jetzt schon wieder so komisch?«, zischte ich ihn an.

»*Honey*, du weißt doch, was *lifeguards* sind. Das sind die Lebensretter an unseren Stränden; die mit den gelbroten Käppis.«

Bei dem Gedanken kriegte er sich nicht mehr ein. Ich wollte erst nicht, musste dann aber auch kichern. Allein die Vorstellung, dass John den frostigen Petersplatz nach australischen Bademeistern in knapper Uniform absuchte.

Wir hielten ein wenig Abstand zu den Abtreibungsgegnern, während wir uns den berühmten Platz ansahen. Ich wollte gerade in Sachen Pfarrer und Pastor loslegen, als die Menge, die eben noch wütend auf Italienisch skandiert hatte, in Jubel ausbrach. Wir drehten uns um, um zu sehen, was den Stimmungswechsel bewirkt haben könnte. Tatsächlich hatte sich das hohe Fenster geöffnet, und am unteren Rahmen erschien, klein wie eine Kasperlepuppe, Papst Johannes Paul II. Eigentlich erkannte man nur zwei weiße Flecken, die sich schwerfällig bewegten, wenn er langsam – wie an Schnüren gezogen – die Arme zum Gruß hob.

Nach einer Minute war der Spuk vorbei und das Fenster wieder geschlossen. Wir schauten uns an. Das gab's doch gar nicht. Wir hatten gerade den Papst gesehen – beim Lüften –, ganz so, wie John es am Morgen prophezeit hatte!

Jetzt versuchte ich es ganz direkt: »Wieso hast du mir eigentlich nicht früher von deiner Zeit als Pastor erzählt?«

»Hab ich doch. Erinnerst du dich denn nicht mehr? In Port Douglas haben wir uns doch an dem einen Abend so viel voneinander erzählt. Da hab ich es dir gesagt, du bist allerdings nicht darauf eingegangen, und da wollte ich das Thema nicht weiter vertiefen.«

Hä? War mein Hirn etwa ein Sieb? Das hätte ich doch im Leben nicht vergessen, wenn er sich als Pastor geoutet hätte. Ich überlegte und überlegte, und dann überkam es mich wie die Götterdämmerung. Ja, natürlich, so musste es gewesen sein!

»Wie in etwa hättest du das denn gesagt?«

»Was meinst du?«

»Was genau hast du damals zu mir gesagt? Kannst du dich an den Wortlaut erinnern?«

»Sicher.«

»Was also?«

»*I was a minister in our church for many years.*«

Ich brauchte beide Hände, um meine Schamesröte zu verbergen. Jetzt verstand ich! *Minister* heißt *Pastor* oder *Pfarrer*, keineswegs jedoch »Ministrant«, wie ich damals in Port Douglas gedacht hatte.

John schaute mich besorgt an: »Was ist denn? Ist dir nicht gut?«

Ich schüttelte nur den Kopf, behielt die Hände aber noch eine Weile vorm Gesicht. So peinlich mir diese Geschichte auch war, nach dem Debakel mit den *lifeguards* dachte ich im Traum nicht daran, John über dieses allerneueste Missverständnis aufzuklären. In letzter Zeit gingen nämlich fast alle Heiterkeitsausbrüche meiner Reisebegleitung auf meine Kosten. Und warum? Die Antwort lag auf der Hand: weil mein Englisch nicht gut genug war.

Meine Englischkenntnisse waren zugegebenermaßen ausbaufähig, doch immerhin sprach ich außer schlechtem Englisch ein ziemlich perfektes Deutsch, was man von John nicht behaupten konnte (er hatte zwar einen Sprachkurs auf Kassette von einer Bekannten ausgeliehen, doch da jede Lektion mit nervtötender Blasmusik begann, hatte er seinen sprachlichen Ehrgeiz bereits bei der zweiten Lektion eingestellt).

Ich ärgerte mich ein bisschen, während wir in der Warteschlange für die Vatikanischen Museen standen. Auch über mich selbst. Ziemlich humorlos, wie ich dem deutsch-australischen Verständigungsproblem begegnete. War das jetzt typisch deutsch, dass es mir so schwerfiel, über mich selbst zu lachen?

Bislang hatte ich gefunden, dass an den meisten Stereotypen nicht viel dran war. Pünktlichkeit, Präzision und Putzwahn – das waren doch nur ein paar bedeutungslose Klischees, um sich irgendwo einzuordnen und vom Fremden abzugrenzen, weil das andere oft Angst macht. Für den Fall, dass am ein oder anderen Vorurteil doch was dran sein sollte, verordnete ich mir für den Rest der Reise erneut einen Hauch australischer Gelassenheit.

Langsam wie die Pinguine trippelten wir zur Sixtinischen Kapelle, die ich mir so farbenprächtig gar nicht vorgestellt hatte. John zeigte auf einen nackten Jüngling an der Decke, dann auf den daneben.

»Siehst du das? Nackte Hintern, wohin du auch blickst.«

»Ja, und?« Ich hob fragend die Augenbrauen.

»Männerhintern. Kapierst du denn nicht? Michelangelo war schwul!«, dröhnte er seine Erkenntnis begeistert in die hallige Kapelle.

Eigentlich durfte man hier nur flüstern, und einige Besucher drehten sich vorwurfsvoll zu uns um. John bemerkte es nicht einmal.

Am letzten Abend fanden wir eine heimelige Osteria in der Nähe des Pantheon. Bei Aperol (John), Prosecco (ich) und

Antipasti (beide) kam am Ende trotz der Kälte doch noch so etwas wie mediterrane Stimmung auf.

Auf meine Bitte hin erzählte John nun endlich von seiner Kirchenzeit. Zwanzig Jahre war er in der Kirche engagiert gewesen, zuerst als Teenager in der Jugendgruppe und später als Pastor. Dann, nach Jahren in der Gemeinde, befielen ihn plötzlich und völlig unvorbereitet Zweifel. Das war der Anfang vom Ende, denn der Glaube selbst stand in dieser christlichen Gemeinschaft nicht zur Diskussion.

Johns Gemeinde gehörte zur Charismatischen Bewegung. Diese christliche Glaubensrichtung nimmt die Bibel wörtlich und fühlt sich in ihrem Fundamentalismus überlegen. Doch nicht nur inhaltlich grenzten sich die Charismatiker von den weniger strengen Kirchen ab, dieser Glaube wird teilweise auch in einer Form praktiziert, die für andere befremdlich ist. So spricht man dort in Zungenrede, wie mein Ex-Pastor mir erläuterte.

Ich verstand nur Bahnhof. Charismatisch? Pfingstkirche? Zungenrede?! Ach, du meine Güte, was hatte es denn damit nur auf sich? Ich war in einer Welt aufgewachsen, die mit genau zwei Glaubensrichtungen aufwarten konnte: katholisch und evangelisch. Eine jüdische Gemeinde gab es in unserem Dorf nicht mehr. Und wenn es nach meiner Großmutter väterlicherseits ging, existierte auch keine evangelische. Alles Heiden! Meine arme Mutter musste noch konvertieren, um meinen Vater heiraten zu dürfen. Und wir Heidenkinder, die wir von unseren Eltern nicht regelmäßig zur heiligen Messe geschickt wurden, würden in der Hölle schmoren, so viel stand fest.

Meine Einsichten in die Glaubenswelt waren also recht übersichtlich. Und jetzt hatte ich einen Freund, der mir erzählte, in seiner Kirche rede man in Zungen? Wieso sollten erwachsene Menschen so etwas tun und überhaupt: Was zum Teufel hieß das denn bitteschön? Das hatten wir im Kommunionsunterricht jedenfalls nicht durchgenommen, das hätte ich mir gemerkt.

Wenn ein Gläubiger in Zungen redet, erklärte mir John geduldig, dann äußert er unverständliche Laute, die sich anhören wie eine fremde Sprache oder wie das Gebrabbel eines Babys. Man gibt vor oder nimmt an, der Geist Gottes sei in den Unsinn Redenden gefahren und äußere sich nun mittels göttlicher Rede durch den Betenden. »Wenn ich in der Sprache Gottes oder der Engel rede …«, heißt es in der Bibel. Für alles, was die Charismatische Bewegung praktiziert, gibt es Belege in der Bibel, eben auch für das Sprechen in Zungen. Ist der Spuk dann vorbei, interpretiert die Gemeinde, was Gott wohl so gesagt haben könnte.

Ich erstarrte. Das meinte John doch jetzt wohl nicht ernst! Mein Erstaunen wich einem Lachanfall. Ich wollte nun wirklich nicht die Blicke der gesamten Osteria auf mich ziehen, aber ich kippte vor Lachen fast vom Stuhl. Nicht weil ich John auslachte. Nein, ich war mir sicher, dass John mich bloß auf den Arm genommen hatte. Dem war aber nicht so. John hatte während meines Heiterkeitsausbruchs keine Miene verzogen und sich nun der Speisekarte zugewandt. Mich würdigte er keines Blickes.

Auweia! Langsam glaubte ich wirklich, dass wir zwei es nicht nur mit einem Sprachproblem zu tun hatten, sondern mit einem viel tiefer gehenden kulturellen Gegensatz. Da hatte ich was ganz entscheidend fehlinterpretiert, aber ich war eben auch nur ein Produkt meiner Sozialisation. Ich war ein Kind der Aufklärung: dem menschlichen Verstand verpflichtet, skeptisch in allen Glaubensfragen. Dabei betrachte ich meinen Atheismus als reine Privatsache, was ich für einen netten Zug halte. Wenn nämlich alle Gläubigen so tolerant wären wie ich Gottlose, dann wäre es um die Welt sicherlich ein wenig rosiger bestellt.

Die Geschichte mit den Zungen war allerdings eine echte Herausforderung an meine Gleichmut. Ich wollte unbedingt mehr wissen.

»Hast du etwa auch in Zungen geredet?«

John lief puterrot an.

»Nein, das hätte ich nicht gekonnt. Lassen wir das. Dieses Gespräch ist mir sehr peinlich.«

Jetzt wollte ich es erst recht wissen und ließ nicht locker.

»Wie hört sich das denn an, wenn jemand so spricht? Sind die Zungenredner nun in Ekstase, oder geben sie nur vor, Gottes Sprache zu sprechen? Das ist doch ein Riesenunterschied!«

John rutschte jetzt ungemütlich auf seinem Stuhl herum und räusperte sich: »Vorgegeben oder ekstatisch – das ist doch egal. Die Gemeinde hat das Zungenreden jedenfalls sehr ernst genommen. Du glaubst doch nicht, dass ich dir jetzt was vorgrunze? Ich kann das gar nicht!«

»Ach, komm!«, piesackte ich den Gepeinigten.

»Nein, ich kann's nicht und ich will's nicht! Warum hörst du nicht endlich auf damit?«

»Schade. Ich hab schon geglaubt, du könntest vielleicht am Ende doch noch eine Fremdsprache.«

Dieser gemeine Spaß ging zur Abwechslung auf Johns Kosten. Ich entschuldigte mich, denn ich hatte gemerkt, wie unangenehm ihm meine kleine Inquisition tatsächlich war.

»Kann ich dir trotzdem noch eine vorerst letzte Frage zum Thema stellen?«

Ich zwirbelte den Stil meines Proseccoglases, um gelassen zu wirken, aber in Wahrheit war mir das jetzt überaus wichtig. Mit einem Gläubigen als Partner könnte ich vielleicht noch leben, nie und nimmer aber mit einem Fundamentalisten. Völlig egal, aus welcher Glaubensrichtung der kam.

»Glaubst du, du könntest für eine Kirche dieser Art nochmals anfällig sein?«, pirschte ich mich behutsam vor.

John schaute mir in die Augen und lächelte. Dann strich er mir zärtlich mit den Knöcheln seiner rechten Hand über die Wange.

»Niemals. Für mich gibt es kein Zurück in den Schoß der Kirche. Oder meinst du im Ernst, ein Fundamentalist könnte mit dir zusammen sein?«

Ich nehme an, da hat er recht. Trotzdem blieb mir erst einmal die Luft weg, denn ich konnte nicht glauben, dass der Mann, in den ich mich verliebt hatte, zwanzig Jahre in einer mir vollkommen fremden Welt gelebt hatte. Je mehr mir John von früher erzählte, desto größer wurde mein Staunen. Mir tat sich ein Paralleluniversum auf, von dem ich annahm, dass sich höchstens ultrarechte Amerikaner dafür begeistern könnten.

Plötzlich stellten sich mir tausend Fragen. War John etwa einer von denen? War er am Ende gar nicht so liberal, wie er sich gab? Und konnte überhaupt jemand, für den die Welt über zwei Jahrzehnte lang entweder nur gut oder nur böse war, offen für die Grautöne des wahren Lebens sein? Konnte er die Kirche wirklich hinter sich lassen?

Was diese Fragen anbelangte, war John für mich nicht nur von einem anderen Kontinent, er kam von einem anderen Planeten. Wir redeten in den nächsten Tagen viel über unsere Vergangenheit, die abgesehen davon, dass wir beide schon einmal verheiratet gewesen waren, nicht viele Ähnlichkeiten aufzuweisen hatte.

Während ich im Philosophischen Seminar in Mainz meine

Freude daran gehabt hatte, wie mein Prof die angeblichen Gottesbeweise der Theologen in der Luft zerriss (»Da kann Thomas von Aquin sich noch so sehr auf den Kopf stellen, auch er kann Gott nicht beweisen. Letztlich ist die vermeintliche Existenz Gottes eine Frage des Glaubens und sonst nichts. Das können Sie mir glauben, meine Herrschaften!«), predigte John seiner Gemeinde in Melbourne, dass Wissen ohne Glaube gar nichts sei, und fastete drei Tage ohne Wasser, um direkt von Gott höhere Weisheit zu empfangen.

»Ihr habt drei Tage ohne Wasser gefastet? Das ist doch lebensgefährlich!«

John lachte.

»Das war es auch, aber wir suchten ja dieses Delirium, das wir für gottgegeben hielten.«

»Heißt das, was immer euch in diesem Fastenwahn geritten hat, das war für euch das Wort Gottes?«

John nickte. Unglaublich.

»Was habt ihr denn sonst noch so für seltsame Sachen getrieben?«

Ich konnte mich auf einmal gar nicht mehr satthören an diesen Berichten, die mir wie RTL-Reportagen aus dem Mittelalter erschienen. John kratzte sich am Hals. Wahrscheinlich überlegte er, wie viel er mir zumuten konnte.

»Teufelsaustreibungen.«

Mir stockte der Atem: »Exorzismus? Ihr habt Exorzismus betrieben?! Nein, nie!«

Ich hatte mittlerweile rote Flecken im Gesicht und kippte zur Beruhigung meinen Wein in einem Rutsch runter.

»Wie in dem Film?«

John lachte jetzt wieder und schüttelte den Kopf, als wäre ich diejenige, die in Sachen Rationalität Nachhilfe gebrauchen könnte.

Ich hatte mal davon gehört, dass selbst die Katholische Kirche heute noch gerne den Teufel austreibt – vorzugsweise in sehr finsteren Ecken Italiens. Ich hatte mir seinerzeit nur an die Stirn gefasst und mich nicht näher mit diesen Fällen aus dem Kuriositätenkabinett beschäftigt. Warum auch? Ein paar durchgeknallte Gläubige, das gab es doch immer wieder.

»Es flogen keine Betten durch den Raum, falls du das meinst. Trotzdem: Es war auch so schlimm genug. Ich sagte es ja schon. Wir bezogen all unsere Weisheiten aus dem Testament.«

»Was stand denn dazu in der Bibel?«

Ich war jetzt immerhin so weit, daß ich mich auch ein wenig jenseits der reinen Sensationsgier dem Thema nähern konnte.

John kannte seine Bibel wie kein Zweiter. Wann immer ich eine inhaltliche Frage zum Christentum habe, John kennt die entsprechende Stelle im Alten und Neuen Testament und weiß darüber hinaus noch Schlaues zu kommentieren. Eine weitere Fähigkeit übrigens, die keiner meiner Ex-Männer aufweisen kann.

»Bin ja nicht völlig vergebens jahrelang ins *Bible College* gegangen«, meint er nur, wenn ich wieder mal über so viel Bibelfestigkeit in Begeisterung ausbreche.

Jetzt aber wollte er mir das mit dem Exorzismus erklären.

»Eines Tages fand Jesus einen nackten Mann zwischen den Gräbern liegen und fragte ihn nach seinem Namen. ›Legion‹, antwortete der Mann. Es war aber nicht der Mann selbst, der das sprach, sondern eine Legion von Dämonen. Jesus befahl daraufhin den Dämonen, den Mann zu verlassen und in eine Schweineherde einzufahren. Der Mann war nun angezogen, saß aufrecht und war völlig klar im Geist. Psychische Krankheit wurde im Neuen Testament nicht als solche verstanden, und man glaubte, dass der Erkrankte besessen war. Exorzismus war das Mittel zur Heilung.«

Ich verkniff mir ein »Oh, mein Gott« und schaute John mit großen Augen an.

»Wahrscheinlich arbeite ich deswegen heute im Sozialwesen. So eine Art Wiedergutmachung an all den armen Menschen, die von verstrahlten Christen auf ewig traumatisiert wurden.«

John versuchte mir klarzumachen, dass heutzutage lediglich einige wenige freikirchliche Gruppierungen eine solche extreme Auffassung von psychischer Krankheit hatten. Ähnlich wie auch von der Rolle der Frau.

Wieder wurde ich hellhörig: Rolle der Frau? Ich konnte mir zwar denken, was Fundamentalisten von Frauen hielten, aber jetzt würde ich es aus erster Hand erfahren – Bibelzitate inklusive.

»Neben meiner Funktion innerhalb der Gemeinde habe ich Sozialarbeit studiert, und wie es der Teufel wollte« – hier lachte John auf –, »lehrten an der Uni zwei feministische Professorinnen, die mir die Augen öffneten.«

Da war ich jetzt aber mal gespannt. Was er nun sagte, könnte durchaus einen Einfluss auf unsere Beziehung haben. Ob er sich dessen bewusst war?

»Hör dir an, was Paulus zur Frauenfrage zu sagen hatte: ›Ein Mann ist Gottes Bild und Ehre, das Weib aber ist des Mannes Ehre.‹ Erster Korintherbrief, Kapitel elf, Vers drei bis zehn. Oder dies: ›Ich gestatte keiner Frau zu lehren. Ebenso wenig, dass sie sich über den Mann erhebe. Sie soll schweigen.‹ Timotheus eins, Vers elf bis fünfzehn. Paulus drückt sich noch deutlicher aus: ›Der Mann ist des Weibes Haupt. Denn der Mann ist nicht vom Weibe, sondern das Weib vom Manne. Und der Mann ist nicht geschaffen um des Weibes willen, sondern das Weib um des Mannes willen.‹ Oder anders ausgedrückt: Eine Kirche, die sich als fundamentalistisch betrachtet, darf im Grunde keine Frauen in Führungspositionen haben. Und das war so offensichtlich falsch, dass meine Professorinnen mir gar nicht erst viel erzählen mussten. De facto gab es in den meisten Kirchen wie im sonstigen Leben Frauen in Führungspositionen. Trotzdem rückte man innerhalb der Kirche nie offiziell von den Worten des Testaments ab.«

Ich schwieg. John musste sich intensiv mit dieser Frage auseinandergesetzt haben. Alle Zitate im Kopf, beeindruckend! Ich wunderte mich nur, weshalb er für diese Erkenntnis zwanzig Jahre gebraucht hatte, und das fragte ich ihn jetzt.

»In all den Jahren habe ich die Kirche und ihre Lehre nie hinterfragt. Wir waren ja eine Familie, die ohne Ausnahme an dieselben Dinge glaubte. Dies zu hinterfragen hätte bedeutet, selbst hinterfragt und misstrauisch beäugt zu werden. Uns einte der Glaube an die Wunder der Heiligen Schrift; wir waren anders als die Welt da draußen. Wer das anzweifelte, gehörte schon nicht mehr dazu.«

Ich lauschte gebannt. Langsam begann ich zu verstehen, dass Gemeindemitglieder der Charismatischen Bewegung wie eine Art Sekte lebten, die sich anderen überlegen wähnten in dem sicheren Gefühl, das einzig richtige Leben zu führen. Wer nicht so glaubte wie sie, lebte falsch, und im falschen Leben gab es kein richtiges. Wie war ihm wohl jetzt zumute, da er diese Sicherheiten hinter sich gelassen hatte? Und was in aller Welt hatte ihn überhaupt so magisch daran angezogen? Worin bestand der große Zauber, den er damals als erst 17-Jähriger für unwiderstehlich hielt und den er für weitere zwanzig Jahre nicht bannen konnte?

John beantwortete meine Fragen so: »Als junger Mann war ich begeistert von der warmen und liebevollen Ausstrahlung der Gemeinde. Alles war Liebe, Glaube und der Heilige Geist. Unsere Gottesdienste waren spontan, voller Musik und Kinder, die umherliefen. Ich wollte dazugehören, fand wundervolle Freunde und wollte ein Leben in Gott führen. Ich erarbeitete mir schnell Anerkennung und sozialen Status. Mein Leben in der Kirche gefiel mir lange Zeit sehr gut.«

»Und als es dann nicht mehr so war? Wie war das, als du gemerkt hast, du kannst nicht mehr dazugehören?«

John nahm jetzt auch einen größeren Schluck Wein.

»Das war eine sehr schmerzvolle und einsame Zeit. Es gab niemanden, mit dem ich über meine Zweifel hätte reden können. Einmal schrieb ich einen Brief an die Gemeinde, um mich zu erklären. Bis heute habe ich keine Antwort erhalten. Die fundamentalistische Kirche ist ein geschlossenes System. Sie zu verlassen hat mir für Jahre den Boden unter den Füßen weggezogen. Mein komplettes soziales Leben hatte sich dort abgespielt. Ich wusste auch erst nicht, wo und wie ich neu anfangen sollte. Es war hart, von vorne zu beginnen. Aber ich will nicht jammern. Es war der richtige Schritt.«

John sah mir jetzt direkt ins Gesicht. Ich schenkte uns Wein nach.

»Getrunken habe ich übrigens auch nicht.«

»Na, das ist doch dann ein Gewinn, oder?« Ich tippte mit dem Zeigefinger auf das edle Etikett. Dieser Pinot Noir war tatsächlich eine Sünde wert, fand ich.

»Vermisst du die Kirche manchmal?«

Da traute ich mich was!

»Ja, nicht die Kirche an sich, aber manchmal schon diese Sicherheiten, die sie vermittelte. Manchmal überfällt mich schon so eine – wie soll ich sagen? – so eine menschliche Unbehaustheit, wenn du verstehst, was ich meine. Ansonsten ist es schön, all das wahrzunehmen, was ich vorher nicht sehen konnte.

Die Welt singt auf einmal, sie ist bunt. Das möchte ich nicht mehr missen.«

Johns Gefühl der Unbehaustheit klang mir nach dem »Geworfensein« des Existenzialismus. Ich selbst finde es nicht weiter schlimm, so zufällig in den Kosmos geworfen zu sein. Ich finde, es hat durchaus Vorteile, wenn einen keine Macht – sei sie nun gut oder böse – in ihren Klauen hält und man die Freiheit hat, selbst zu entscheiden, wie man leben will.

Ich wusste noch immer nicht recht, was ich von Johns Zeit in der Kirche halten sollte. Sicher war, dass es für John eine prägende Zeit war, die ihn wahrscheinlich nie so ganz loslassen würde. Auf jeden Fall bewunderte ich den Mut, den es ihn gekostet haben musste, dieses System zu verlassen und neu anzufangen. So ohne Netz und doppelten Boden, das schaffen wohl nicht viele.

Verstand ich John nach diesen Gesprächen über die Kirche besser? Ja, zum Teil. So war ich mir sicher, dass er diesem früheren Leben unwiderruflich den Rücken gekehrt hatte, und das war für mich eine Erleichterung. Trotzdem konnte ich seine damalige Begeisterung für die Gemeinde nicht nachvollziehen. Es war und ist für mich eine fremde Welt, und wir beide haben das akzeptiert. Ich halte mich gerne zurück, wenn John heute immer mal wieder das Bedürfnis verspürt, mit seinen Kindern über früher zu reden.

7. Die Zukunft ruft

Der Rückflug von Rom ging mit der Swissair über Zürich, das völlig eingeschneit war. Nichts ging mehr, und wir verbrachten nervtötende Stunden am Flughafen. Ich fragte mich, ob es so schlau gewesen war, neben Rom auch noch Paris und Wien in den engen Zeitplan zu quetschen. Doch gebucht war gebucht, und inzwischen waren wir auch fast schon so was wie ein eingespieltes Team. Die nächsten Tage in Köln wollten wir so ruhig als möglich verbringen.

Leider war auch dieses Heimspiel fast ausverkauft. Wir hatten zwei Einladungen zum Essen, die ich nicht hätte absagen können, ohne Freunde zu verlieren. Es wäre auch schade gewesen, denn sonst hätte ich nicht erlebt, wie John den feuchtfröhlichen Runden englisches Liedgut beibrachte.

Was mich immer noch erstaunte, war die Tatsache, dass fast mein gesamter Freundeskreis mir zu dieser Beziehung riet, so, als wäre es das Normalste von der Welt, mit einem Mann zusammen zu sein, der 24 Flugstunden entfernt lebte. Es war geradezu ein wenig kränkend: Konnten sie denn so leicht auf mich verzichten?

Sie gingen nämlich unisono davon aus, dass ich in Australien enden würde. Das war für sie klar wie Kloßbrühe. Anscheinend hatte schon irgendjemand das Drehbuch zu unserer Geschichte geschrieben, und alle hatten es bereits gelesen, nur John und ich nicht. Vielleicht war die Begeisterung aber auch nur deshalb so groß, weil wir alle (außer John) in den Mittdreißigern waren. Wir saßen beruflich mehr oder weniger fest im Sattel, die Karrieren waren soweit ausgelotet, und auch privat hatte man sich eingerichtet; die einen mehr, die anderen weniger.

Silke und Renate waren beispielsweise immer noch Singles und wären einer festen Beziehung nicht abgeneigt gewesen, aber sie lebten schon seit Jahren allein und hinterfragten ihre Lebenssituation ganz bestimmt nicht jeden Tag aufs Neue. Dann gab es natürlich die Paare, die in den letzten Jahren Nägel mit Köpfen gemacht hatten: Hochzeit, Kinder, Haus. Meine Freunde und ich – wir befanden uns dort im Leben, wo man sich schon mal fragt, ob's das jetzt gewesen ist.

Hatten wir in unserem Alter bereits so viele Entscheidungen getroffen, dass sie uns jetzt wie ein zu enges Korsett die Luft abschnürten? Hatten wir uns etwa schon so festgelegt, dass nichts mehr ging? Würde das Leben ab sofort nur noch so vor sich hin plätschern? Das große Herzklopfen, das wahnsinnige Abenteuer, das ganz große Kino: War das nur noch was für die anderen, für die Jüngeren? Sind unsere Herzen schon zu alt für all die Aufregung? Wollen wir nur noch den Status quo absichern und einen frühen Herzkasper vermeiden? All die wunderbaren Möglichkeiten, die uns das Leben einst versprochen hatte – sie waren nun auf die dumpfe Realität unseres alltäglichen Daseins zusammengeschrumpft.

Ich kann es nicht mit Sicherheit sagen, doch vielleicht war ich für meine Freunde der leibhaftige Beweis, dass man aus dem goldenen Käfig doch noch ausbrechen konnte; ein Symbol dafür, dass man selbst um die vierzig noch einmal den ganz großen Wurf wagen durfte. Alles hinter sich lassen und neu anfangen – das war ein Versprechen, das ich sozusagen stellvertretend für meine Freunde einzulösen hatte.

Ich glaube, in letzter Konsequenz hat sich niemand ausgemalt, was es für mich in der Realität bedeuten würde, wenn ich mit John zusammenbliebe. Dass außer Renate und mir noch niemand in Australien gewesen war, verlieh der überbordenden Fantasie weitere Nahrung. Australien – der ganze Kontinent war in der Vorstellung meiner Bekannten ein endloser Strand. *Life is a beach.* Wie gesagt, ich kann nicht mit Sicherheit sagen, was meine Freunde bewegte, als sie mir zu John rieten. Vielleicht war alles auch ganz anders und sie waren einfach nur froh, mich loszuwerden.

Die Einzige, die jemals Bedenken äußerte, war Silke. Silke und ich kannten uns seit zehn Jahren und hatten uns immer alles erzählt.

Jetzt nahm sie mich zur Seite und fragte: »Glaubst du nicht, dass du zum Auswandern zu alt bist?«

Ich war perplex. Irgendwie waren mir alle einen Schritt voraus. Wann hatte ich je was von »Auswandern« gesagt? Und seit wann, verdammt noch mal, war ich zu alt?

»Jetzt stell dich nicht blöd«, setzte sie nach, »wenn ihr zusammenbleiben wollt, muss einer von euch ja wohl über den Teich machen, oder? Und sag mir bitte nicht, dass derjenige John sein wird. Er kann kein Deutsch, hat zwei Kinder in Australien und ist zum Auswandern erst recht ein bisschen zu alt, oder?«

Nun war es an Silke, fragend zu schauen. Ich atmete hörbar aus. Was sollte ich ihr schon antworten? Es stimmte ja, aber ich konnte doch mit Silke nicht besprechen, worüber ich mit John Stillschweigen vereinbart hatte. Oder konnte ich? Bislang hatte ich jedenfalls meine Schwierigkeiten und die Zweifel an unserer Beziehung nur mit John und mir selbst besprochen. Doch wozu hatte man eigentlich Freunde? Es würde nicht den Lauf der Welt ändern, wenn ich mich mal bei einer Freundin ausheulte.

»Ich weiß es doch auch nicht, Silke. Wir wollen erst nach

Johns Urlaub über unsere Zukunft reden. Leicht finde ich das Warten darauf auch nicht gerade.«

So – das Thema war angepfiffen, der Ball im Feld. Jetzt lag es an Silke, ihn geschickt zurückzuspielen. Dieses Mal hoffentlich mit Gefühl. Ihr Einstieg mit der Altersfrage war ja nicht gerade sensibel gewesen.

»Kann ich mir denken. Würdest du denn gehen, wenn er dich fragt?«

»Du hast es eben selbst gesagt. Vieles spricht dafür, aber sicher bin ich mir deshalb noch lange nicht.« Ich seufzte wieder.

Wir starrten beide eine Weile in unseren Rotwein, dann sah Silke hoch: »Rennst du vor irgendwas weg? Alles hier hinzuschmeißen, so von heute auf morgen, da stimmt doch was nicht, hab ich recht?«

Das saß wie ein kräftiger Haken mit der Rechten.

»Hey, mach mal langsam, ja? Wer schmeißt denn hier irgendwas hin? Mein Freund ist zu Besuch, das ist alles. Noch Fragen?«

Ich war stinksauer. Die nahm sich ganz schön was raus! Die Tatsache, dass ich eine außergewöhnliche Bekanntschaft gemacht hatte, erlaubte Silke noch lange nicht, mein Leben auseinanderzunehmen. Ich flickte ihr doch auch nicht am Zeug, weil sie noch solo war. ›Hast du Angst vor Männern?‹, könnte ich umgekehrt fragen. Wo kommen wir denn da hin, wenn wir einander vorwerfen, wie wir leben?

»Reg dich wieder ab! Du weißt doch, wie ich's meine. Es ist eben ein großer Schritt, wenn du gehst, und du lässt ganz schön was zurück. Da wird man als Freundin doch noch fragen dürfen!«

Sie knuffte mich freundschaftlich in die Seite: »Nicht, dass du deine Entscheidung mal bereust! Und wer denkt bitteschön an mich? Wer geht mit mir tanzen, wenn du erst weg bist? Schon mal darüber nachgedacht, hm?« Silke wiegte sich übertrieben in den Hüften. Ich lächelte.

Gott, war ich empfindlich, wie hatte ich nur an Silkes Absichten zweifeln können? Sie machte sich was aus mir, das war alles.

Bevor wir nach Paris fuhren, schleppte ich den Australier noch in ein Kölner Brauhaus. Zum einen sollte er die legendäre Unfreundlichkeit der Köbesse kennenlernen und außerdem meinen Vater. Nicht, dass es zwischen den ungehobelten Kellnern und meinem alten Herrn irgendeine Art von Seelenverwandtschaft gegeben hätte. Ganz im Gegenteil, mein alter Herr ist sehr zuvorkommend, Damen halten ihn für charmant.

Naturgemäß war ich ein wenig nervös, obwohl Paps offiziell nur wieder einen Kölner Museumstag eingelegt hatte und sich das Brauhaus praktischerweise in Bahnhofsnähe befand. Von einem geplanten Treffen konnte also keine Rede sein.

»John – Matthias, Paps – John«, stellte ich kurz vor.

Die beiden schüttelten sich die Hände und hatten bereits das erste Kölsch vor sich, noch bevor sie sich verlegen räuspern konnten. John staunte nicht schlecht.

»Woher weiß denn der Kellner, was ich trinken will?«

Ich zuckte mit den Schultern und warf Paps einen Blick zu, der ihn schweigen ließ. John drehte das Kölschglas zwischen Daumen und Zeigefinger. In seiner Hand nahm es sich wie ein Reagenzglas aus. Ich hielt kurz die Luft an. Erst vorgestern hatte der Australier nur mit der Kraft seiner Stirn meine neue Hängelampe überm Küchentisch zerdeppert. Aus Versehen natürlich. John leerte das Kölsch in einem Zug. Der Köbes entriss ihm im Vorbeigehen das leere Glas und setzte dem verdatterten Australier wortlos ein neues vor die Nase. Ich atmete auf.

»Was sind das denn für Sitten bei euch? Ich hab doch gar nichts bestellt!«

Wir zuckten wieder mit den Schultern und grinsten uns einen. Paps hielt es nicht mehr länger aus und klärte den Mann von der anderen Seite der Erde auf. Er würde so lange ungefragt Bier vorgesetzt bekommen, bis er abwinkte, und nicht ein Kölsch früher. Der Australier fand unseren germanischen Brauch ganz großartig und hob gleich das Glas an die Lippen. *When in Rome!*

»Na, dann Prost«, sagte ich und nickte den Männern zu. Nach dem dritten Kölsch wusste John alles, was mein Vater über Geelong wusste, und das war nicht wenig, denn Paps hatte gründlich im Netz recherchiert, wo er nun auch täglich die Nachrichten der lokalen Zeitung las, Wettervorhersage inklusive.

»Schönes Wetter heute in Geelong. 30 Grad. Soll in den nächsten Tagen so bleiben. Da werden eure Ford-Arbeiter aber ganz schön ins Schwitzen kommen, oder ist die Montagehalle etwa klimatisiert?«, glänzte er mit Insiderwissen.

John hob die Augenbrauen. War er beeindruckt oder endgültig überzeugt, es mit einem Haufen zwanghafter Kontrollfreaks zu tun zu haben, die als Kind nicht im Dreck spielen durften? Ich weiß es nicht. Ich hab mich nie getraut, ihn zu fragen.

Weil John seit seiner Ankunft in Europa noch immer nichts richtig Deutsches zu essen bekommen hatte, nötigte ich ihm den rheinischen Sauerbraten auf, den er eine halbe Stunde lang zersäbelte, ohne viel davon zu essen. Am Ende sah sein Teller aus, als hätte sich das Gericht auf wundersame Weise verdoppelt. Vielleicht muss man ja mit Sauerbraten aufgewachsen sein, um ihn zu mögen. Meine Mutter hatte uns tatsächlich mal Pferd als Sauerbraten aufgetischt. »Seht ihr, Kinder, das ist der traditionelle Sauerbraten. Den haben unsere Mütter den toten Pferden auf der Straße rausgeschnitten. So war das im Krieg.«

Natürlich hatten wir diese Vorstellung ein bisschen eklig gefunden, aber geschmeckt hatte es trotzdem. Sollte ich John davon erzählen? Was wird er von der netten deutschen Familie denken, die lieber Pony als Kalb isst? Machen die etwa auch aus ihrem Schäferhund Gulasch?

Während ich noch mit mir rang, deutete mein alter Herr mit der Gabel auf Johns Fleischfasergebirge: »Scheint Ihnen ja nicht unbedingt zu munden, unsere deutsche Küche, was? Wissen Sie eigentlich, wie es zum Sauerbraten kam?«

Ich verdrehte die Augen und griff nach meinem Kölsch.

»… und in Hamburg gibt's noch heute einen Pferdemetzger«, beendete er schließlich seine kulinarischen Ausführungen, während er sich zufrieden mit der Serviette den Mund abtupfte. Ich war überrascht, wie gut Paps' Englisch war. John hatte voller Interesse gelauscht. Hätte ich mir doch gleich denken können, dass ihm die Geschichte gefallen würde. Verspeisen die Australier selbst nicht so ziemlich alles, was nicht bei zwei auf den Bäumen ist? So nach dem Motto: »Emu, Krokodil und Känguru – ich fress dich Tier auch ohne Muh.«

Ehe ich mich versah, waren die Herren der Runde auf dem Rücken des geschmorten Pferdes in den Zweiten Weltkrieg galoppiert, und nun gab es kein Halten mehr. Endlich konnte der Australier mit einem kompetenten Deutschen den U-Boot-Krieg aus zwei Perspektiven analysieren. Herrlich!

Am Ende war ich froh, dass Paps zum Zug musste. Dem Köbes hatte ich gottlob schon vorher gewinkt.

»Der ist in Ordnung, dein Mann aus *Terra incognita*«, flüsterte Paps mir zum Abschied ins Ohr und tätschelte meine Wange. Für den Australier gab's eine kernige Umarmung, die mit einem kräftigen Schlag zwischen Johns Schulterblätter endete.

Paps' Segen hatte ich wohl. Jetzt plagte mich mein Gewissen nur noch, weil ich unseren Besuch bei meiner Mutter abgesagt hatte. Man kann eben in drei Wochen nicht alles reinpacken. Wenn ich jetzt noch nach Berlin gemusst hätte, wäre ich bestimmt tot vor ihrer Haustür zusammengebrochen. Natürlich hatte ich Mamas Enttäuschung am Telefon herausgehört, aber sie würde es verstehen.

Und ganz ehrlich: Was war schon Berlin gegen Paris, die Stadt der Liebe – dachte ich zumindest, als John und ich erneut die Koffer packten.

Wir waren morgens mit dem Thalys zum Gare du Nord gefahren und wären am Abend besser gleich wieder zurückgereist. Dann hätten wir Paris jetzt vielleicht als die Stadt in Erinnerung, als die sie immer gepriesen wird. Von wegen l'amour und so!

In der Stadt der ewig leeren Geldautomaten hausten wir am Fuße des Montmartre in einer völlig überteuerten Streichholzschachtel. Paris war nass, kalt und dennoch komplett überlaufen von so blöden Touristen wie uns. Eigentlich kein Wunder, dass die Einheimischen dermaßen grantig waren. Unserem Liebesleben war diese Stadt jedenfalls nicht zuträglich. Mehr sage ich nicht. Und wissen Sie was? Ich schenk mir einfach das ganze Kapitel und fliege gleich weiter nach Wien. Dort, wo John und ich uns voneinander verabschieden würden. Und wo wir besprechen wollten, wie es mit uns weitergehen sollte. Mir ist jetzt noch ganz flau, wenn ich daran zurückdenke.

Johns Rückflug nach Australien ging zwei Tage früher als meiner nach Köln, und so brachte ich ihn zum Flughafen. Und wie das so ist bei internationalen Flügen, muss man nach dem Einchecken noch endlos viel Zeit totschlagen. Da hilft es nicht gerade, wenn man sich traurig und wortlos in der Flughafen-Cafeteria gegenübersitzt. Mir wäre ein kurzer Abschied viel lieber gewesen: ein letzter Kuss, den beide nicht so schnell vergessen würden, dann hätte ich mich umgedreht und wäre gegangen. Und erst DANACH hätte ich geheult.

So aber war an einen dramaturgisch geordneten Ablauf überhaupt nicht zu denken, und meine Leidenszeit verlängerte sich um ein Vielfaches. John hatte uns ein Bier geholt (er nannte es *beer o'clock*, eine flexible Bierzeit: Wann immer ihm nach dem ersten Bier des Tages zumute war, tippte er auf seine Armbanduhr und legte los), und als wir anstießen und uns tapfer in die geröteten Augen lächelten, passierte es: *Bridge over troubled water.* Der womöglich schlimmste Song aller Zeiten. Und dann noch ausgerechnet jetzt. »Sail on silverbird, sail on by«, triefte es aus den Kantinenlautsprechern direkt auf mein blutendes Herz, das das Signal ohne Umwege an meine Tränendrüsen weiterleitete: fluten!

Welch eine Demütigung. Heulen bei *Simon and Garfunkel.* Im 21. Jahrhundert. Eigentlich unvorstellbar. Wenn das Anja wüsste. Wenn mir das einer vorher erzählt hätte. Und doch konnte ich nicht anders und John auch nicht. Noch vor dem Refrain schoss uns das Wasser nur so aus den Augen, und dann mussten wir gleichzeitig lachen, weil wir es nicht fassen konnten: dass sie hier jetzt *Bridge over troubled water* spielten, dass ich dabei heulte wie ein Schlosshund und dass John in ein paar Minuten weg sein würde.

Zwei Abende zuvor hatten wir unser *appointment*, wie wir das beiderseits gefürchtete Gespräch über unsere gemeinsame Zukunft nur nannten. Wir saßen bei einem Wein im Beisl am Judenplatz, und nachdem wir eine Weile so über dies und jenes geplänkelt hatten, konnten wir es nicht länger aufschieben. Es war so weit. John schenkte beide Gläser nach und schaute mir fest in die Augen. Ich wusste, jetzt geht's los. Hier und jetzt entscheiden wir, ob und wie es mit uns weitergeht.

Keine leichte Sache, denn für einen von uns beiden hieße das, den Kontinent zu wechseln und von einer Seite der Erdkugel auf die andere zu ziehen, um dort für immer zu bleiben. Wir konnten ja schlecht ein Leben lang nur telefonieren und mailen. Auf Dauer war Telefonsex auch nur bedingt befriedigend.

Das hier war kein Urlaub, das war kein Scherz. Das war echt. Bedrückend echt. Mir war, als würde eine Faust meinen Magen zusammendrücken, und was rausflutschte, setzte sich als dicker Kloß in meinem Hals fest. Ich schluckte schwer. Hauptsächlich sprach jetzt John, wofür ich ihm dankbar war. Er war nervös. Gut so. Er also auch.

John fand, eigentlich gelte es, zwei Fragen zu klären, und damit wollte er jetzt beginnen. Er trank einen großen Schluck Wein und nahm meine Hand in seine.

»Kannst du dir überhaupt eine Beziehung mit mir vorstellen?«

Er hörte einfach nicht auf, mir in die Augen zu sehen. Wie machte er das nur? Ich zog an meiner Zigarette und blickte der Rauchwolke nach. Mein Herz pumpte, was das Zeug hielt. Was für eine Frage: Ob ich mir eine Beziehung vorstellen könnte? Was glaubte dieser Mann denn eigentlich, was das in den letzten Monaten gewesen war? Kleiner Tipp gefällig? Es war nicht der Hund an der Leine! Eine Beziehung doch wohl, gute Güte! Wir haben uns kennengelernt, gemailt, angerufen, besucht, geliebt; wir haben zusammen gegessen, gelacht, geheult. Was zum Teufel brauchte es denn noch, um eine Beziehung zu führen?

John musste mir angesehen haben, dass ich mit der Fragestellung nicht gerade glücklich war.

»Vielleicht ist es nicht fair, wenn du die Frage zuerst beantworten musst. Dann mache ich einfach mal den Anfang, und du schaust dann weiter. In Ordnung?«

Ich nickte stumm und drückte mit zitternden Fingern meine Kippe aus. Ich war plötzlich überhaupt nicht mehr wütend. Ich hatte Schiss. Wenn die Paristour für sein Urteil über uns maßgeblich war, dann *bonne nuit!*

Ich hätte mich aber auch in Paris wirklich ein bisschen mehr am Riemen reißen können. Was konnte John schon dafür, dass ich bei Menschenmassen unwillkürlich weiche Knie bekomme und total unausstehlich werde? Konnte er etwa was für den eiskalten Dauerregen? Und wenn ich schon so schlau bin, dass ich die Antwort auf all diese Fragen im Vorhinein kenne: Hätte dann nicht statt des Besuchs des überfüllten Louvre der Erwerb einer Mona-Lisa-Postkarte vollkommen genügt? Und zu guter Letzt: Warum nur hatte ich geglaubt, einen Australier zum Verzehr von Schnecken nötigen zu müssen? Vielleicht, weil ich unbedingt beweisen wollte, wie raffiniert sich meine Geschmacksknospen im guten alten Europa ausgebildet hatten?

Dabei hatte ich erst einmal im Leben Schnecke probiert. Schockgefroren vom Eismann. Kam im Aluschälchen samt Kräuterbutter und musste nur noch in den vorgeheizten Ofen geschoben werden. Wie lächerlich war ich denn? Nach dem Geschmacksvergleich in Paris schwöre ich übrigens, dass Eismann-Schnecken in Wirklichkeit zur Schnecke gemachte

Kalbsbrust ist. Und ich preise Eismann dafür! Schnecke in Paris reicht da bei weitem nicht ran. Das fand selbst John, ohne dass er überhaupt den Vergleich gehabt hätte.

»Annette? Willst du nichts dazu sagen? Es wäre schön, wenn ich wüsste, was du denkst.«

Ach, du Schreck! Ich hatte solche Manschetten vor diesem Gespräch, dass ich mich völlig rausgezoomt hatte. John hätte genauso gut mit der Wiener Kneipenwand reden können.

»Entschuldige. Ich bin ein wenig verwirrt. Das war eine ganze Menge, was du da so gesagt hast. Könntest du das Wichtigste vielleicht noch mal kurz zusammenfassen?«

John kratzte sich am Hinterkopf. Ich schwöre noch heute (auch wenn er es bestreitet): Das war der Moment, in dem er an sich, an mir und an unserer ganzen Geschichte zweifelte. Doch dieser großartige Mann wuchs über sich und alle kleinlichen Bedenken hinaus. Ich hatte ja bereits erwähnt, dass John im sozialen Bereich arbeitete. Ein Gutmensch, der selbst den übelsten Fall nicht kampflos aufgibt. Er seufzte und bestellte noch einen Schoppen. Jetzt packte er meine Hand mit rechts und links.

»Annette«, sagte er wieder, diesmal in leicht verärgertem Ton, wie mir schien, »für dich sag ich's auch zweimal, aber dann war's das, okay?« Ich lief rot an. Okay.

»In Kurzform und ohne Schnörkel: Meine Zeit hier mit dir war toll, und ich will, dass wir es miteinander probieren.«

Er machte eine bedeutungsvolle Pause. Offenbar erwartete er an dieser Stelle einen Kommentar. Ich nickte vorsichtshalber.

»Und die zweite Frage?«, fragte ich.

Seine ernste Miene hellte sich auf. Ermutigt fuhr er fort: »Du weißt, dass ich Kinder in Australien habe, und es würde mir sehr schwerfallen, sie dort zurückzulassen. Hier also die

Frage: Kannst du dir vorstellen, zu mir nach Australien zu kommen? Erst mal nur für drei Monate oder so, und wenn das funktioniert, überlegen wir neu. Was meinst du?«

Sein letzter Satz vibrierte vor Aufregung. Das war ein Mann, der aufgeräumt klingen wollte und gleichzeitig Butter in den Beinen hatte.

»Für drei Monate?«, wiederholte ich, »heißt das, ich lebe mit dir auf Probe, und danach kannst du mich folgenlos kündigen, wenn's dir passt?«

»Um Gottes willen, nein! So meine ich das nicht. Ich will nur nicht, dass sich das alles hier zu groß und übermächtig anhört. Ich will nicht, dass du dich in deiner Entscheidung gefangen fühlst. Das ist alles.«

Musste ich gleich so schnippisch reagieren? Hätte ich nicht einfach nur was Nettes sagen können? Dabei konnte ich nicht mal behaupten, dass ich von Johns Worten total überrascht war. Ich wusste doch, dass er Kinder hatte und ich einigermaßen seine Sprache sprach. Zwei durchaus schlagende Argumente. Ich beugte mich über den Tisch und küsste ihn erleichtert. Endlich war es raus.

»Gut. So machen wir's. Wo ist der Vertrag?«

Die folgenden zwei Tage fühlten sich seltsam unwirklich an. Wir absolvierten das klassische Touristenprogramm, besuchten die Schlösser Schönbrunn und Belvedere, das Mozarthaus (*No, John, don't touch the piano!*) und das Sigmund-Freud-Museum. Für den Abend ergatterten wir Karten für den Musikverein, wo John kurz einnickte, und mittags saßen wir beim Figlmüller, wo wir tellergroße Schnitzel verdrückten.

Wir packten so viel Programm in unsere letzten Tage, dass mir gar keine Zeit blieb, mich zu fragen, wie ich mich denn nun eigentlich fühlte. Wir hatten noch zusammen überlegt, wie lange es wohl dauern würde, bis ich so weit wäre, um nach Australien zu gehen. Jetzt, da es beschlossene Sache war, wollte ich so schnell als möglich meine Zelte in der Heimat abbrechen. Meine Zukunft begann jetzt, da wollte ich nicht länger warten.

Wie viel Zeit ich dazu brauchen würde? Genau konnte ich es nicht sagen, aber ich schätzte, dass ich es bis Anfang Juni schaffen könnte. Es war jetzt Mitte Februar. Ich überschlug kurz, was zu tun war. Den Job kündigen. Ich hatte noch Urlaub, konnte also die Kündigungsfrist verkürzen. Ich musste meine Wohnung aufgeben und den Haushalt auflösen. Das waren so ziemlich die wichtigsten Dinge, alles andere musste sich irgendwie nebenbei erledigen lassen, aber darüber konnte ich noch im Detail nachdenken, wenn John nach Hause geflogen war. Jetzt wollte ich die verbleibenden Stunden mit ihm genießen, noch so viel gemeinsame Erinnerung schaffen wie irgend möglich. Die müsste mich dann in den kommenden Wochen über Wasser halten, falls ich ins Trudeln geraten sollte. Gute drei Monate. Es würde bestimmt kein Spaziergang werden, aber ich würde das schon schaffen.

Als ich zwei Tage später den Wiener Flughafen verließ, vermisste ich John sofort. Seine Abwesenheit schmerzte wie ein Messerstich. Ich fühlte mich verletzlich, verlassen und verwirrt – in einer Stadt, in der ich nicht zu Hause war. Es fühlte sich an, als hätte man mir den Boden unter den Füßen weggezogen, und auf diesen Fall ins Bodenlose war ich nicht vorbereitet. Wahrscheinlich war ich vorher viel zu beschäftigt gewesen, meine Beziehung mit John auszuloten, und nun, da wir das geklärt hatten, traf mich das Danach mit voller Wucht. John war weg, und ich war wieder allein. Und ich war nur noch hier, um meine Netze zu kappen.

Mit einem Mal überwältigte mich die Ungeheuerlichkeit

meines Vorhabens wie eine Monsterwelle. In drei Monaten wollte ich nach Australien gehen, um dort zu leben. Da blieb kaum Zeit, meine Entscheidung zu verdauen. Ich würde alle Hände voll zu tun haben, um die Reise vorzubereiten. Womit sollte ich nur anfangen? Wie geht es weiter, was ist zu tun?

John konnte mir jetzt nicht helfen, und in Wien hatte ich keine Freunde. Es musste aber doch irgendetwas geben, was mir auch hier schon weiterhelfen würde, einen klaren Gedanken zu fassen. Ich ging in die erstbeste Buchhandlung, vielleicht gab es dort ja Hilfe. Und tatsächlich: Ich fand ein Handbuch für Australien-Auswanderer. Ich hätte vor Freude kreischen können.

Schnell verkrümelte ich mich mit meinem neuen Freund auf eine Bank im Schlosspark. Gierig suchte ich im Kapitel »Vorbereitungen« nach den ersten praktischen Tipps, und gleich sank mir das Herz wieder in die Hose. Erfolgreiches Auswandern, warnte der Autor, habe sehr viel mit Ehrlichkeit und Realismus zu tun – eine rein gefühlsmäßige Entscheidung zum Auswandern, warnte er, wäre gar verhängnisvoll. Und dieses Buch wollte nun mein bester Freund sein?

Meine Entscheidung für Australien war ein einziges Gefühl, nichts daran war vernünftig, das wusste ich selbst. Aber treffen wir nicht alle großen Entscheidungen im Leben aus dem Bauch heraus? Wäre es nicht lächerlich, sich allein aus Vernunftgründen für einen Partner zu entscheiden oder für ein Kind? Sicherlich überlegt man ein Weilchen hin und her, ob man auch das Richtige tut, aber die Entscheidung selbst findet doch nicht im Gehirn statt, oder etwa doch?

Bei mir jedenfalls nicht, ich habe nie diese Plus-minus-Listen angelegt, die einem in kniffligen Situationen möglichst sachlich zu einem Entschluss verhelfen sollen. Das funktioniert bei mir nicht, da kenne ich mich zu gut.

Und dennoch: Während ich den Ratgeber las, spürte ich die ganze Zeit dieses unangenehme Ziehen im Magen. Das Buch verschwand fürs Erste besser in meiner Handtasche. Ich beschloss, zunächst ein wenig Stabilität in meine wackeligen Empfindungen zu bringen. Ich rief Silke an, in kniffligen Situationen wusste sie immer Rat. Sie nahm ab, noch bevor ich das Freizeichen hören konnte.

»Und? Wann gehst du?«, keuchte Silke leicht atemlos in den Hörer.

Die wird doch nicht seit Tagen auf ihrem Telefon gesessen haben? Ich lachte. Silke war ja fast noch aufgewühlter als ich selbst.

Und schon schoss mir eine Träne der Rührung ins Auge. Gott, was war denn nur mit mir los? Seit John weg war, fühlte ich mich dauerhaft prämenstruell, was leider für die kommenden Wochen und Monate auch so bleiben sollte. Mein Gemütszustand vor meiner Auswanderung nach Australien schwankte zwischen überreizt bis gerührt und wieder zurück. Eine insgesamt ziemlich ermüdende emotionale Achterbahnfahrt, und wie beim echten Kirmesspaß war ans Aussteigen unterwegs natürlich nicht zu denken.

»Im Juni, ich geh Anfang Juni.«

»Schon? Ach du Schreck! Wie willst du das denn schaffen?«

Mir zog sich wieder der Magen zusammen. Wie wär's, wenn mir zur Abwechslung mal jemand Mut machen würde? Ich zündete mir eine Zigarette an.

»Geht schon. Ist ja auch erst mal nur für drei Monate, dann sehen wir weiter.«

»Wie? Du hast 'ne Probezeit?« Sie ließ die Frage für einen Moment im Raum hängen.

»Genau. Ist doch vernünftig. Ein neues Leben mit Kündigungsfrist!« Meine Stimme klang nicht ganz so zuversichtlich, wie ich es mir wünschte.

»Ach, komm! Drei Monate, so ein Blödsinn.«

»Doch. Ich weiß gar nicht, wo mir der Kopf steht. So viel zu tun, so wenig Zeit!«

»Was soll denn schon zu tun sein, wenn du nach ein paar Wochen wieder zurückkommst, hm? Ist doch nicht mehr als ein ausgedehnter Urlaub.«

Da, sie hatte mich. Natürlich hatte ich schon weiter gedacht, und Silke wusste das nur zu genau.

»Schon, aber ich wollte doch sowieso meinen Job kündigen, und so kommt nun eins zum anderen«, verteidigte ich mich schwach.

»Schon recht. Kündige du mal ruhig, und falls du für die Dauer deines Urlaubs (hier sah ich förmlich, wie sie Anführungszeichen in die Luft malte) ein paar Möbel unterstellen möchtest, kannst du das bei meiner Mutter tun – für drei Monate. Danach werden sie verscherbelt, verstanden?«

Silke war ein Schatz. Ich schüttelte über so viel Eingebung nur staunend den Kopf. Ihr Angebot war eine Riesenerleichterung.

»Okay, Angebot angenommen. Um dir das Blumengießen zu ersparen, werde ich meine Wohnung auch gleich kündigen. Wollte sowieso längst schon umziehen.«

»Sehr rücksichtsvoll.« Sie machte eine Pause, dann sagte sie: »Ich will ja nicht wieder bohren, aber ich muss doch noch mal fragen: Bist du dir sicher? Ist er das wert?«

Ich schluckte. O Mann. Manchmal wurde mir meine Situation echt ein bisschen zu viel. Ich schluckte.

»Er ist es wert. Wenn ich nicht zu ihm nach Australien ginge, würde er nach Deutschland kommen – trotz der Kinder und allem. Das hat er gesagt. Er ist es wirklich wert.«

Ich wurde nachdenklich und sagte nach einer kurzen Pause: »Silke? Wenn ich jetzt nicht den Mut aufbringe, wenn ich das jetzt nicht mache, erfahre ich nie, ob es doch geklappt hätte, verstehst du?«

Silke erwiderte nichts, aber ich könnte schwören, dass sie nickte.

8. Ich tu's, ich wandere nach Australien aus!

Wenn der Zollbeamte jetzt keine Zicken machte, würde sich in ein paar Sekunden die stählerne Schiebetür öffnen, die die Zukunft bedeutete. Zumindest für mich. Für alle anderen handelte es sich wahrscheinlich nur um den Weg in die Ankunftshalle.

Es war kurz nach Mitternacht hier am Flughafen in Melbourne, und ich war keine Spur schläfrig. Im Gegenteil: Mein Herz begann schneller zu schlagen, als mich nur noch zwei Personen in der Schlange von der australischen Beamtin trennten. Meine Aufregung hatte nichts mit zu verzollender Ware zu tun, die ich unterschlagen wollte. Da fühlte ich mich bis auf eine angebrochene Packung Gummibärchen in meiner Handtasche völlig schuldlos. Nein, wenn ich diese allerletzte Hürde genommen hatte, dann endlich würde sich nämlich – Simsalabim! – nichts Geringeres als das Tor zum Himmel auftun. Denn hinter der hohen Tür erwartete mich John und mit ihm mein nigelnagelneues Leben am anderen Ende der Welt.

Der Zollmensch von der Nachbarschlange winkte gerade eine Familie durch, und ich linste durch den sich öffnenden Türspalt auf die Wartenden draußen. Die versuchten ihrerseits nach drinnen zu lugen, eine vielköpfige Schildkröte, die sich den Hals verrenkte. Meine Schläfen pochten. Ein sicheres Zeichen, dass ich nervös war. John konnte ich nicht ausmachen.

Eigentlich war ich darüber ganz froh. Denn dann hätte ich ihm jedes Mal, wenn sich die Schiebetür wieder mit einem fast unhörbaren Zischen öffnete, zuwinken müssen. Ich fand, das wäre der Bedeutung der Situation nicht angemessen gewesen. Ich wollte John in einer großen dramatischen Geste um den Hals fallen und mich nicht nach all dem Vorbegrüßungsgewinke mit einem Küsschen rechts und einem Küsschen links begnügen. Dafür hatte ich diesen Moment viel zu lange herbeigesehnt. Die Intensität meiner Gefühle war mindestens auf dem Level von *Vom Winde verweht*, wenn nicht gar auf dem von *Titanic*. Das hier war jedenfalls nicht das *Traumschiff*.

»Irgendwas zu verzollen?«, fragte mich die Zollbeamtin.

»*No*, nichts.«

»Öffnen Sie bitte mal Ihre Handtasche!«

Die Dame wühlte mit Profigriff zwischen Augentropfen, Aspirin und Tampons und hielt mir nur Sekunden später die Tüte mit den Bärchen vor die Nase.

»Sie wissen, dass Sie in Australien ausnahmslos alle Nahrungsmittel deklarieren müssen?«

Ja, irgendwie wusste ich das schon. Aber so ein paar Gummitiere aus Deutschland, meine Güte, das konnte doch wohl nicht ihr Ernst sein! Leider sagte ich der Lady das auch genau so.

»Machen Sie bitte Ihren Koffer auf!«, sagte sie bestimmt.

Meine Wangen wurden heiß, und ich wuchtete meinen Samsonite auf den Stahltisch zwischen uns. Mir wurde ein wenig mulmig zumute. Die Australier waren nicht eben zimperlich, wenn man man bei der Einreise in ihr Land etwas falsch machte. Schwuppdiwupp schickten die einen entweder gleich mit dem nächsten Flieger zurück oder, wenn es ganz schlimm kam, wurde man auf eine diese Internierungsinseln verfrachtet. Ich hatte von einem armen Menschen gelesen, der dort ganze acht Jahre ohne Rechtshilfe darben musste, bis sein Fall endlich verhandelt wurde. Acht Jahre! Sicherlich, das war ein extremer Fall, aber er machte doch deutlich, wie ernst es die Australier mit dem Schutz ihrer Grenzen nahmen.

Schweiß rann meine Achselhöhlen entlang. Jetzt krieg dich mal wieder ein, sagte ich mir. Ich bin kein illegaler Einwanderer, sondern komme mit einem ordentlichen Visum. Im Koffer sind weder Drogen, Waffen oder umstürzlerische Schriften. Warum also sollte mir die Dame hier die Einreise verwehren?

Die Tür zischte auf, um den Weg für den Backpacker vor mir freizugeben. Ich linste nach John. Jetzt hätte ich ihn nur zu gerne gesehen. Er hätte immerhin bezeugen können, dass es mich gab, falls ich demnächst vom australischen Staat verschleppt werden sollte. Ich atmete tief durch, während die Lady mit flinken Fingern den 25-Kilo-Inhalt meines Koffers durchpflügte.

»Alles in Ordnung. Bitte merken Sie sich für Ihren nächsten Besuch in Australien, wirklich alle Lebensmittel anzugeben.« Mit spitzen Fingern überreichte sie mir die Bärchen. »Hier. Die können Sie behalten.«

Mit so viel Großmut hatte ich gar nicht mehr gerechnet. Beim nächsten Besuch? Das hier war kein Besuch, das war der Ernstfall. Ich hatte vor zu bleiben. Der Zoll konnte das natürlich nicht wissen. Schließlich war ich mit einem stinknormalen Touristenvisum eingereist. Alles Weitere würden John und ich der Reihe nach regeln. Ich nickte der Zollfrau brav zu und hievte den Koffer mit Kampfgewicht wieder vom Tisch. Surr! Die Tür öffnete sich nun endlich auch für mich.

Ich war überrascht, wie viele Menschen um diese Zeit auf die Ankunft ihrer Lieben warteten. Während ich meinen Gepäckwagen auf der vorgeschriebenen Bahn durch die Absperrung bugsierte, kam ich mir fast vor, als sei ich eine beliebte Schauspielerin in einer australischen Vorabendserie. Ein paar

Miniaturausgaben der australischen Flagge wurden gleich am Ausgang zur Begrüßung geschwenkt, weiter hinten hörte ich einen Freudenschrei, während sich zwei Frauen um den Hals fielen. Ich schluckte. Und wo war John? Der wird doch wohl bitte, bitte hier sein! Alles andere war doch vollkommen ausgeschlossen! Ich wischte den dunklen Gedanken beiseite.

In einer der letzten Mails hatte John geschrieben, dass er mich entweder persönlich vom Flughafen abholen würde, oder aber ich solle mir ein Taxi zum Hotel nehmen, das er uns für die nächsten drei Tage in Melbourne gebucht hatte. Ich war stinksauer gewesen, und zwar so sehr, dass ich auf all seine Versuche der Kontaktaufnahme in den nächsten zwölf Stunden nicht reagiert hatte. Taxi? Hatte er tatsächlich das Wort »Taxi« gebraucht? Ich war fassungslos gewesen, weshalb ich den Großteil meiner letzten Stunden in Deutschland damit verbracht hatte, mir zu überlegen, ob ich jetzt überhaupt noch nach Australien aufbrechen sollte. Taxi? Hatte ich John nicht lang und breit berichtet, wie schwierig die vergangenen Monate für mich gewesen waren? Und als Belohnung durfte ich mir auf dem neuen Kontinent ein Taxi rufen? Hatte dieser Mann denn überhaupt nicht verstanden, was es für mich bedeutete, mein bisheriges Leben in Deutschland innerhalb weniger Monate nahezu vollständig abzuwickeln?

Seit John und ich im Februar entschieden hatten, dass wir es miteinander probieren wollten, war ich ausschließlich mit einer Sache beschäftigt: der Auslöschung meiner bisherigen Existenz. Sicher, das hört sich reichlich melodramatisch an, ganz besonders, wenn man berücksichtigt, dass ich zunächst nur probehalber ans andere Ende der Welt ziehen sollte.

Aber dass es mit probehalber nicht getan sein würde, merkte ich ziemlich schnell. Silke hatte recht gehabt. Ich konnte nicht einfach mal so drei Monate probehalber nach Australien ziehen. Wenn schon, dann musste ich die Zelte in Deutschland endgültig abbrechen. Ich ging davon aus, dass die nächsten drei Monate mit John und mir gutgehen würden. Nichts wollte ich schließlich mehr. Nach Ablauf dieser Probezeit müsste ich das tun, was ich dann lieber jetzt schon erledigte. Da dachte ich ganz pragmatisch. Das war doch nur ökonomisch, sparte Zeit und Geld, und am allerwichtigsten: Es ersparte mir einen fürchterlichen Langstreckenflug. Für einen Flugängstling wie mich kein unerheblicher Grund.

Ich kenne Leute, die mein Verhalten als reichlich naiv umschreiben würden, ich aber nenne es die Kraft des positiven Denkens. Oder anders gesagt: Das alte Mädchen war schwer verliebt. Und wer hatte schon größere Flügel als eine verliebte Frau jenseits der dreißig?

Tatsache war jedenfalls, dass ich in nur gut drei Monaten Folgendes getan hatte: meinen gut bezahlten Job gekündigt (was mein Chef mit einer hochgezogenen Braue quittierte und ansonsten fast erleichtert zur Kenntnis nahm), alle Versicherungen ebenso; außerdem hatte ich meinen kleinen roten Flitzer verkauft, die Wohnung aufgelöst und die Möbel bei Silkes Mutter geparkt. Mir konnte jedenfalls keiner mehr was zum Thema »Entrümpeln Sie Ihren Alltag« erzählen!

Mein Leben, das sich in dieser Zeit der Veränderung so seltsam in der Schwebe befand, war derart verschlankt, dass es schon kaum mehr wahrzunehmen war. Mitunter geriet ich in einen rauschartigen Zustand. Besitz ist Bürde. Weg mit allem Ballast! In einem derwischartigen Schwindel warf ich die Dinge nur so von mir, als würde die Fliehkraft daran zerren.

Dieses radikale Ausmisten fühlte sich erleichternd, gleichzeitig aber auch irgendwie beängstigend an. Ich konnte beispielsweise nicht sagen, dass ich meinen Job vermisste. Doch so freiwillig die Einkommensquelle ohne Ersatz dranzugeben, das zwickte schon manchmal unangenehm in der Magengrube.

Zwar hatte ich die Idee, Menschen gegen Geld für mindestens acht Stunden täglich in ein Zimmer zu sperren, das vielleicht noch nicht einmal Fenster hatte, immer schon ausgesprochen traurig gefunden. So vom Leben ausgeschlossen, sollte man dann auch noch tun, was ein wildfremder Mensch mit der Bezeichnung »Chef« von einem forderte. Ein seltsames Konzept, aber wohl immer noch besser, als den Lebensunterhalt mit Beerensammeln oder der Jagd nach wilden Tieren bestreiten zu müssen.

Ich hatte jedenfalls nicht vor, in meiner neuen Heimat mein Geld mit dem Erlegen von Kängurus zu verdienen. Erstens könnte ich kein Tier erschießen. Nicht nur vom ethischen Standpunkt aus betrachtet. Es wäre mir schon von der praktischen Seite her unmöglich. Schließlich habe ich noch nie eine echte Waffe in den Händen gehalten. Der zweite Grund war, dass ich meine neue Karriere in groben Zügen schon umrissen hatte. Ich wollte Auslandskorrespondentin werden. Das stellte ich mir herrlich vor. Kein Chef weit und breit, denn der Auftraggeber würde in Europa sitzen. Gut, ich müsste zunächst einmal überhaupt jemanden finden, der von meiner neuen Berufsidee ebenso begeistert war wie ich und mir meine Geschichten abkaufen würde. Aber wie schwer konnte das schon sein?

Um die Feinheiten brauchte ich mir zu diesem Zeitpunkt sowieso noch keine Gedanken zu machen. Jetzt war nicht die Zeit, um kleinliche Bedenken zu hegen. Es war die Zeit des großen Aufbruchs, der großen Visionen, der großen Gefühle. Für Erbsenzählereien war ich nicht zu haben. Trotzdem: Das Gefühl, mit der Jobkündigung meine finanzielle Unabhängigkeit an den Nagel gehängt zu haben, ließ mich nicht so recht los. Wieder und wieder hörte ich diese fiese Fistelstimme namens Zweifel in meinem Ohr. Hast du auch das Richtige getan?

Doch zunächst genoss ich meine neue Freiheit. Ich war zum ersten Mal seit Jahren ohne Verpflichtungen. Ich war arbeitslos und hatte auch ansonsten keinerlei nennenswerte Verbindlichkeiten. Die erste Abschiedsparty war schon gefeiert (der Abschied von den Kollegen), und für die mir noch verbleibenden Tage in Köln hatte ich mir ordentlich was vorgenommen. Ich wollte feiern bis zum Umfallen. Das war der positive Stress meiner letzten Wochen daheim.

Nur John kannte auch den echten Stress dieser Zeit, wie zum Beispiel, dass mir in letzter Minute noch die Kreditkarte gestohlen wurde. Was zur Folge hatte, dass nur Tage vor meiner Abreise mein Konto, das ich mit Müh und Not und viel wohlwollender väterlicher Hilfe gerade wieder ausgeglichen hatte, wieder bis zur Schmerzgrenze in den Miesen war. So geht es nämlich Leuten, die illegal Müll entsorgen wollen.

Beim Auflösen meines Hausstands war ich auf drei Säcken Müll sitzengeblieben. Ich hatte die wenig grandiose Idee, sie im Müllcontainer der nächsten Tankstelle zu entsorgen. Eigentlich wäre diese Idee auch grandios gewesen, nur leider konnte ich vorher nicht wissen, dass ausgerechnet mein letzter Kassenwart an einer Kölner Tankstelle kriminell war. Ich war jedenfalls mit einem Schlag um 4 000 Mark ärmer.

So saß ich an diesem herrlichen Frühsommertag in meiner leeren Altbauwohnung in Köln-Ehrenfeld und schluchzte hemmungslos. Das Telefon war alles, was ich noch hatte – bis übermorgen, dann würde die Leitung tot sein. In dieser Gemütsverfassung erreichte mich Johns fröhliche Nachricht, ich solle mir bei meiner Ankunft in Melbourne doch einfach ein Taxi nehmen.

Er wollte nur witzig sein, sagte er. Zum ersten Mal, seit wir uns kannten, hatte er einen schriftlichen Witz nicht mit einem Warnhinweis wie LOL oder dem ironischen Augenzwinkern ;-) versehen. John hatte sich in der Begeisterung der Stunde dazu hinreißen lassen, auf alle zusätzlichen Verständigungskrücken zu verzichten. Er verließ sich voll und ganz auf unser gemeinsames Komikverständnis, das seiner Meinung nach alle sprachlichen und kulturellen Grenzen überwand und keinerlei Gehhilfen bedurfte. Und lag damit voll daneben.

Als er dann stundenlang nichts von mir hörte, schickte er in immer kürzer werdenden Abständen eine SMS nach der anderen. Fast tat er mir schon leid, aber ich hielt noch weitere zwei Stunden durch. Strafe muss sein.

Was ich erst später lernen sollte: Mein Verhalten hat in der englischsprachigen Welt sogar einen Namen. Man nennt diese Art gezielter Missachtung *the silent treatment*, also in etwa »die Schweigebehandlung«. Das gefiel mir. John bekam also von mir nicht mehr viel zu hören, und das versetzte ihn, so kurz vor meinem geplanten Abflug, in schiere Panik. Ich lehnte mich gegen die Wand meines leeren Wohnzimmers und nahm einen Schluck Kölsch aus der Flasche. Die Textnachrichten aus Australien trafen mittlerweile im Minutenrhythmus ein, und ich beschloss, dass meine Wunden geheilt waren und ich den armen Mann am anderen Ende nicht länger schmoren lassen sollte.

Ich rief ihn an. Nie zuvor oder danach habe ich einem Menschen derart die Erleichterung angehört. Ich hörte die Eigernordwand von seiner Brust stürzen.

Ich wurde unruhig. Wo zum Teufel blieb John denn nur? Mein kleines Erlebnis mit dem Zoll hatte zur Folge, dass ich eine der letzten Reisenden war, die von der Schiebetür in die australische Nacht gespuckt wurden. Ankömmlinge und Wartende hatten sich gefunden und trotteten weinend und lachend davon. Ich umklammerte den Gepäckwagen wie einen Rettungsreifen, während ich mich verloren in der nun fast leeren Halle umblickte. Mein Herz begann zu holpern. Das war Angst.

Ich atmete tief durch. Sollte ich mich dermaßen getäuscht haben? War der Mann, den ich für die Liebe meines Lebens hielt, etwa der Teufel im australischen Schafspelz? Oder wollte er mir nur zeigen, wer hier auf der anderen Seite der Erde der Chef im Ring war?

Ich streckte mich. So nicht. Da hatte ich doch schon ganz andere Situationen gemeistert. Ich lehnte mich betont entspannt an den nächsten Betonpfeiler und beruhigte mich ein wenig. Den Wagen ließ ich los. Hätte ja ansonsten uncool aussehen können. Ich sicherte meinen Besitz nur mit einem locker angedockten Fuß. Hauptsache, ich sah lässig aus, wenn meine Augen die Johns kreuzen würden. Keinesfalls würde ich ihm nun noch um den Hals fallen. Das hatte er sich endgültig vermasselt. Wer bin ich denn? Und überhaupt: Dieser ganze *Titanic*-Quatsch passte eh nicht zu mir. Ich mochte romantische Komödien ja noch nicht einmal sonderlich. Da hatte ich mich wohl in den Wirren der letzten Monate emotional ein wenig weichkochen lassen.

Ich schnaubte nun hörbar Luft durch die Nase. So war das also, all die kleinkarierten Zweifler hatten am Ende recht behalten. Hätte ich doch besser auf Anja gehört. Was war noch gleich ihre erste Reaktion auf meine großartigen Zukunftspläne? »Du nach Australien? Wegen eines Mannes? Was willst du denn mit einem Mann, den du kaum kennst, in einem Land, das dir fremd ist? Hast du sie noch alle?« Hatte ich selbst nicht auch noch immer die allergrößten Zweifel?

Ich versetzte dem Gepäckwagen einen leichten Tritt. Der rollte nun mit wütendem Schwung auf die letzte Gruppe sich freudig Umarmender zu. Ich hechtete hinterher und sah im gleichen Augenblick eine graue Gestalt zwei Pfeiler entfernt ein Schild hochhalten. War das etwa John? Wieso denn dann ein Schild und wieso trug er diese bescheuerte Kappe? Ich erwischte den Wagen, kurz bevor er mit irgendjemandem kollidieren konnte, und steuerte mit ihm nun auf die graue Gestalt zu.

Sie winkte nicht und gab auch ansonsten kein Zeichen des Wiedererkennens. Sie stand einfach da. Endlich konnte ich das Schild lesen: »*Taxi for Annette*«. Die Kappe hatte John so tief ins Gesicht gezogen, dass ich ihm zunächst nicht in die Augen blicken konnte, sondern nur sein schadenfrohes Lachen hörte. Sofort riss ich ihm die dämliche Mütze vom Kopf. Dann warf John das Schild weg, um mich in die Arme zu nehmen, und wirbelte mich durch die Luft.

»Ich wollte eine komplette Uniform ausleihen, hab aber nur die Schirmmütze bekommen. Hahahehe.«

Ich deutete ihm mit meiner Linken einen Haken an und ließ die Hand langsam sinken, als John mich endlich küsste.

Wenige Minuten später steuerte John den Wagen sicher durchs nächtliche Melbourne. Ich hatte meine Hand besitzergreifend auf seinen Oberschenkel gelegt und sah ihn die ganze Zeit an, während er mir dies und jenes am Wegesrand erläuterte. Aber die Sehenswürdigkeiten der Stadt waren mir gerade herzlich schnuppe. Es war so dunkel, dass ich sowieso kaum etwas erkennen konnte. Die Melbourner Straßenbeleuchtung fiel viel spärlicher aus als die deutsche. Wahrscheinlich sah John auch deshalb so aschfahl im Gesicht aus. Nachts waren ja bekanntlich alle Katzen grau.

John sollte es nicht merken, aber ich war höllisch aufgeregt. Wir waren zusammen. Nach all den Monaten der Vorfreude und Sehnsucht saßen wir nun zusammen im Auto und waren auf dem Weg ins Hotelzimmer, das sicherlich auch ein Bett aufzuweisen hatte. Ich versuchte, mich ein wenig zu entspannen, und lehnte mich zurück. John schien mir erstaunlich ruhig.

Der Wind trieb ein paar bunte Blätter über die Straße. Ja, stimmt, es war Herbst hier. Der Frühsommer, den ich zu Hause gelassen hatte, hatte sich zum Abschied von seiner besten Seite gezeigt. In Deutschland war es warm und sonnig gewesen. Hoffentlich gab sich der Herbst hier ähnlich freundlich. Das wäre doch nur fair, wenn ich schon einen ganzen Sommer auslassen musste. Ein seltsames Gefühl: Mir fehlte eine ganze Jahreszeit. Ich spürte wieder diese Zerrissenheit. Einerseits hatte ich einen Riesensprung in die Zukunft getan. Und da war andererseits ein ganzer Sommer, der unwiederbringlich verloren war. Ich verscheuchte die melancholische Anwandlung und versuchte, nach vorne zu blicken.

John stellte die Heizung an, dabei fror ich überhaupt nicht. »Ist dir kalt?«, fragte ich leicht ungläubig.

»Ja, dir etwa nicht?«

Er hielt die freie Hand in den warmen Luftstrom. Jetzt bemerkte ich, dass er mit den Zähnen klapperte. Komisch, waren die Australier im Herbst so empfindlich? Ich wusste natürlich, dass das Wetter down under im Durchschnitt wärmer war als in Europa, aber John lebte im Süden Australiens. Da gab es, so hatte er es mir jedenfalls erklärt, alle vier Jahreszeiten – ganz so, wie ich das auch von zu Hause kannte. Nur eben in umgekehrter Reihenfolge. Wie gesagt: Es war gerade Anfang Juni, und die bunten Blätter fielen von den Bäumen. Das hatte ich ja schon begriffen, mich verstörte nur Johns Schwächelei.

Irgendwie hatte ich ihn kerniger in Erinnerung. So wie die anderen Australier auch, die ich im Urlaub kennengelernt hatte. Wo immer ein Wetterproblem oder überhaupt irgendein Problem auftauchte, wurde seitens der Australier oft nur müde abgewinkt. Zyklon im Anmarsch, elektrisches Donnerwetter oder 42 Grad im Schatten? Immer hieß es nur: *»No worries, mate. She'll be right.«*

Zugegeben, es dauerte etwas, bis ich den zweiten Teil dieser Beschwichtigung verstand. *»No worries«* war mir schnell geläufig. Das hieß so viel wie »Keine Sorge«, aber *»She'll be right«*? Wer war SIE denn? Und warum sollte es mich interessieren, ob es IHR gutgehen würde? Wie sich eines Abends, Wochen später, im lokalen Pub herausstellen sollte (und zwar unter nicht geringem Gelächter), gibt es SIE gar nicht. Oder besser gesagt: SIE ist eigentlich DAS, also meint *She'll be right* nichts anderes als »Das kommt schon in Ordnung«.

Ich habe mich bis heute geweigert, die Wurzeln dieses seltsamen Ausspruchs zu verstehen. Wer weiß? Wahrscheinlich käme etwas Frauenfeindliches dabei heraus, wie etwa: Alles Übel und Unwetter jeglicher Art sind weiblich. Oder: Nur Frauen sind so schwach, dass man ihnen gut zusprechen muss. »Die wird schon wieder.«

Wer nicht mehr wurde, war John. Als wir auf den Parkplatz zum Hotel einbogen, besah ich mir den Mann genauer. Der hatte die Gesichtsfarbe wieder gewechselt und war nun nicht mehr grau, sondern weiß wie die Wand. Er sprach auch eigentlich gar nicht mehr.

»John, geht's dir nicht gut?«

»Ich weiß nicht. Kannst du den Zimmerschlüssel holen, ich …« John schaffte es gerade noch zum Rosenbeet, wo er sich die Seele aus dem Leib würgte. Ich stand etwas ratlos daneben. Die Zimmerschlüssel holen oder menschliche Zuwen-

dung spenden? John nahm mir die schwere Entscheidung ab:
»Die Schlüssel. Schnell!«, keuchte er und beugte sich wieder
über die gelben Knospen.

Eine Stunde später saß ich auf dem roten Kunstledersofa
der *Honeymoon-Suite* und starrte auf die geschlossene Bade-
zimmertür. Seit einer Weile hatte John den Wasserhahn aufgedreht, wohl damit ich die wenig romantischen Geräusche
nicht so mitbekam. Dafür war es allerdings längst zu spät. Er
habe sich, konnte er mir zwischen zwei Attacken durch die
Tür mitteilen, einen üblen Magen-Darm-Virus zugezogen,
der gerade die Runde machte. So schlecht sei ihm im ganzen
Leben noch nicht gewesen.

Der Mann hatte ein Gespür für Timing – das musste ich ihm
lassen. Gottlob hatte er gestern schon vorausschauend den
Arzt aufgesucht und war medikamentös versorgt. Ich hätte
auch nicht so recht gewusst, wie ich mich außer mit lautmaleri-
schen Mitteln beim Apotheker verständlich machen sollte.

Es klopfte. Es war der Zimmerservice, den John aus besagten gesundheitlichen Gründen vergessen hatte abzubestellen.
Unter glücklicheren Umständen wären der Champagner und
die Lachs- und Shrimps-Häppchen jetzt sicherlich gut angekommen. So eine gute Stunde nach Ankunft im Hotel, hatte
sich John ausgerechnet, dürften wir bereits das ein oder andere Mal ausgehungert übereinander hergefallen sein. Eine Stärkung wäre da durchaus willkommen gewesen.

Johns weißer Schädel steckte jetzt zwischen Tür und Rahmen: »Ah, das Liebesmahl. Greif du nur zu. Ich nehme dann
gleich, wenn's mir etwas besser geht, ein paar Häppchen, solange es kein Fisch …«

Ich langte sofort zu. Schließlich war mein Magen durch den
Langstreckenflug an regelmäßige Nahrungsaufnahme in zeitlich kurzen Abständen gewöhnt. John hatte mit Adlerblick

erkannt, dass das, was sich auf dem Mini-Toast kringelte, eine Krabbe war, und verschwand sofort wortlos in den Tiefen des Badezimmers. Seufzend erhob ich mich, um John einen Tee zu machen. Ein paar eingeschweißte Kekse waren auch noch da. Na also. Der Patient wäre damit fürs Erste versorgt. Ich dagegen schielte zum Eiskübel. Zu blöd, wenn der Schampus jetzt warm werden würde. Was soll's, dachte ich schließlich und entkorkte möglichst leise die Flasche.

Ich zog die Vorhänge auf und öffnete das Fenster. Vor mir breitete sich die Skyline von Melbourne aus. Beleuchtete Hochhaustürme, die ich nicht von denen anderer Großstädte hätte unterscheiden können. Hier war ich also. In Australien. Am Arsch der Welt oder besser gesagt am Arsch meiner alten Welt, die Australier sahen das sicherlich anders. Ich war tatsächlich angekommen. Das Objekt meiner Begierde spuckte seit knapp 70 Minuten in die Kloschüssel, und der Schampus schmeckte leicht süßlich. War das der *reality check*, von dem John gesprochen hatte?

Unsere Träume müssen sich an der Wahrheit messen, hatte er mich und sich selbst oft genug gewarnt. Ich nahm noch einen Schluck und musste plötzlich lächeln. Gut, der erste Abend war gelaufen, und morgen würde John sicherlich auch noch nicht auf dem Damm sein. Na und? Wenn ich eine Sache nach Australien mitgebracht hatte, dann war es Zeit. Und hieß es nicht immer, Zeit sei das kostbarste Gut? Oder war das die Gesundheit? Egal, jetzt musste der weiße Mann jedenfalls erst einmal wieder aufgepäppelt werden. Die heißen Nächte würden schon noch kommen. Ist halt eben alles verkehrt herum hier.

Ich suchte am Himmel nach dem Kreuz des Südens. Neben dem Großen Wagen war dies das einzige Sternbild, das ich kannte. Und tatsächlich, da sah ich es. *Welcome to Australia!*, schien es mir zu sagen. Bis jetzt hatte mich ja noch niemand wirklich willkommen geheißen. Ich seufzte. Die Dinge konnten ab morgen nur noch besser werden.

Fast gegen meine Erwartungen hatte John die Nacht überlebt und stand jetzt sogar singend unter der Dusche. Dabei hatte er nachts über regen Gebrauch von dem Eimer gemacht, den ich ihm fürsorglich neben das Bett gestellt hatte. Das alles war John hochnotpeinlich gewesen, aber was hätte er machen sollen? Wahrscheinlich kamen wir beide zusammen auf insgesamt zehn Minuten Schlaf. Da ich noch mitten im Jetlag steckte, hätte ich bestimmt auch unter normalen Umständen nicht länger schlafen können.

Aber was heißt schon unter normalen Umständen? Normal wäre doch wohl gewesen, dass wir beide kein Auge zugemacht hätten, weil es Besseres zu tun gab. Ich seufzte wieder und drehte mich noch mal um. John baute sich strahlend vor mir auf. Er sah noch immer recht farblos aus, aber er grinste mich an, als wollte er heute mindestens einen kleinen Wald ausreißen.

»Mir geht's schon viel besser. Ich habe einen Bärenhunger. Sollen wir was frühstücken gehen, und dann zeig ich dir Melbourne?«

Er küsste mich auf die Stirn. Das hörte sich ja alles sehr väterlich an. Wenn's ihm doch schon wieder so prächtig ging: Wieso sollten wir uns dann nach der Stärkung auf Melbourne stürzen und nicht aufeinander? Es war auch nicht so, dass ich Melbourne überhaupt nicht kannte. Ich hatte mit Anja während unseres Urlaubs immerhin zwei ganze Tage in der Stadt verbracht.

Ich kratzte mich innerlich am Kopf. Wieso wollte John denn so plötzlich nichts mehr von mir? Da hatte er in seinen verliebten Mails aber noch ganz anders geklungen. Unsere letzte Liebesnacht war zwar leider schon Monate her, aber immer noch unvergessen. Zumindest, was meine Erinnerung anbelangte. Bei John war ich mir da auf einmal nicht mehr so sicher. Jetzt schön die Luft anhalten, beschwor ich meine aufkeimende Unruhe. Ich besaß doch das kostbare Gut: Ich hatte reichlich Zeit, um herauszufinden, ob etwas nicht in Ordnung war. Dieses Mal seufzte ich nur innerlich. Dann gab ich mir einen Ruck und lächelte meinen Australier an. Gehen wir also erst mal frühstücken.

Das Wetter war traumhaft. Die Sonne schien vom knallblauen Himmel, als wollte sie mir zeigen, wie diese Stadt auch aussehen kann, wenn sie nur richtig beleuchtet wird. Wir schlenderten die Straße entlang in Richtung Innenstadt, vorbei an hübschen viktorianischen Townhäusern, kleinen Antiquitäten- und Buchläden, durchquerten einen gepflegten Park, durchschritten eine Fußgängerzone und bogen endlich in eine der berühmten Melbourner Fressgassen ein, wo wir uns erschöpft auf die einzig freien Stühle vor einem geschäftigen Café fallen ließen.

Zugegeben: Hier war ich noch nie gewesen. Jetzt war ich doch froh, dass ich mit John mehr von Melbourne zu sehen bekam. Schließlich war ich mit Anja nicht über das Szeneviertel St Kilda hinausgekommen. Die *food lanes* gefielen mir jedenfalls. In diesen Gässchen klebt ein winziges Café am nächsten. Die Gasse selbst ist vor lauter Tischen und Stühlen kaum zu erkennen. Als Passant muss man daher schon ein gewisses Geschick entwickeln, um nicht die speisenden Gäste umzurennen.

Man frühstückt gerne üppig in Australien, wenn man irgend kann, immer gerne Eier in der einen oder anderen Variante, meist jedoch mit reichlich gebratenem Speck. Nach so

147

viel Latscherei am frühen Morgen sah ich den Sinn eines gehaltvollen Mahls vollkommen ein. Voller Vorfreude studierte ich die ausladende Frühstückskarte. Eier mit Speck, Spiegelei, Rührei mit Pilzen, Würstchen und Grilltomate, pochierte Eier mit Soße – entweder *béarnaise* oder *hollandaise* –, Eier mit Räucherlachs oder ohne. Eier auf *Ciabatta*-Brot, *english muffin* oder einfachem Toast. Oder einfach nur ein Ei, vier Minuten gekocht oder lieber fünf?

Während ich noch überlegte, bestellte John den Kaffee. Für sich einen *flat white*, und was ich denn wolle? Ich weiß bis heute noch nicht genau, was ein *flat white* ist. Jedenfalls ein Kaffee mit Milch. Was der Unterschied zu einem *Cappuccino* oder *Caffè Latte* ist (der in der australischen Variante dem deutschen *Latte macchiato* ähnelt), kann ich nicht sagen. Ich kann allerdings was zur Wirkung des flachen Weißen auf Magen-Darm-Kranke sagen …

Mit der Welt versöhnt, aß ich zufrieden meine Eier *Benedict* (pochiertes Ei auf Muffin mit Sauce Hollandaise) und staunte noch eine Weile über die Kaffeebesessenheit der Australier. John schien über seine Spiegeleier auch nicht eben unglücklich (*sunny side up with the lot, easy over*: einmal kurz in der Pfanne umgedreht, damit das Eiweiß auf dem Eigelb nicht glibbert und *with the lot* ist mit allem, was man sich so zum Ei vorstellen kann, also Würstchen, Speck, Tomaten und gebratene Pilze), und so schlürften und schmatzten wir einträchtig wie ein altes Ehepaar, das eines schönen Tages beschlossen hatte, gemeinsam fett zu werden. Ich wiederum beschloss, dass unsere Beziehung dafür noch viel zu jung war, und betete mir mein neues Mantra vor: Ich besitze das kostbarste Gut. Ich habe Zeit. Ich kann mir mit dem Fettwerden Zeit lassen.

Nachdem wir mit dem Frühstück fertig waren, machten

wir uns auf den Weg zum Rialto Tower. Der Büroturm in der Innenstadt war gerade erst eröffnet worden und galt als höchstes Gebäude der Stadt. Im obersten Stockwerk konnte man für ungefähr 20 Dollar bei schönem Wetter einen atemberaubenden Ausblick über Melbourne genießen.

Doch so weit kamen wir erst gar nicht. Bereits im Fahrstuhl trat John von einem Bein aufs andere.

»Hast du im Eingang irgendwo ein Kloschild gesehen?«, presste er zwischen den Zähnen hervor.

Nö, hatte ich nicht, aber ich war klug genug, um die Dringlichkeit der Lage zu erkennen. Gottlob war der Fahrstuhl schnell. Er schoss sich durch die was-weiß-ich-wie-vielen Stockwerke in die oberste Etage hinauf. Dort sicher angekommen, befahl ich John, zu warten, während ich wie ein HB-Männchen durch den runden Flur raste. Da, auf halber Umkreisung die Toiletten! Jetzt flugs zurück und die frohe Botschaft verkünden. John war verschwunden.

»Keine Sekunde später«, sagte er nur, als er wieder auftauchte. Wir warfen noch einen kurzen Blick auf Melbourne, dann fragte John, ob wir nicht besser nach Hause fahren sollten. Ich nickte nur. Seither nenne ich den Rialto Tower nur noch Melbournes teuerstes Klo.

Nach Hause. Diesmal war nicht das Hotel gemeint, sondern Geelong, eine Industriestadt, die außer einer Raffinerie und dem von meinem Vater erwähnten Autowerk nicht viel zu bieten hat. Das Beste an Geelong ist, und davon lasse ich mich nicht abbringen, die Autobahn nach Melbourne.

John hatte mir erst vor kurzem ein selbstgedrehtes Video nach Deutschland geschickt, mit dem er mir seine Stadt vorab schon einmal zeigen wollte. Ich sollte mir einen – möglichst guten – Eindruck von meinem neuen Wohnort machen. Er fuhr am durchaus idyllischen Badestrand vorbei und hielt die

Kamera aus dem Fenster. Kurz vor der Fabrik nahm er sie wieder rein. Ein Schuft, der Böses dabei denkt.

Als wir uns vom Hotel aus auf den Weg in meine neue Heimat machten, rief John vorsichtshalber noch seine Tochter Rachel an. Sie hatte nämlich den Auftrag, das Haus aufzuräumen, solange sich Daddy mit der fremden Frau in der Honeymoon-Suite vergnügte.

»Sie freut sich schon auf dich«, sagte er nach dem Gespräch. Das hoffte ich auch, schließlich würde ich mit Rachel ab sofort unter einem Dach wohnen.

Jetzt wurde ich wieder nervös. Einerseits war ich schon gespannt, endlich Johns zweites Kind kennenzulernen, andererseits hatte ich natürlich auch Angst davor. Was, wenn Rachel mich nicht mochte? Schließlich würde sich das nicht nur auf unser Zusammenleben auswirken, sondern auch auf meine Beziehung zu John. Ich versuchte, tief durchzuatmen und die Sache optimistisch anzugehen. Schließlich war es mit Jona ja auch super gelaufen.

Nach gut einer Stunde Autofahrt bogen wir auf die Strandpromenade von Geelong ein. John hatte – aber auch das lernte ich erst später – die Beeindrucker-Route genommen. Es gibt nämlich zwei Wege, die durch Geelong führen. Einen durchaus repräsentablen an der großen Bucht entlang und einen mitten durchs Stadtzentrum mit seinen unzähligen Fast-Food-Ketten, Drive-ins und Drive-thrus hindurch. Das wollte mir John verständlicherweise beim ersten Anblick ersparen.

Der Himmel hatte sich während der Fahrt immer mehr zugezogen, und jetzt prasselten die ersten fetten Tropfen auf die Windschutzscheibe. Nicht gerade ein freundlicher Empfang, aber egal. Ich war gespannt, was mich in der Fitzroy Street Nummer 75 erwarten würde.

Johns Haus kannte ich schon von Fotos und natürlich vom Home-Video. Die Bilder hatten nicht getrogen: Das viktorianische Holzhaus mit dem großen Garten und dem Zitronenbaum davor sah auch in Wirklichkeit putzig und einladend aus. Sicher, hier und da hätte es ein wenig Farbe vertragen können, aber da ich noch nie ein Fan perfekter Behausungen war, wirkte das abblätternde Faltergelb an der Hausfront auf mich umso sympathischer. Solche schnuckeligen Häuser kannte ich aus Deutschland jedenfalls nicht. Hier kann ich es fürs Erste aushalten, war mein erster Gedanke.

Weil John sich noch mit meinem Koffer abmühte (das hatte er sich trotz seines körperlichen Zustandes nicht nehmen lassen), suchte ich im Eingang Schutz vor dem Regen.

»Soll ich nicht doch helfen?«, rief ich, als ich sah, dass eine der Rollen mal wieder klemmte.

»*No worries. She'll be right!*«, ächzte es zurück. Noch bevor ich nachfragen konnte, öffnete sich die Haustür, und ich blickte auf ein zierliches Mädchen in Jeans und Pullover mit ziemlich viel dunkelbraunem Haar auf dem kleinen Schopf. In der rechten Hand hielt sie ein Glätteisen, das sie mir jetzt zur Begrüßung entgegenstreckte. Ich machte instinktiv einen Satz nach hinten.

»Oh, Entschuldigung. Ist aber gar nicht mehr heiß.«

Rachel kicherte, ich lachte und streckte ihr meine Hand hin.

»Hallo, ich bin Annette. Und du bist dann sicherlich Rachel, oder?«

Statt meinen Händedruck zu erwidern, stieß Rachel die Haustür mit dem Fuß ein wenig weiter auf. Mit dem Glätteisen wies sie mir den Weg ins neue Familiennest. »*Welcome.* Ich hab schon sooo viel von dir gehört. Ich kann es kaum erwarten, dich kennenzulernen.«

Und damit gab sie ihrem Daddy ein Küsschen links, ein Bussi rechts. John tätschelte das Haupt seiner Tochter.

»Danke für die liebe Begrüßung, *sweetie*. Ihr zwei werdet prima miteinander auskommen, da bin ich mir ganz sicher.« Rachel grinste mir ins Gesicht, und ich wünschte mir in diesem Moment inständig, dass er recht behalten würde. Mein Bauchgefühl sagte mir allerdings trotz meines Optimismus etwas anderes.

9. Mein neues Leben in Geelong

Die nächsten Tage vergingen wie im Flug. John hatte sich eine Woche freigenommen, so dass er mir in Ruhe die Gegend zeigen und mich seinen Freunden vorstellen konnte. Viele waren das nicht, denn durch den Bruch mit seiner Kirche hatte er von einem Tag auf den anderen den größten Teil seines sozialen Netzwerkes verloren. Schlimm fand ich das nicht. Eher im Gegenteil. So konnten wir gemeinsam neue Freunde finden und ich musste mir nicht ewig die Geschichten von früher anhören.

John hatte seinen tückischen Virus mittlerweile überstanden, und so konnte ich mir endlich Gewissheit über den Stand seiner Leidenschaft verschaffen. Das Ergebnis enttäuschte mich nicht, doch es gab da einen gar nicht so kleinen Wermutstropfen. Das Haus hatte Wände wie Pappe, am Ende war das sogar wirklich Pappe – bestenfalls jedoch Sperrholz. Was im Nebenzimmer gesprochen wurde, hörte man so deutlich wie die Lautsprecheransage im Kölner Hauptbahnhof. Naturgemäß nahm man auch all die anderen Geräusche wahr, ohne mit den Ohren an der Wand kleben zu müssen. John störte das weniger, er wohnte seit 18 Jahren hier und kannte es nicht anders.

Das Nebenzimmer war ausgerechnet Rachels Zimmer, und als ich in der zweiten Nacht nebenan Rachel und ihren Freund Donza kichern hörte, wurde mir schlagartig bewusst, dass sie wahrscheinlich einiges von dem, was wir gestern Nacht so getrieben hatten, mitangehört hatten. Kicherten die etwa über uns? Natürlich! Was denn sonst? Die warfen sich wahrscheinlich gerade weg vor Lachen. Meine Erregung erstarb noch im ersten Anflug. Ich gefror zum Eisblock, und nichts, was John in dieser Nacht noch unternahm oder sagte, konnte mich wieder auftauen.

Das Ganze hatte zur Folge, dass wir von nun an darauf lauerten, dass Rachel und ihre Freunde verschwanden, um dann sofort zur Sache zu kommen. Sehr albern für ein Paar unseres Alters und insgesamt mehr verkehrte Welt, als mir lieb war. Mich erinnerte die Situation fatal an unsere erste Nacht in Lorne, damals, als ich mich aus Anjas und meinem Zimmer zu John geschlichen hatte. Doch wie sollte das auf Dauer gehen? Ich lebte ja nun in diesem Haus und konnte nicht auf ewig darauf warten, dass wir endlich allein waren.

Mir fiel leider auch nicht wirklich ein, wie ich die Situation ändern könnte. Für ein Wochenende mieteten John und ich uns ein Hotelzimmer, in eben jenem Lorne, wo ich damals mit Anja gewesen war. Aber irgendwie fand ich es ein bisschen lächerlich. Mir blieb nichts anderes übrig, als erst einmal abzuwarten und zu hoffen, dass sich mit der Zeit schon alles irgendwie finden würde. Jetzt musste ich einfach gelassen bleiben. Ich war wohl auch ein wenig überspannt und von der neuen Lebenslage leicht überfordert. Das würde sich alles geben, sobald ich mich besser eingelebt hatte. *Chillax*, sagte ich mir – eine Wortschöpfung aus *chill* und *relax*, die ich von Donza aufgeschnappt hatte.

»Entspann dich«, meinte auch John, als sei dies die leichteste Übung der Welt, und bot als neueste Zwischenlösung an, den Fernseher im Schlafzimmer auf volle Lautstärke zu drehen, wann immer es zur Sache ging.

Vom unfreiwilligen Lauschangriff mal abgesehen, muss ich zugeben, dass ich von der jungen Meute, von der in Johns E-

Mails die Rede war, positiv überrascht war. Dieser Haufen junger Leute, der angeblich regelmäßig Johns Haus in einen Schweinestall verwandelte und seine besten Schuhe klaute, erwies sich als ausgesprochen höflich. Von deren Manieren konnten deutsche Eltern nur träumen, fand ich. Ständig wurde ich gefragt, wie es mir geht, was ich so mache, was ich heute vorhabe und ob man mir was aus dem Supermarkt mitbringen könne. Ich war beeindruckt. Australien hatte seine Jugendlichen im Griff!

»Denkste«, widersprach John, »das ist nur der Drill. Die Kinder lernen hier schon in der Krippe die Regeln gesellschaftlichen Umgangs. Immer schön ›danke‹ und ›bitte‹ sagen und ja die Förmchen teilen! Jonathan wusste schon mit fünf, was Respekt ist. Na ja, so ungefähr: ›Nett sein, aufräumen und beim Sitzen die Beine überkreuzen‹. Warte mal ab, bis die Bande dich besser kennt, dann ist's mit der Supererziehung aus und vorbei.«

Ich ließ mir trotzdem nicht Bange machen. Ab morgen würde ich nämlich zum ersten Mal für ganze drei Tage ohne John in seinem Haus leben – zusammen mit dem Rudel Teenies. John musste wieder zurück an seinen Schreibtisch in Warrnambool, was bedeutete, dass John nicht einmal zum Schlafen heimkam, denn Warrnambool ist ungefähr drei Autostunden von Geelong entfernt. Wird schon schiefgehen, machte ich mir selber Mut, ich bin doch mit meinen 36 eigentlich selbst noch recht jung. Irgendwie. Und hoffentlich auch ein bisschen cool. Zumindest hörte ich *Blur* und *Radiohead* und war nie ein Hausmütterchen gewesen, und das hatte ich auch jetzt nicht vor.

Doch wo ich schon mal dabei bin: Was hatte ich eigentlich vor? Gute Frage. Arbeiten konnte ich zunächst nicht. Ich hatte ja nur das Touristenvisum, und auch das war nur für drei

Monate gültig. Mein fulminanter Auftritt auf der journalistischen Weltbühne als Australien- oder besser noch Südpazifik-Korrespondentin musste also noch ein Weilchen warten. Würde alles schon werden, redete ich mir gut zu. Ich verfügte neben reichlich Zeit auch über genügend Elan und Selbstvertrauen. Meine Zukunft sah ich an diesem trüben Junitag im rosigsten Licht. Ein neuer Kontinent wollte von mir erobert werden, und ich konnte es kaum abwarten. Gleich morgen würde ich mich um die Visumsgeschichte kümmern.

Ich blieb optimistisch, doch ich vermisste John, wenn er so lange wegblieb. Sich drei Tage lang nicht zu sehen – das war für uns beide bitter, aber manchmal ging es eben nicht anders. Bevor ich zu ihm nach Geelong gezogen bin, waren wir beide ein Paar auf Dauerurlaub. Damals, als wir uns in Port Douglas kennengelernt hatten und auch später, als John mich in Köln besuchte, befanden wir uns eigentlich ständig im Ausnahmezustand. Wir kannten keinen gemeinsamen Alltag und befanden uns in permanenter Hochstimmung – jeder Tag war aufregend und anders, wir reisten und erlebten viel.

Nun war ich bei ihm und war es eigentlich doch nicht. Die Aufregung und Begeisterung der ersten Wochen legte sich schnell, und ich machte auf einmal überhaupt nicht mehr viel, ich machte fast gar nichts. Ich lebte mit Rachel und ihren Freunden so vor mich hin, während John im 180 Kilometer entfernten Warrnambool beschäftigt war. So konnte sich natürlich auch jetzt kein richtiger Alltag einstellen.

John machte mit seinem Leben weiter wie gehabt, und ich hatte noch keinen vernünftigen Plan, was ich überhaupt mit meinem neuen Leben anfangen sollte. Ich fragte mich jeden Morgen schon nach dem Aufstehen, wie ich den Tag verbringen sollte, und manchmal dachte ich, er würde nie zu Ende gehen.

John fehlte mir, und dann hatte ich das Gefühl, dass wir noch gar nicht richtig zusammen waren. Trotzdem zweifelte ich nicht an uns als Paar, ich war froh, endlich bei ihm zu sein. Unsere Gefühle hatten sich nicht verändert, es war unsere Situation, die neu war, und die mussten wir erst noch in den Griff kriegen. Wir waren zuversichtlich, dass wir unseren Weg finden würden. Die Dinge müssten sich eben langsam entwickeln, sagten wir uns.

Wir hatten bewusst keine Pläne für die Zeit jenseits meiner dreimonatigen »Probezeit« geschmiedet, obwohl wir beide nicht an eine »Kündigung« denken mochten. Das war vernünftig und nahm eine Menge Druck von uns. Die Kehrseite war, dass ich mich einigermaßen ziellos durch die Gegenwart bewegte. Meine Vergangenheit in Europa hatte ich zwar hinter mir gelassen, doch meine Zukunft auf dem neuen Kontinent hatte noch nicht richtig begonnen. In der Zwischenzeit saß ich däumchendrehend im Warteraum zwischen den Welten und musste mich gedulden, bis ich endlich drankam. Eigentlich hatte ich schon im Flugzeug nach Melbourne gedacht, meine Zukunft würde jetzt beginnen. Nun aber sah es so aus, als hätte ich mich getäuscht, als hätte ich mich nach der Landung unverzüglich in Quarantäne begeben, und keiner konnte mir sagen, wie lange es noch dauern würde. Mein neues Leben begann mit deutlicher Verspätung.

In schwachen Momenten sprach ich mir Mut zu: Du bist doch gerade erst angekommen, ruh dich aus, leg die Füße hoch! Ich hatte doch noch Zeit genug, meine Zukunft mit John zu planen. Zuerst musste ich mich allerdings um dieses blöde Visum kümmern, denn wenn Australien mich am Ende nach Hause schicken würde, weil meine Papiere abgelaufen waren, bräuchte ich über große Zukunftsvisionen für John und mich erst gar nicht nachzudenken. Helmut Schmidt hatte einmal gesagt: »Wer Visionen hat, soll zum Arzt gehen.« Da war ich lieber mal vorsichtig, denn ich hatte noch gar keinen Arzt hier.

Während ich gemeinsam mit John überlegte, wie ich die Sache mit dem Visum morgen am besten anpacken sollte, schob sich Rachel plastiktütenbepackt durch die Küchentür. »Ich koch uns heute Abend was Schönes, Daddy. *Stir-fry* mit Pflaumensoße. Mochtest du letztes Mal doch so gerne, hm?«

»Das ist aber lieb von dir, *sweetie*!«

Daddy lächelte zufrieden wie Buddha. Dann wandte er sich an mich: »Rach kocht göttlich. Da kannst du dich jetzt schon auf den *tea* freuen!«

Bei John heißt das Abendessen »*tea*«. Warum, weiß er selbst nicht. *Teatime* ist, so weit ich weiß, jedenfalls was anderes: Scones und Gurken-Sandwiches zum britischen Fünfuhrtee. John, der ursprünglich aus Manchester stammt und erst als Sechsjähriger mit seiner Familie nach Australien ausgewandert ist, kann sich auch nicht daran erinnern, jemals Tee zum Abendessen getrunken zu haben. Weder in England und schon gar nicht in Australien. Ich, die ich mir in Sachen Sprachbarriere neue Gelassenheit verordnet hatte, verbot es mir, darüber nachzudenken, weshalb ich mich auf den Tee freuen sollte, wo Rachel doch so gut kocht.

Aber ich konnte es mir nicht verkneifen, Rachel, die geschäftig eine Tüte nach der anderen auspackte, zu fragen, was »Rühr-Brat« denn sei. Rachel deutete auf die bauchige Pfanne. Kurzgebratenes aus dem Wok, ach so. John und ich rückten an der Küchentheke etwas näher zusammen, denn Rachels Kochaktion benötigte offensichtlich viel Raum und noch mehr Zutaten.

»Ist das etwa alles fürs Abendessen?«, fragte ich staunend

über diverse Soßenflaschen und riesige Gemüse- und Fleisch-
berge hinweg.

»Ich kaufe immer zu viel«, lachte Rachel, »aber die Soßen
halten sich total lange. Das ist bei mir immer so. Wenn ich etwas mache, übertreibe ich's. Hat Dad dir das nicht erzählt?«

Die Betonung lag deutlich auf dem »wenn«. Ich weiß nicht,
warum damals bei mir keine Alarmglocken schrillten. Ich war
einfach nur erstaunt gewesen über Rachels Offenheit. Oder
hatte sie es eher ironisch gemeint? Na, egal. Ich würde es ja
erleben.

Weil Rachel mehr Platz brauchte und uns aus der Küche
scheuchte, gingen wir eine Runde spazieren. Die Fitzroy
Street liegt in einem hübschen Wohnviertel, in Fußnähe zur
City. Bäume, die aussehen wie gigantischer Brokkoli, säumen
die breite Straße, und die Häuschen ähneln einander, was ein
hübsches Bild abgibt. Zwar sehen die gepflegten Vorgärten –
meist ohne Zäune – für meinen Geschmack ein bisschen nach
zu viel Arbeit aus, wirken aber durchaus einladend. John ahn-
te meine Besorgnis.

»Keine Angst. Du musst nichts im Garten machen. Alle
paar Monate kommt ein Gärtner zum Großreinemachen.«

Das war auch besser so, denn ich habe den schwarzen Daumen. Alle Häuschen waren also heimelig begrünt, bis auf
Tonis. Das war Johns Nachbar zur Rechten. Toni war ein italienischer Einwanderer der zweiten Generation und fett im
Zementgeschäft. In Tonis Garten wuchs kein Gras mehr. Wo
etwas hätte sprießen können, herrschte das große Grau. Auf
der zubetonierten Fläche vor seinem Haus hatte er mittelgro-
ße Statuetten aufgestellt, die bis auf einen Engel mit Flitze-
bogen ausnahmslos Figuren aus der römisch-griechischen
Mythologie darstellten.

»Der gute Toni hängt halt an seinem kulturellen Erbe«, erklärte John und pochte mit dem Knöchel seines Zeigefingers gegen Zeus' Oberarm.

»Beton«, stellte er sachlich fest. Immerhin blieb Toni damit seiner Profession treu.

»Ist zwar nicht unbedingt schön, aber schon sehr praktisch«, verteidigte John den Geschmack des Nachbarn.

»Jedes Mal, wenn ich den Rasen mähe, schaue ich auf seinen grauen Hof und könnte vor Neid schier platzen.«

Mit den Nachbarn zur Linken wurde seit Weihnachten nicht mehr gesprochen – genau genommen seit der weinseligen Grillparty mit den 40 Gästen (John hatte davon in einer Mail erzählt). Seither herrschte Funkstille zwischen den Duttons und den Smiths. Am zweiten Weihnachtsfeiertag hatte John einen Brief unter der Haustür gefunden:

Lieber John,
gestern hat der Weihnachtsmann unsere Kinder nicht be-
suchen können. Er sagte, die Nachbarn sind zu laut, da
kommt er nicht in weihnachtliche Stimmung. Er hat ver-
sucht, mit euch zu reden, aber ihr habt ihm nicht aufge-
macht. Meine Töchter haben sehr geweint, wir konnten
sie kaum beruhigen. Lieber John, eure Party hat unser
Weihnachtsfest zerstört. Wir wollen nur, dass Du weißt,
dass wir sehr, sehr traurig sind.
  Festliche Grüße von den Smiths

Das war starker Tobak.

»Und auf den Brief hast du bis heute nicht reagiert?«, fragte ich ungläubig. John wand sich.

»Ich hatte einen Riesenschädel am Tag nach der Feier, und dann fand ich den Brief ehrlich gesagt auch ein wenig albern. Ich bitte dich! Dem Weihnachtsmann war's zu laut?«

Eigentlich hatte John recht. Herr Smith bestraft seine armen Töchter, weil der Nachbar zu laut ist? Das war nun wirklich gestört. Vielleicht hätte John dem Nachbarn schreiben sollen, dass der Weihnachtsmann seine Entschuldigung akzeptiert hat und sie gemeinsam einen trinken waren.

Auf ein gutes nachbarschaftliches Verhältnis konnte ich jenseits des linken Lattenzauns jedenfalls nicht hoffen. Machte auch nichts. Ich hatte in den kommenden Wochen sowieso Besseres zu tun, als gemütlich über den Zaun zu plaudern.

Nach einer halben Stunde kehrten wir um und hofften, dass das Essen noch warm war. So ein »Rühr-Brat« zeichnet sich ja bekanntlich dadurch aus, dass nach dem Schnippeln alles ganz schnell geht. Die vorbereiteten Zutaten in die Pfanne – rühr, rühr, brat, brat und fertig! So kannte ich es zumindest, aber um ehrlich zu sein, sparte ich mir die Gemüseschnitzerei und kaufte stets bei Lidl die Asiamischung im Tiefkühlbeutel.

Als wir zurückkehrten, bewegte sich das Koch-Event auf seinen Höhepunkt zu. Es qualmte und zischte, als wäre Satan persönlich der Küchenmeister. Und damit nicht genug. Die Mucke war dermaßen aufgedreht, dass mir fast die Ohren wegflogen und ich mich wie die Seelenverwandte des Weihnachtsmanns der Smiths fühlte. Rachel war vor Anstrengung und Hitze ganz rot im Gesicht. Gerade drehte sie mühsam die große Pfeffermühle über dem Wok. Sie hatte uns nicht kommen hören (wen wundert's?) und erlitt fast einen Herzinfarkt, als ihr Vater sie von hinten umarmte.

»Fast fertig«, strahlte sie. »Ich hab noch ein paar Freunde eingeladen, macht euch doch nichts aus, oder?«

Jetzt erst bemerkten wir, dass im Wohnzimmer eine Gruppe junger Leute herumlungerte, deren Gesichter wir kaum sehen konnten, weil sie ihre Haare drübergekämmt hatten. Schwer zu sagen, wen ich schon kannte und wen noch nicht.

»Dad, ich hab blöderweise den Reis vergessen. Kannst du schnell welchen besorgen?«

»Sicher, *sweetie*!« John zuckte entschuldigend die Achseln in meine Richtung und machte sich auf den Weg. Ich fühlte mich wie meine eigene Großmutter. Mich bekroch ein komisches Gefühl. Wenn ich ehrlich bin, sagte mir dieses Gefühl in etwa dies: Was um Gottes willen mache ich hier eigentlich? Nicht, dass ich mir diese Frage damals in jener Deutlichkeit gestellt hätte. Ich wollte ja nahezu krampfhaft, dass alles gutging. Dieser Wunsch war so stark, dass ich aufpassen musste, nicht in die Gefallsuchtsfalle zu stolpern. Ich wollte doch nur von allen liebgehabt werden. Von meiner neuen Heimat und von meiner neuen Familie. In dem Moment wusste ich einfach nicht recht, wohin mit mir, und schrie deshalb Rachel ins Ohr, ob ich ihr zu Hand gehen könne.

»Nein, alles in Ordnung. Trink doch schon mal ein Glas Wein!«

Weil sie keine Hand frei hatte, zeigte sie mit dem Fuß auf einen kleinen Karton mit Zapfvorrichtung. Das war Wein? Na gut. Ich zapfte mir einen Roten mit rosafarbenem Schaum, der mir ohne Umweg zu Kopf stieg. Immerhin hatte ich schon vor geraumer Zeit mit dem Abendessen gerechnet. Weil ich immer noch nicht wusste, was ich sagen sollte, schrie ich Rachel wieder was ins Ohr: »Tolle Musik. Wer ist das denn?«

Nicht lachen! Ich erwähnte ja bereits mein kindliches Verlangen, Rachel zu gefallen.

»Die *Airkings*. Donzas Band«, antwortete Rachel nicht ohne Stolz.

Ich lugte schüchtern ins Wohnzimmer. Dann zapfte ich mir zur Ermutigung noch ein wenig Roten nach, der übrigens nicht so schlecht schmeckte, wie er aussah. Später sollte ich lernen, dass *cask wine*, also der Wein aus dem Karton, eine Erfindung aus Geelong war. War das nicht sogar eine Frage aus dem Einbürgerungstest? Wundern würde es mich jedenfalls nicht. Donza kannte ich schon, also ging ich zu ihm rüber.

»Tolle Musik«, unterbrach ich sein Gespräch mit einem blassen Mädchen.

»Findest du?«, lächelte es zurück.

Ich nickte.

»Das ist meine Band!«

»Ist ja toll!« Mir wurde fast vor mir selber schlecht. »Vielleicht kann ich euch ja mal helfen, was zu organisieren, wenn ihr in Europa touren wollt?«

Ja, war ich jetzt von allen guten Geistern verlassen? Weder hatte ich jemals im Leben in irgendeiner Form im Musikmanagement gearbeitet, noch hatte ich je den Wunsch dazu verspürt. Mannomann. Zeit, dass John zurückkam. Donza hatte jetzt rote Bäckchen und schien mir ein wenig aufgeregt. Ich reckte den Daumen meiner rechten Hand in die Höhe und trat vorsichtshalber den Rückzug an.

Erst einmal ging ich zurück in den Garten, um mir eine Überbrückungszigarette zu gönnen (John gestattete keine Qualmerei in seinem Haus), und während ich auf John wartete, führte ich ein kleines Selbstgespräch. Ich musste mir eingestehen, dass ich nicht wusste, wie ich mich an Johns Haushalt anpassen sollte. Was war überhaupt meine Rolle in dieser Familie? Sollte ich mich benehmen, als ob ich Rachels Freundin werden wollte? Dafür war ich aber doch wohl ein bisschen zu alt. Andererseits, die Stiefmutter passte auch nicht zu mir.

Aber obwohl ich alles andere als eine gestrenge Erzieherin sein wollte, musste ich zugeben, dass es mir hier ein bisschen zu chaotisch zuging. Aber durfte ich mich da wirklich einmischen? Das hier war ein Sonntagabend, da kann man doch mal einen draufmachen, sagte ich mir. Morgen ist alles anders, und vor allem will ich mich nicht wie die letzte Spießerin aufführen. Mach dich also mal schön locker, befahl ich mir nicht zum ersten Mal, seitdem ich in diesem Haus lebte. Drei Wochen wohnte ich nun schon hier, aber ich war noch immer planlos, wie sich meiner Meinung nach das Zusammenleben mit Rachel idealerweise gestalten sollte. Wenn ich als deutlich Ältere schon keinen Schimmer hatte, wie sollte dann Johns Tochter diesbezüglich ein Licht aufgehen?

Als ich wieder in die Küche trottete, war John bereits zurück. Mit zwei viel zu kleinen Schälchen Reis vom Chinesen. Vorwurfsvoll blickte Rachel auf den Reis.

»*Dahaaad?!*«

John hob entschuldigend die Hände.

»Das wird schon reichen«, beschwichtigte ich und gab die alte Friedensstifterin. »Ich zum Beispiel hab schon gar keinen großen Hunger mehr.«

Was einerseits stimmte. Die andere Seite der Medaille war, dass ich schon ordentlich einen im *tea* hatte. Schließlich wollte ich doch locker sein!

Das Ende vom Lied war, dass ich eine Gabel voll *stir-fry* ohne Reis zu mir nahm (sehr lecker übrigens!) und eine größere Menge von schäumendem Rot. Gegen zehn war ich total betrunken und musste von John abgeführt werden. Der Abend soll noch sehr nett gewesen sein, allerdings wusste ich davon nicht mehr viel.

Der nächste Morgen war ein Alptraum. Ich konnte mich noch dunkel daran erinnern, dass John mir irgendwann einen Abschiedskuss auf meine versoffene Stirn gedrückt hatte, und dann war ich wieder weggenickt. Als ich Stunden später aufwachte, war mir hundeelend. Das Haus war still, und erst wusste ich nicht, wo ich war. Als es mir so langsam dämmerte, spürte ich auch das Pochen in meinen Schläfen.

Ich schälte mich aus der Bettdecke und wankte ins Bad. Irgendwo musste ich noch ein paar Aspirin haben. Jetzt zitterte ich auch noch vor Kälte. In Johns Haus gab es nur in der Küche und im Wohnzimmer eine mickrige Heizung. Schlafzimmer, Bad: Fehlanzeige. Wie blöd bauen diese Australier denn?, fragte ich mich mit klappernden Zähnen. Schnell warf ich zwei Tabletten ein und legte mich wieder ins Bett, wo es mir langsam wärmer wurde, während auch die Tabletten ihre Wirkung taten.

Hoffentlich hatte ich mich gestern Abend nicht danebenbenommen. Ich zuckte zusammen, als mir plötzlich wieder einfiel, dass irgendwann Beatles-Lieder gegröit worden waren. Wer alles mitgesungen hatte, wusste ich nicht mehr. Aber aus Erfahrung wusste ich, dass ich bei Beatles-Songs immer mit von der Partie war. Wie peinlich! Meine Textsicherheit war zwar nicht übel – das galt aber nur für mein vergangenes Leben, wo ich im Vergleich zu Freunden immer gut abgeschnitten hatte. Ich konnte sogar kompliziertere Lieder wie das psychedelische »I am the Walrus« auswendig. Na ja, fast. Kleinere Textschwächen hatte ich stets mit ähnlich klingenden Wörtern oder auch nur Lauten gefüllt. Sie wissen, was ich meine. Man singt so daher, was man zu hören glaubt. Daheim tat das meinem Kennerruhm keinen Abbruch – es wusste ja keiner besser. Aber hier? Oh. Mein. Gott.

Ich stand auf, um mir einen Kaffee zu machen. Küche und Wohnzimmer glichen einem Schlachtfeld. Dreckiges Geschirr war gleichmäßig auf beide Räume verteilt, zusammen mit leeren Bierflaschen und Weingläsern. In Herdnähe ließen sich noch die einzelnen Arbeitsschritte, die zum gestrigen Mahl geführt hatten, rekonstruieren. Der Gasherd war mit eingetrockneter Soße überzogen, auf dem Boden klebten verschrumpelte Zucchini- und Möhrchenstifte, das Päckchen mit der Stärke war umgekippt, so dass sich der komplette Inhalt über die Arbeitsplatte und die offene Besteckschublade ergossen hatte. Schöne Sauerei. Ich stöhnte. Immer schön der Reihe nach. Nach dem Kaffee würde die Welt schon viel freundlicher aussehen.

Als das Wasser langsam in den oberen Teil der Espressokanne hinaufzischte, hörte ich Geräusche im Flur. Rachel schlurfte schlaftrunken in die Küche. Ich hob mit fragendem Blick die Kaffeekanne. Rachel nickte und kratzte sich am Kopf, während sie sich umblickte. »Mit Milch bitte und zwei Löffel Zucker.«

Als ich den Kühlschrank öffnete, kullerte mir die Sojasoße entgegen – ohne Schraubverschluss. Ich konnte mich gerade noch mit einem Sprung nach hinten vor der braunen Fontäne retten. »Scheiße, scheiße, scheiße«, fluchte ich.

Rachel lachte. »Das passiert Dad auch immer. Er kann sich einfach nicht merken, dass ich's nicht so habe mit den Deckeln.«

Ich verzog das Gesicht zu einem gequälten Lächeln und trank meinen Kaffee. Eine Weile saßen wir stumm nebeneinander an der Küchenbar.

»War ich sehr schlimm gestern?«, fragte ich todesmutig.

Rachel kicherte wie ein kleines Mädchen. »Überhaupt nicht. Du warst sehr lustig. Donza hat noch eine Stunde, nachdem du im Bett warst, von deinen kreativen Texten geschwärmt.«

»Du meinst wohl eher, er hat sich scheckig gelacht, oder?«

Offenbar musste ich mich selbst quälen und es ganz genau wissen.

Rachel machte eine wegwerfende Bewegung. »*No worries.* Geht uns doch allen mal so. Bei Enyas ›Sail away‹ hab ich bis vor kurzem noch gedacht, die singen ein Lied für Greenpeace, weil ich immer ›Save a whale‹ verstanden hatte. Da hättest du Donza erst mal sehen sollen!«

Rachel stand auf. Sie sah ziemlich niedlich aus in ihren viel zu großen karierten Pyjamahosen und den puscheligen Hausschuhen.

»Ich mach mich mal besser fertig. Müsste schon seit einer halben Stunde im Musikgeschäft arbeiten.«

Dann machte sie eine Handbewegung in Richtung des Küchenchaos: »Sorry, dass ich dich mit all dem hier alleine lassen muss.«

Damit war Rachel im Bad verschwunden, und ich sah ihr verdattert nach. Hieß das etwa, dass Rachel erwartete, ich würde den ganzen Dreck alleine wegräumen? Hörte sich fast so an. Ich gab mir einen Ruck. Es war ja eigentlich kein Problem für mich, oder? Im Vergleich zu Rachel und John hatte ich geradezu lächerlich wenig zu tun, da konnte ich mich schon mal der Hausarbeit widmen. Trotzdem ärgerte es mich, dass Rachel so selbstverständlich davon ausging. Nun ja, fürs Erste würde ich sicher nicht die böse Stiefmutter spielen, die auf ihre Prinzipien pocht. Immerhin hatte ich gestern auch kräftig mitgefeiert.

Ich hing mich wieder an die Küchenbar und starrte in meinen Kaffeebecher. Etwas kratzte an der Gartentür. Lister! Ich ließ den Jack Russell rein, der schnurstracks in die Küche galoppierte, um sich auf die erreichbaren Nahrungsreste zu stürzen. Wenigstens einer, der mir helfen will. Ich zuckte mit den Schultern und legte los.

10. Bewerbungen und Anträge

Drei Stunden später schnappte ich mir Lister, die Hundeleine und das Australien-Handbuch für Auswanderer, das ich mir gleich nach Johns Verabschiedung in Wien zugelegt hatte. Ich wollte noch heute herausfinden, für welches Visum ich mich am besten bewerben sollte, wenn mein Touristenvisum abgelaufen war.

Lister war vor Freude völlig aus dem Häuschen, denn das arme Tier wurde nur selten Gassi geführt. Kein Wunder, dass er sich regelmäßig seinen Weg in die große weite Welt grub. Vielleicht war seine Isolation auch der Grund, weshalb er sich so seltsam aufführte, sobald er einen anderen Hund sah. Er keifte dann wie ein altes Waschweib und zeigte sich bereit, es selbst noch mit der größten Dogge aufzunehmen. Aber ich nahm ihn sehr häufig mit auf meine Spaziergänge in den Botanischen Garten, immerhin hieß es doch, dass man mit Hunden prima Leute kennenlernen kann.

Nicht so mit Lister. Wenn ich stehen blieb, um mit einem freundlichen Hundebesitzer Tiergeschichten auszutauschen, verkeilte sich Lister todsicher früher oder später in den anderen Hund. Man konnte ihn gar nicht so kurz halten, als dass er sich diesen Spaß hätte entgehen lassen. Und so hatten wir unter den regelmäßigen Spaziergängern schnell unseren Ruf weg, und man begnügte sich fortan mit einem freundlichen, aber kurzen Kopfnicken, wenn man mich und die tollwütige Kratzbürste mit beschleunigtem Schritt passierte. Das war sehr bedauerlich, denn mit dem einen oder anderen Hundemenschen hätte ich mir durchaus einen näheren Kontakt vorstellen können. Aber was soll man machen? Familie ist nun mal Familie, und wenn dazu der psychisch gestörte Hund gehört, dann musste ich damit leben. Familie kann man sich eben nicht aussuchen, hätte ich um ein Haar gedacht. In meinem Fall stimmte das nicht ganz, und trotzdem spürte ich eine gewisse Form von Loyalität gegenüber dem Duttonschen Haushund.

Ich knotete Lister an der Parkbank fest und öffnete meinen Ratgeber. Hm. Die Sache war gar nicht so einfach. Es gab alle möglichen Visa-Kategorien, die sich dann wiederum in Unterkategorien verzweigten. Ich ging die aktuelle Liste der für Australien gesuchten Fachkräfte durch, die hatten nämlich die besten Chancen, eine dauerhafte Aufenthaltsgenehmigung zu bekommen. Bäcker, Friseur, Schweißer, Physiotherapeut. Auf Journalisten aus Deutschland hatte man hier wohl nicht gerade gewartet. Dann eben nicht.

Aber es gab auch eine andere Möglichkeit, las ich da. Für bestimmte Fähigkeiten oder Abschlüsse wurden von der Einwanderungsbehörde Punkte vergeben – wie für meinen Magister oder Englischkenntnisse zum Beispiel. Die Englischkenntnisse müsste ich allerdings erst einmal in einem Test nachweisen. Hatte man ausreichend Punkte, bekam man ein Visum.

Punkte gab es auch für das Alter des Antragstellers, immerhin noch 20 von 30 möglichen Punkten für mich. In meinem Alter hätte ich da eigentlich schon mit Minuspunkten gerechnet. Eine freudige Überraschung also. Mit allen anderen Punkten sah es bei mir düster aus. Fünf Punkte hätte ich noch erschleichen können, indem ich mindestens 100 000 Dollar in ein Investment der Regierung einlegte (die fünf Punkte kämen wohl billiger, wenn ich mich jünger machte, überschlug ich schnell im Kopf).

Aber egal wie ich es auch drehte und wendete, meine Punktzahl würde definitiv nicht reichen. Lister fiepste schon ungeduldig, als ich auf die einzige Möglichkeit stieß, die für mich in Frage kam: Eheschließung mit einem australischen Partner. Ich fühlte mich wie vom Blitz getroffen.

Wer noch unverheiratet ist, keine in Australien gefragten Fachkenntnisse oder dort lebenden Verwandten hat, kein Unternehmer, Pensionär, Millionär oder Künstler mit herausragenden Talenten ist und auch sonst die Einwanderungsbehörden nicht vom Wert seiner Person für die australische Nation überzeugen kann, der hat nur eine Chance: Er muss sich einen australischen Ehepartner suchen, wurde mir im nächsten Abschnitt mitgeteilt.

Mir wurde beim Lesen abwechselnd heiß und kalt. Ich klappte das Buch zu und machte mich mit Lister auf den Heimweg. Jetzt hatte ich es schwarz auf weiß. Wenn ich den Inhalt dieser Zeilen aufs Wesentliche reduzierte, lief es doch letztlich darauf hinaus, dass ich ohne Ehemann nichts wert war. Zumindest in Australien. In Deutschland hatte ich studiert, Karriere gemacht und gutes Geld verdient. Interessierte die Australier alles nicht. Nur wenn eines ihrer Männchen nach mir jaulte, durfte ich rein in ihr großartiges Land.

Jetzt wusste ich, wie es sich anfühlte, Brad Pitt zu sein. Nur weil Geena Davis in »Thelma & Louise« nach ihm winselte, durfte er mit ins Auto. Aber dann rächte er sich für die Demütigung und klaute ihr und Susan Sarandon die ganze Kohle. Sieht die australische Einwanderungsbehörde diese Gefahr etwa nicht? Ich heirate einen Australier, zocke ihn aus Frust so richtig ab und zack! verpisse mich wieder nach Deutschland.

Meinem Selbstbewusstsein diente die Kategorie »Einwanderung durch Eheschließung« jedenfalls nicht. Der zweite Grund, weshalb ich diese Kategorie für mich ablehnte, war, dass sowieso schon alles viel zu schnell ging. John und ich haben insgesamt nur drei Wochen miteinander verbracht, bevor wir zusammengezogen sind. Viel zu flott für meinen Geschmack und sicherlich auch für John, aber unter den gegebenen Umständen wäre alles andere auch komisch gewesen.

Sicher, ich hätte mir eine eigene Wohnung nehmen können. Aber erstens hatte ich kein Einkommen mehr und konnte mir diesen Luxus also eher nicht leisten, und zweitens war ich doch wegen John nach Australien gekommen und nicht, um alleine in einer fremden Stadt zu leben – ohne Arbeit, ohne Freunde. Diese Situation hatte ich nach einer Weile zähneknirschend akzeptiert.

Sich nach nur drei Wochen Beziehung ein Haus und sogar die Familie zu teilen ist eine Sache, aber heiraten? Ich kam mir vor wie im Mittelalter, als der Erwerb von Land und Gut entweder durch Krieg oder durch geschickte Heiratspolitik betrieben wurde. John und ich hatten beide bereits eine Ehe hinter uns, und wir verspürten nicht den geringsten Wunsch, schon bald wieder unter die Haube zu kommen. Trotzdem sah ich keine andere Möglichkeit. Sonst hätte ich das Unternehmen Auswandern gleich bleiben lassen können. Ich musste dringend mit John besprechen, wie es jetzt weitergehen sollte. Schließlich hatte er auch noch ein Wörtchen mitzureden. Immer noch meinen Gedanken nachhängend, machte ich mich langsam auf den Heimweg.

Kaum waren wir in unserer Straße angelangt, machte Lister Anstalten, auf den Grünstreifen vor dem Smithschen Haus zu kacken. Gerade noch sah ich den roten Holden (die australische Variante des Opels) der Nachbarn aufs Grundstück einbiegen, weshalb ich versuchte, Lister in Johns Garten zu zerren. Das scherte ihn nicht, der Köter blieb einfach sitzen und bellte mich an. »Lister!«, fauchte ich zurück und hätte ihm am liebsten einen Tritt verpasst, wäre nicht gerade die Nachbarin aus dem Auto gestiegen. Natürlich trete ich prinzipiell keine Hunde, und so zerrte ich nur die Leine hinter mir her. Als ich ihn endlich durch unsere Haustür geschleift hatte, bemerkte ich, dass Lister einen braunen Streifen hinter sich herzog. Die Töle hatte lustig weitergekackt! Ich hob ihn kurzerhand hoch und trug ihn in den Garten. Fast hätte ich auch noch was abgekriegt, denn der Hund sträubte sich natürlich. Ich ließ ihn wie eine heiße Kartoffel fallen und knallte die Hintertür zum Garten zu. Sollte er sich doch so oft er wollte gegen die Tür schmeißen und zu Tode kläffen! Ich würde das undankbare Viech heute nicht mehr reinlassen.

Rückblickend glaube ich, dass diese Aktion unsere Beziehung beiderseitig geprägt hat. Seit diesem Ereignis in jenen frühen Tagen unseres Zusammenlebens trauten wir einander nicht mehr recht über den Weg. Nicht, dass wir uns nicht mochten, aber wir testeten unsere Grenzen aus, Lister weniger vorsichtig als ich. Dabei hatte ich mit Rachel und ihrer Peergroup weiß Gott an einer größeren Front zu kämpfen, deren Linie ich allerdings im Laufe der Zeit behutsam zu meinen Gunsten zu verschieben hoffte.

Der Wischmop war von meiner Küchenreinigungsaktion am Morgen noch nicht getrocknet, was die Beseitigung von Listers Bremsspuren vereinfachte. Danach schraubte ich den Mop vom Stiel und warf ihn in die Mülltonne. Dann rief ich John an und teilte ihm ohne jegliche Beschönigungen den Stand meiner Visumsrecherche mit.

Es herrschte Stille am anderen Ende der Leitung.

»John?«

Ich hörte einen langen Seufzer.

»Was machen wir denn nun?«, wiederholte ich meine letzte Frage.

»Ich denke, wir nehmen uns einen dieser Einwanderungsanwälte. Der wird am besten wissen, welches Visum das richtige für dich ist.«

John vereinbarte sofort einen Termin, und eine Woche später saßen wir in einem repräsentativen Anwaltsbüro im zwölften Stock eines grauen Hochhauses, von wo aus wir einen guten Ausblick auf Melbournes geschäftigen *business district* hatten. Das Reden überließ ich John, weil ich sichergehen wollte, dass keine wichtigen Informationen verlorengingen. Obwohl ich dem Gespräch gut folgen konnte, fühlte ich mich ins Grundschulalter zurückversetzt. Da wurde von zwei Erwachsenen verhandelt, was wohl das Beste für die Kleine sei, die da so schön artig die Hände auf dem Schoß gefaltet hatte und stillhielt.

»Das hat ihre Partnerin schon richtig gesehen. Das Ehepartnervisum scheint mir in Ihrem Fall am sichersten zu sein.«

Wir schauten uns betroffen an.

»Heißt das etwa, wir müssen sofort heiraten?«, fragte John mit leichtem Tremolo in der Stimme.

»Nicht sofort. Annette könnte ihr Touristenvisum noch mal um drei Monate verlängern, aber dann würde ich schon zur baldigen Eheschließung raten.«

Der Anwalt drückte uns zum Abschied einen Stapel von Formularen der Einwanderungsbehörde DIMIA, ausgeschrieben *Department of Immigration & Citizenship*, in die Hand. Falls wir uns für den von ihm vorgeschlagenen Antrag entscheiden sollten, würde er noch mal über die ausgefüllten Papiere drüberschauen, bevor er sie an DIMIA weiterleitete. Dafür wurde schon jetzt eine saftige Anwaltsgebühr in Höhe von 2000 Dollar fällig.

Im Lift schwiegen wir. Was John wohl dachte? Und ich? Was dachte ich? Wenn heiraten die einzige Chance war, mit John in Australien bleiben zu können, dann würde ich es tun. Das war doch wenigstens mal ein ganz reeller Grund zur Eheschließung. Jahrhundertelang wurde Liebe als Basis für eine Ehe gar nicht erst in Betracht gezogen. Es ging um Stand, Besitz und Familienehre. Wir hätten im Falle unserer Hochzeit sozusagen das Beste aus beiden Welten vereint. Die romantische Liebe und den gesellschaftlichen Zwang. Am Ende hielt eine solche Ehe sogar besser?

Soweit meine Einstellung, aber bevor ich damit rausrückte, sollte John erst mal was sagen. Ich fand nämlich, dass er unter noch größerem Handlungsdruck stand als ich. Wenn er nicht heiraten wollte, könnte es natürlich sein, dass ich mich zurückgewiesen fühlte. Doch ganz abgesehen von meinen verletzten Gefühlen müsste ich außerdem das Land verlassen. Das musste ihm ganz schön zusetzen.

»Sollen wir was essen gehen? Komm, ich zeig dir *Little Italy*. Das wird dir gefallen.«

Ich war dankbar für die Ablenkung und nickte.

Die Lygon Street nördlich des Stadtzentrums von Melbourne kann sich zwar nicht mit dem berühmten italienischen Viertel in New York messen, ist aber dennoch ein Erlebnis. Ein italienisches Restaurant reiht sich wie auf einer Perlenschnur ans nächste, und die Konkurrenz ist so groß, dass die Besitzer mitunter zu recht aggressiven Verkaufsstrategien greifen. Meistens steht der Inhaber höchstpersönlich vor dem Lokal und quatscht gnadenlos jeden an, der vorbeikommt. Noch bevor man einen Blick aufs Menü werfen kann, prasseln die Vergünstigungsofferten nur so auf einen nieder.

»Kostenloses Knoblauchbrot, wenn Sie jetzt bei uns speisen, meine Dame!« Und ohne erst auf die Antwort zu warten, werden schon Stühle gerückt und Tischdecken glatt gestrichen. Diese geschäftstüchtigen Marktschreier sprechen fast immer die Frauen an, sicher mit gutem Grund. Ich für unseren Teil kann jedenfalls bestätigen, dass ich es bin, die für uns das Restaurant auswählt. Ich finde nämlich, es sollte immer der Experte eines Fachgebiets die entsprechenden Entscheidungen treffen, und ich kenne mich mit der Zubereitung von Nahrung nun mal besser aus als John (mit der großen Ausnahme von Steaks. Die kann er besser, aber ich hole auf!); der andere soll und darf Vorschläge unterbreiten, aber immer im Wissen, dass es sich hierbei keineswegs um einen demokratischen Prozess handelt.

Wir schlenderten also die Lygon Street entlang. Damals wusste ich noch nicht, wie die funktionierte. Fragend schaute ich in Johns Richtung, als man mir vorm *Bella Roma* frei Brot anbot. Dabei sah ich weder unternährt noch arm aus. John runzelte die Stirn und zog mich weiter.

»Warum gehen wir denn? Das hört sich doch gut an!«, entfuhr es mir ein wenig zu laut. Ungewöhnlich, dass John mein Territorium überschritt, und dann noch so selbstbewusst.

»Das wird von Tür zu Tür besser. Wart's mal ab und lass mich machen!«, flüsterte er mir zu.

Der Restaurantbesitzer nebenan hatte die Szene von eben natürlich beobachtet. Schon erhöhte der das Angebot auf kostenlose Bruschetta und erlassenes Korkgeld. Nicht schlecht! John war aber noch nicht zufrieden, und erst, als der Kellner des *Adria* mit dem geschenkten Tartufo noch einen draufsetzte, ließen wir uns an einem Straßentisch mit rot-weiß karierter Tischdecke nieder. John verschwand im hauseigenen *bottle shop* unseres Restaurants (wie praktisch!) und erschien kurz darauf lachend mit einer Flasche Rotem. Was war denn daran so komisch? War der ob des ganzen Heiratsdilemmas etwa schon am Durchdrehen? Mir war wieder einmal eher mulmig zumute, wusste ich doch immer noch nicht, wie John darauf reagieren würde.

»Da will ich dir unser italienisches Viertel vorführen, und nun sitzen wir beim Griechen.«

Jetzt war mir sein Gegrinse natürlich klar. Das *Adria* gehörte einer Familie aus Kreta, wie John beim Plausch im *bottle shop* herausgefunden hatte.

»Ihr Aussies nehmt das ja sehr wörtlich mit multikulti«, staunte ich.

Trotz griechischer Herkunft war das italienische Essen sehr gut. Doch bald waren wir beim Nachtisch angelangt, ohne das große Thema angeschnitten zu haben. Ich würde auf keinen Fall damit anfangen, und »anschneiden« ist wohl auch nicht das richtige Wort, um die Situation zu beschreiben. Das Thema Heiraten schwebte wie ein großer Luftballon zwischen uns und musste nur angepiekst werden, um mit einem Knall zu zerplatzen. Die Stimmung war zum Zerreißen gespannt, auch wenn wir uns unbeschwert gaben.

So langsam spürte ich Ärger in mir hochsteigen. John musste doch wissen, um was es für uns – für mich – geht. SAG WAS! Ich versuchte, ihn mit telepathischen Gedanken zum Reden zu bringen.

»Lecker!«, John schob zufrieden das leere Dessertschälchen von sich und stand auf, um zu bezahlen. Ich fiel innerlich zusammen. Das war's dann wohl. Wenn er bis jetzt nichts gesagt hatte, hieß das wohl NEIN. Nein, ich will dich nicht heiraten, und ja, du kannst wieder nach Hause fahren. Das Herz sackte mir in die Hose. Fast wäre ich aufgestanden und gegangen, da stand John plötzlich mit einer Flasche Champagner im Türrahmen. Eine Hitzewelle überkam mich, und meine Stirn fühlte sich an wie eine Glühbirne vor Energiesparzeiten.

Nachdem Dimitri eingeschenkt hatte, nahm John meine Hand und sprach mit sanfter Stimme: »Wir hatten beide nicht viel Zeit, darüber nachzudenken.« Er blickte auf seine Uhr: »Genau genommen nur eine Stunde.«

Ich lachte nervös auf.

»Für mich war das trotzdem Zeit genug, um zu wissen, dass du die Richtige für mich bist. Ich liebe dich, und ich will, dass wir zusammenbleiben. Annette, willst du mich heiraten?«

Ich war baff. John hatte es geschafft, aus dieser unseligen Lage das Beste rauszuholen, und nun saß ich da und wusste vor lauter Rührung nicht, was ich sagen sollte. Dabei wäre es doch nicht viel gewesen. Also gab ich mir einen Ruck und krächzte mir ein »Ja« aus dem Hals.

Ich hatte Bedenken, wie Rachel und Jonathan die Neuigkeit aufnehmen würden. Jetzt würde ich wirklich und leibhaftig zu ihrer Stiefmutter werden, ich! Das hörte sich nach einem Witz an, aber so war es nun wohl. Ich hatte jetzt eine Familie – auch wenn ich im Traum nicht daran dachte, die Mutter zu spielen. Ich hoffte, dass ich eines Tages so etwas wie eine ältere Freundin für Rachel sein könnte oder, falls das zu viel des Guten sein sollte, dann wollte ich doch wenigstens als die Frau an Dads Seite respektiert werden. Bei Jonathan machte ich mir kaum Sorgen. Er war schon so selbständig und lebte in Melbourne sein eigenes Leben. Ich konnte mir nur schwer vorstellen, dass er etwas gegen die Veränderung im Leben seines Vaters einzuwenden gehabt hätte.

Bei Rachel war ich mir unsicher. Sie und John waren sich sehr nah, ich ließ mich da von Rachels flapsigen Sprüchen nicht täuschen. Sie wohnte noch daheim und war seit Jahren die Herrin im Hause. Verstörend genug, dass ich so holterdipolter in ihr Leben gepurzelt war, und jetzt wollte ich noch im Schnellverfahren zu ihrer Stiefmutter werden? Da hätte ich an ihrer Stelle auch schlucken müssen.

John versuchte, mich zu beruhigen: »Ich kenne meine Kinder gut. Glaub mir, sie mögen dich!«

Rückblickend glaube ich, dass er sich sicherer gab, als er es tatsächlich war, doch er wollte mich nicht noch mehr verunsichern. Im Grunde teilte er nämlich meine Einschätzung: Rachel könnte sehr wohl übelnehmen, dass Daddy diese deutsche Frau eingeschleppt hat, und nun wollte er sie auch noch heiraten! Die spannendste Frage für uns war also, wie Rachel auf unser Vorhaben reagieren würde.

Jonathan war gerade von seiner Europareise zurück und wollte uns am Sonntag besuchen. Das sollte der Tag unserer Beichte sein. Heute war Mittwoch. Noch vier Tage. Jedes Mal, wenn ich Rachels Blick begegnete, fühlte ich mich wie eine Verräterin, und so lief ich ganze vier Tage lang mit leicht gesenktem Haupt durch die Flure.

In der Zwischenzeit versuchte ich, eine gewisse Routine für mein neues Leben zu finden, was sich als schwieriger erwies, als ich ursprünglich gedacht hatte. Ohne John, ohne Arbeit und Freunde kamen mir meine australischen Tage endlos lang vor. Ich konnte mir die Zeit auch nicht mit Telefonaten nach Deutschland vertreiben, denn Deutschland schlief tief und fest, während ich mich von Vormittag zu Nachmittag hangelte und mich fragte, was es auf dem Inselkontinent für mich als Nächstes zu tun geben könnte.

Morgens ging ich immer noch mit Lister in den Park, hielt ihn nun aber an der extrakurzen Leine, die ich für ihn gekauft hatte. Es musste doch möglich sein, wenigstens über den Hund Kontrolle zu erlangen! Ich gewöhnte mich an die kleinen und größeren Zwischenfälle, die sich bei unseren gemeinsamen Spaziergängen ereigneten. Solange er niemanden biss, war es nicht so schlimm, wenn er sich auf der unentwegten Suche nach Fressbarem in den nächstbesten Mülleimer stürzte. Es war ihm einfach nicht abzugewöhnen, und so legte ich mir Einmalhandschuhe zu, um verschämt die von Lister zerfetzten Burgercontainer und Pommestüten wieder einzusammeln.

Wenn ich von meinen Spaziergängen nach Hause kam, machte ich mich meistens daran, den Männer-Teenie-Haushalt ein wenig auf Vordermann zu bringen. Aber das war es auch schon mit Beschäftigung. Wenn ich hier glücklich werden wollte, musste ich mich nicht nur darum kümmern, so schnell wie möglich unter die Haube zu kommen, sondern auch, meinem Leben eine Richtung zu geben. Deutlich ausgedrückt: Sobald ich das Visum in der Tasche hätte, würde ich mich um Arbeit kümmern.

Um meine Chancen vorab auszuloten, bewarb ich mich auf eine Anzeige, die ich am Wochenende in der Zeitung gesehen hatte. Australiens staatlicher Rundfunk, ABC, suchte für sein Büro in Melbourne einen Redakteur, der für eine TV-Dokumentationsreihe zum Thema Berufe Recherchen machen sollte. Wäre doch gelacht, wenn die mich nicht wollen, sagte ich mir selbstbewusst. Schließlich bewarb ich mich deutlich unter meiner Qualifikation! Und wenn die mich wollten, müssten sie bei der Einwanderungsbehörde für mich bürgen. Und ich dürfte endlich arbeiten. Perfekt! Endlich könnte ich wer sein in Australien – auch ohne Mann.

Ich bastelte stundenlang an meiner englischen Bewerbung, die mir John zu ungefähr zwei Dritteln durchstrich und dann komplett umschrieb. Anfangs protestierte ich noch, denn woher wollte mein Sozialarbeiter denn wissen, was Arbeitgeber in der Medienbranche hören wollen? Ich konnte mir beim besten Willen nicht vorstellen, dass Bewerbungen in Australien etwas völlig anderes sein sollten als daheim. Doch John machte mir klar, dass eine Bewerbungsmappe in Australien viel stärker formalisiert sein muss, als ich es aus Deutschland gewohnt war.

In der Annonce wurden eine Reihe von Auswahlkriterien genannt, die einzeln in der vorgegebenen Reihenfolge vom Bewerber ausgeführt werden mussten. Ich fand das zwar ein wenig affig, aber gut. Johns Bewerbung verschaffte mir jedenfalls noch in derselben Woche ein Vorstellungsgespräch, und als es so weit war, war ich aufgeregt wie ein kleines Mädchen vor dem ersten Schultag. Das leise Ziehen im Magen legte sich erst, als ich von der Assistentin ins Büro gebeten wurde.

Die Besucherecke, wo ich eine Viertelstunde gesessen hatte, gewährte Einblick in ein Großraumbüro, und mir stellten sich vor freudiger Erregung die Armhärchen auf. Es wurde laut durcheinandertelefoniert, -diskutiert und -getippt – ein herrliches Gewusel, ganz so, wie ich es von Redaktionen aus meinem Berufsleben kannte. Ich atmete mir die Arbeitsatmosphäre tief in den Bauch. Ah, das tat gut. Es war eben doch nicht alles anders am anderen Ende der Welt!

Schließlich wurde ich zum Produzenten hineingebeten, der mich sogleich aufforderte, Platz zu nehmen. Angespannt setzte ich mich auf die Stuhlkante. Ich wollte diesen Job jetzt unbedingt. Mein angestrengtes Grinsen begann zu schmerzen, weshalb ich zur Entkrampfung meine Lippen zu einem Fischmund verformte, solange der Produzent noch in seinen Unterlagen blätterte.

»Da haben wir Sie ja«, sagte er so unvermittelt, dass ich samt Fischmaul zusammenzuckte. Er strich sich über den lichten Hinterkopf und brummelte etwas für mich Unverständliches, als er nochmals meine Bewerbung überflog.

»Sie haben eine Menge Berufserfahrung. Was reizt Sie denn

an diesem Job so? Ich lese, Sie waren Redaktionsleiterin. Halten Sie sich nicht für überqualifiziert?«

In unserer Branche nennt man dies eine unzulässige Doppelfrage, doch der Produzent saß am längeren Hebel, und was er sagte, war Gesetz.

Er stützte die Ellbogen auf den Tisch und lehnte sich interessiert nach vorne. Mir schoss das Blut in den Kopf. Jetzt bloß keinen Fehler machen! Wie das mit meinem lückenhaften Englisch gehen sollte, hatte ich mir vorher nicht klargemacht. Was nutzte mir schon die größte Begeisterung für die Stelle, wenn ich sie so rüberbrachte: »Ich liebe es, als Forscher zu arbeiten. Forschen ist, äh, Hammer und Zange für Feldarbeit. Ich liebe Basis. Ohne Basis keine gute Sendung, äh, glaube ich.«

Was ich indes zu sagen hoffte, war dies: »Ich liebe es, zu recherchieren. Recherchieren ist das Handwerkszeug (das Wort fiel mir nicht ein) unserer Branche. Ohne diese Grundlage kann man kein gutes Programm machen.«

Der Produzent schaute mich noch eine Weile an, nachdem ich mit diesem beeindruckenden Statement rausgerückt war. Ich schaute erwartungsvoll zurück, und als er sich wieder gefasst hatte, ging alles ganz schnell.

»Gut, gut. Sie hören dann von uns, und vielen Dank auch für die Videos.«

Ich hatte ihm ein paar Kassetten von Sendungen mitgebracht, für die ich gearbeitet hatte. Ich wusste nicht, ob ich ihm zum Abschied nochmals die Hand schütteln sollte oder nicht. Wie funktionierte das hier noch gleich? Nur bei der allerersten Begrüßung? Verunsichert ließ ich den Arm auf halber Höhe wieder sinken und nickte. So schlecht war mein erstes Bewerbungsgespräch in der neuen Heimat gar nicht gelaufen, erzählte ich John am Nachmittag. Ich wusste ja nicht, welchen Unsinn ich verzapft hatte. Der Produzent meldete sich nie wieder, und ich wertete dies nicht unbedingt als Scheitern, sondern als australische Unsitte.

»Erst ein Bewerbungsschreiben wie *Krieg und Frieden* verlangen und dann höre ich nichts mehr. Die Kassetten hat er auch behalten. Unverschämt! Und dabei legt ihr Australier doch angeblich solchen Wert auf Umgangsformen!«, beschwerte ich mich bei John, der jetzt wohl schon bald mein Mann werden würde. Die Hochzeit schien mir jetzt, nach diesem erfolglosen Versuch, an ein Arbeitsvisum zu kommen, noch unausweichlicher als vorher.

»Mach dir nichts draus, *darl*. Ich wette, sobald du diesem Produzenten gebeichtet hättest, dass du keine Arbeitserlaubnis hast, wäre eh nichts draus geworden. Du weißt doch noch, was der Anwalt gesagt hat: Der Arbeitgeber muss nachweisen, dass er auf dem australischen Arbeitsmarkt niemanden für die betreffende Stelle finden kann.«

Ich gab zu: Das war mehr als unwahrscheinlich. Ich hörte die Hochzeitsglocken läuten.

Inzwischen war der gefürchtete Sonntag gekommen. Jonathan hatte Jen, sein *shithot babe*, mitgebracht und strahlte über beide Backen.

»Lass dich umarmen, mein Papa (er betonte die zweite Silbe, damit es witzig französisch klang), und auch du, Stiefmutter in spe.«

Ich zuckte zusammen. Woher wusste der denn …?

»Willkommen daheim!«, versuchte ich mich an einer warmen Begrüßung.

Jonathan war drei Monate in Europa gewesen, hauptsächlich in England, wo er ein paar berufliche Engagements hatte, und erst vor ein paar Tagen nach Australien zurückgekehrt.

»Du brauchst mich doch nicht in meinem eigenen Haus willkommen zu heißen! Weißt du denn nicht, wie lange ich hier gelebt habe?«

Dann schüttelte er den Kopf, als hätte ich was ganz und gar Unmögliches gesagt. Er hätte mir genauso gut eine Ohrfeige verpassen können, die Wirkung wäre dieselbe gewesen. Mir wurde vor lauter Peinlichkeit fast übel, obwohl ich eigentlich wusste, dass Jonathan es nicht so gemeint haben konnte, wie es bei mir ankam.

Doch er hatte meinen wunden Punkt getroffen. Ich fühlte mich als Eindringling, Rachel sah mich wahrscheinlich genauso, und Jonathan sprach es eben aus. Rachel und Jonathan telefonierten oft miteinander. Bestimmt hatte sich Rachel das ein oder andere Mal beim Bruder über die deutsche Besatzung ihres Heims ausgeheult.

Ich verschwand aufs Klo und heulte. Ich war verzweifelt. Das ganze Unternehmen »Annette geht nach Australien« war doch ein ausgemachter Schwachsinn! Eine liebestolle Schnapsidee, die von Anfang an zum Scheitern verurteilt war. Wie hatte ich nur glauben können, ich würde mich in ein fremdes Land, in eine fremde Familie (die noch nicht mal meine Sprache sprach) wie ein passendes Puzzleteilchen einfügen können? Wie konnte ich glauben, dass auch alle anderen außer John mich mit offenen Armen empfangen würden? Mein Schluchzen zitterte sich durch den Oberkörper. John klopfte an die Tür.

»Alles okay mit dir? Jona erzählt uns gerade herrliche Geschichten vom Londoner Westend! Du verpasst was, komm schon!«

Johns Tonfall war fröhlich und unbeschwert. Möglich, dass ich mir Jonathans Affront eingebildet hatte, aber in diesem Moment hätte die Kluft zwischen mir und John nicht größer sein können. John war glücklich, endlich wieder all seine Lieben um sich zu haben.

Ich hörte Gelächter aus dem Nebenzimmer. Jona hatte seine Stimme verstellt und spielte den Mädchen was vor. Wie gerne würde ich auch mal wieder aus vollem Herzen lachen, einfach dazugehören. Mit Leuten reden, die mich kennen, denen ich mich nicht mehr erklären muss. Ich fühlte mich ausgeschlossen und einsam. Meine Traurigkeit verwandelte sich ohne Vorwarnung in Wut, und ich riss die Tür auf.

»*Honey*, was ist los? Geht's dir nicht gut?« John schaute mir besorgt ins verschwollene Gesicht.

»Ob's mir nicht gut geht? Ja, was glaubst du denn? Ich habe keine Arbeit, keine Freunde, du bist die meiste Zeit weg, und nun behandelt mich sogar dein Sohn wie eine Aussätzige! Nein, mir geht's ganz wunderbar, ehrlich! Danke vielmals der Nachfrage.«

Ich spie mehr Feuer als der Ätna, und John war einen Schritt zurückgewichen. Ich ging zum Waschbecken und klatschte mir Wasser ins dampfende Gesicht. John hatte sich seit meiner Ankunft schon einiges von mir anhören müssen und schwieg geduldig, wenn ich wieder mal Frust über Land und Leute abließ. Er machte mir dann Mut und sagte, dass mit der Zeit ganz sicher alles besser werden würde. Und war das nicht mein australisches Mantra? Geduld also!

John hatte schon mehrfach vorgeschlagen, dass er sich vielleicht einen Job in Melbourne suchen könnte. In der Großstadt hätte ich dann ganz andere Möglichkeiten, in Ruhe eine passende Arbeit für mich zu finden, und überhaupt, das Leben dort! Cafés, Galerien, Theater, Konzerte, Restaurants!

»Na, Kopf hoch, *love*, und tapfer nach vorne geschaut!«

Meist brachte er mich damit wieder ins Lot, was wiederum ihn froh machte, denn in gewisser Weise fühlte er sich natürlich für mich verantwortlich. Im Grunde wollte er einfach, dass wir uns alle ganz furchtbar liebhaben. Wenn es allerdings um Kritik an Rachel und Jona ging, war Vorsicht geboten, denn wie alle Väter liebte auch er seine Kinder abgöttisch. Gar nicht so leicht zu verstehen, wenn man selbst keine Kinder hat. Und die hatte ich nun mal nicht. John ging sofort in Abwehrstellung.

»Was soll das denn heißen, er behandelt dich wie eine Aussätzige?«

Seine Stimme klang nicht mehr so mitfühlend wie noch vor ein paar Sekunden, sie klang fast ärgerlich. Ich legte den Rückwärtsgang ein. Es war ja möglich, dass ich zu überreizt war und ihm unrecht tat. Er hatte es bestimmt nicht so gemeint, oder vielleicht hatte ich nur wieder was falsch verstanden? Also erklärte ich möglichst sachlich, was vorgefallen war.

»Annette, du musst dir ein dickeres Fell zulegen, sonst wirst du nicht froh hier«, sagte er ernst.

Wusste ich's doch. Ich war also schon ganz offiziell die *drama queen* des Hauses, ja?

»Das ist doch der reinste Quatsch!« Er klang jetzt wirklich verärgert. Dann seufzte er tief und packte mich an den Schultern.

»Hör mal zu, Annette. Ich liebe dich. Aber ich liebe auch meine Kinder. Das sind Kinder, Annette, Kinder! (An dieser Stelle schüttelte er mich leicht.) Da darfst du nicht jedes Wort auf die Goldwaage legen!«

Ganz schön alte Kinder, dachte ich trotzig und sagte nichts. Aber natürlich hatte John recht. Als die Erwachsene in diesem Stück könnte ich zumindest versuchen, ein klein wenig über den Dingen zu stehen. Ich wollte es probieren. Eine Frage hatte ich aber noch: »Woher weiß dein Sohn denn, dass wir heiraten? Hast du was gesagt?«

»Hab ich nicht, aber blöd sind die auch nicht. Er hat eben zwei und zwei zusammengezählt. Und jetzt komm, wir wollen doch darauf anstoßen.«

Irgendwie war ich erleichtert. Die Sache mit der Hochzeit war also raus – uffz! –, und offensichtlich hatte die Nachricht nicht die Duttonsche Welt aus den Angeln gehoben. Man lachte und scherzte noch immer munter, als ich wieder zu meiner Patchwork-Family stieß. Jonathan legte mir den Arm um die Schulter, was komisch ausgesehen haben muss. Er ist anderthalb Köpfe kleiner als ich. Der andere Arm angelte nach einem gefüllten Sektglas, das er mir reichte.

»Auf die größten Ehestifter dieses Landes. Auf die Liebe und auf DIMIA«, prostete er mir und den anderen zu. »*Cheers!*«

Auch Rachel, Jen und John hoben ihr Glas, und zum ersten Mal beschlich mich eine Ahnung, wie es sich anfühlen könnte, ein Teil dieser Familie zu sein.

Die nächsten Wochen plagte ich mich mit den Formularen der Einwanderungsbehörde herum. Es schien kein Ende nehmen zu wollen. Schickte ich endlich einen fertigen Packen zum Anwalt, schickte der mir ein neues Blättchen, dessen Lücken ich zu füllen hatte. Oder er sandte das Alte zurück, weil ich eine Unterschrift vergessen hatte.

Schließlich hatte ich doch alles beisammen: meine Geburtsurkunde (auf Englisch), mein Scheidungsurteil (notariell beglaubigt), ein polizeiliches Führungszeugnis aus Deutschland und eines aus Australien, eine Liste meiner Wohnungen der letzten zehn Jahre, eine Charakterbewertung von zwei australischen Bekannten (die nur aus bestimmten Berufsgruppen stammen durften) und was weiß ich noch alles. Ich habe die Details mittlerweile verdrängt und erinnere mich nur noch daran, dass ich aus dem Fluchen nicht mehr herauskam. Formulare waren für mich schon immer der reinste Horror gewesen, und ich kann nur jeden warnen: Wer es schon nicht hinbekommt, die eigene Steuererklärung zu machen, sollte es besser nicht in Betracht ziehen, nach Australien auszuwandern.

Der Anwalt sagte: »Fein. Ich habe Ihre Unterlagen nun eingereicht. Bitte überweisen Sie umgehend die Bearbeitungsgebühr an die Behörde.« Das war keine kleine Summe, und meine Freunde von DIMIA würden das Geld behalten – ob ich nun ein Visum bekäme oder aber abgelehnt würde. Fand ich ziemlich frech.

Der Papierkram war aber nur der erste Schritt. Als Nächstes musste ich in der medizinischen Abteilung der Behörde vorstellig werden, wo man mir im Eiltempo Blut abzapfte (Aids-Test. Leute mit Aids lassen sie nicht rein), die Arme auf Einstiche hin untersuchte (Junkies wollen sie auch nicht ins Land lassen) und die Lunge röntgte (Tbc!).

Das Foto von der Lunge machte mir echte Sorgen. Nicht wegen der Tuberkulose, sondern wegen meiner Raucherei. Noch nie hatte mir jemand in die Lunge geguckt. Ich rechnete im günstigsten Falle mit einem Emphysem, im schlechtesten mit Lungenkrebs im fortgeschrittenen Stadium. Hätte ich doch nur schon längst diese elende Qualmerei aufgegeben! Aber selbst wenn die Ärzte der DIMIA etwas finden würden, wäre ich davon nicht in Kenntnis gesetzt worden. Owohl ich selbstverständlich die komplette ärztliche Untersuchung samt Röntgenbild zu bezahlen hatte, wurde mir am Ende nur mitgeteilt, ob ich dem gesundheitlichen Mindestanspruch der Behörde genügte oder nicht. *No news is good news.*

Dass eine Einwanderung kein Kinderspiel war, hatten mir die australischen Ämter deutlich zu verstehen gegeben. Einfach nur schnell heiraten, und schon ist man Australier – weit gefehlt! Aber irgendwann hatten wir auch die bürokratische Ochsentour überstanden und konnten uns voll und ganz auf unser Jawort konzentrieren. Anfang Oktober sollte es so weit sein. Ich war mittlerweile seit zwei Monaten in Australien und merkte, dass es langsam ernst wurde.

11. Rachel und andere alltägliche Hindernisse

Während also mein Antrag auf *permanent residency*, das dauerhafte Bleiberecht, gewisse Fortschritte machte, wohnte ich weiterhin mit Rachel in Geelong. John hatte sich tatsächlich auf eine Stelle in Melbourne beworben, und so betrachtete ich die augenblickliche Lebenssituation als nur vorübergehend. Das machte es für mich leichter, half aber nicht über alles hinweg. Ich hatte noch immer keine befriedigende Lösung gefunden, wie ich meine langen Tage mit Sinn anreichern könnte, ohne etwa ständig im Haus rumzuputzen, einzukaufen oder zu kochen.

Theoretisch hätte mich das ausreichend beschäftigt, denn von Rachel war in dieser Hinsicht nicht viel zu erwarten. Wenn sie kochte, ließ sie meist das dreckige Geschirr so lange rumliegen, bis ich es nicht mehr mitansehen konnte oder einfach einen sauberen Topf brauchte. Weil ich wenig anderes zu tun hatte, steigerte ich mich an schlechten Tagen (und davon gab es einige) in einen imaginären Spül- und Putzwettkampf mit meiner zukünftigen Stieftochter hinein. Mal sehen, wer länger durchhielt, keinen einzigen Handschlag im Haus zu tun.

Ich weiß, das war krank, aber wenigstens brachte es meinen Adrenalinspiegel auf Hochtouren – auch, weil ich immer verlor und dann den ganzen Tag auf mich selbst sauer war. Während also meine neue Hauptbeschäftigung Ärgern war, schien Rachel meinen Unmut noch nicht einmal zu bemerken. Ich war ihr völlig egal. Manchmal fragte ich mich, ob sie ganz selbstverständlich annahm, die neue Stiefmutter würde ab sofort klaglos den Haushalt schmeißen – natürlich ohne in Rachels Rechte oder Intimsphäre einzugreifen. Ich glaube, genau das tat ich am Anfang auch, aber es dauerte eine ganze Weile, bis ich begriffen hatte, wie im Duttonschen Familienhaus der Hase lief.

Ich inszenierte kleine Testreihen, um zu sehen, ob ich mit meinem Scheißegal-Verdacht richtig lag oder ob Rachel vielleicht nur schlecht sah und eine Brille brauchte. So wischte ich wieder einmal den Boden blitzblank und ließ den Eimer demonstrativ im Flur stehen. Sie sollte sich nicht rausreden können, sie hätte gar nicht gemerkt, dass ich schon wieder geputzt hätte. Denn SIE war dran. Eindeutig. ICH war schon seit meinem Einzug die Einzige, die hier was sauber machte.

Mit einer Ausnahme. Rachel hatte ein eigenes Bad, und das war immer tipptopp sauber. Klinisch rein, könnte man sagen, denn Rachel putzt mit Bleiche. Ihr Bad roch wie ein frisch desinfizierter OP. Wenn Rachel mit dem Badezimmer fertig war, verschwand sie darin – mitunter für Stunden – und nahm das einzige Telefon mit. Rachel war dann mit ihrem liebsten Hobby, der Ganzkörper-Epilation beschäftigt. Und das konnte dauern, denn sie hatte sich eingeredet, sie hätte ein Fell wie der Vater. Die kleine Haarausreißermaschine konnte ich manchmal einen ganzen Nachmittag lang durch die dünne Wand surren hören.

Das war im Grunde ihre Nachmittagsbeschäftigung. Wenn sie nach Hause kam, machte sie sich – meinen Putzeimer stets geflissentlich ignorierend – unter größtem Aufwand ein Sandwich, ließ dann alles stehen und liegen (außer dem Telefon natürlich) und ward den Rest des Tages nicht mehr gesehen. Manchmal hörte ich neben dem Surren ein Lachen aus dem Bad. Wahrscheinlich telefonierte sie dann mit Donza und amüsierte sich über das deutsche Frolleinwunder mit dem Putzfimmel. Was für eine Göre!

Ich steigerte mich manchmal dermaßen in Rage, dass ich schreien hätte können. Was ich dann doch unterließ, aber ich musste wohl ein ernstes Wörtchen mit John reden. Ich konnte doch nicht mit Rachel einen Streit vom Zaun brechen. Ich war schließlich die Stiefmutter und hatte nicht vor, gleich dem bösen Klischee zu entsprechen – obwohl ich mich ganz so fühlte. Liebend gerne hätte ich Rachel zum Aschenputtel gemacht.

Hat eigentlich mal jemand untersucht, warum Stiefmütter so böse sind? Ich behaupte, sie werden von ihren Mitmenschen in die Gemeinheit getrieben, und zwar genau genommen von hinterlistigen, ihre Väter um den Finger wickelnden, perfekt enthaarten, eine andere Sprache sprechenden, scheinheiligen Zuckerpüppchen-Stieftöchtern! Bevor ich noch in die Luft ging, versuchte ich, John dazu zu bewegen, mal mit Rachel darüber zu sprechen, wie sie sich das Zusammenleben mit mir so vorstellte.

Obwohl mir die Antwort eigentlich jetzt schon klar war: gar nicht. Nicht, weil sie mich grundsätzlich ablehnte. Das würde voraussetzen, dass sie mich in irgendeiner Weise beachten würde. Nein, sie hatte nur anderes im Kopf als mich oder auch ihren Vater. Und schon gar nicht den Zustand des Hauses. Sie war vollkommen mit der eigenen Selbstbetrachtung ausgelastet. Was jenseits ihrer selbst und vielleicht noch ihrer Clique geschah, nahm sie nicht wahr. Tunnelblick. Man könnte jetzt sagen: Ist doch normal, Teenager eben! Aber Rachel war doch mit ihren schon fast 21 Jahren dem Teenie-Alter entwachsen, hatte ich zumindest geglaubt. Doch was wusste ich schon von Teenagern und dann noch der australischen Variante?

John unternahm immerhin ein, zwei Versuche, mit Rachel zu reden. Ich glaube aber nicht, dass ihr diese Gespräche in irgendeiner Weise zugesetzt haben. Sie änderten jedenfalls nichts. Rachel versprach zwar, in Zukunft öfter zu putzen, nachts nicht mehr alle Lichter brennen zu lassen oder um drei Uhr morgens die Superparty zu starten. Und tat dann doch, was sie wollte.

Als ich kurz vorm Wahnsinnigwerden war, sagte ich zu John: »Das geht so nicht mehr. Entweder ich ziehe aus oder Rachel zieht aus. Ich kann nicht mehr.«

John fiel vor Überraschung fast die Klappe runter.

»Ich dachte, es ginge jetzt besser mit euch?«

Ein klassischer Fall von väterlichem Wunschdenken. Nichts war seit Johns letzter »Unterredung« anders oder gar besser geworden. Was mich aber damals eigentlich aufregte, war nicht allein Rachels Missachtung. Es war die gebündelte Missachtung eines ganzen Kontinents. Ich war ein Nichts hier, ein Niemand. Wo war die gut verdienende Journalistin samt ihrem im Nachhinein doch recht beneidenswerten Leben nur abgeblieben? Sie hatte sich in Luft aufgelöst. Puff, zisch und weg! Ein ganz schlechter Zaubertrick, nur war das hier keine optische Täuschung, das war mein neues Leben.

Jeder Australier, der älter als zwei Jahre war, meisterte die einfachsten Dinge des täglichen Lebens hier besser als ich. Selbst für die Benutzung des blöden Geldautomaten in der Mall benötigte ich die Hilfe meines Partners. *Credit, savings, withdrawal?*, fragte das Display, nachdem ich meinen PIN-Code eingegeben hatte. Ja, was sollte das denn nun heißen? Geld her halt und in bar bitte! Ich brach nach dem zweiten Versuch ab, bevor das Ding noch meine Karte schluckte und ich mich womöglich auch noch mit einem Bankangestellten verständigen musste.

Und als ich dann dank Johns Unterstützung endlich meine Dollarscheine in der Hand hielt, musste ich ausgerechnet Rachel darum bitten, mich in den Supermarkt zu kutschieren, weil ich mich in den ersten Tagen nicht hinters Steuer traute. Im Supermarkt wiederum stand ich wie der Ochs vorm Berg vor der Kassiererin, die höchstens 14 war. So ein Kassengespräch auf der anderen Seite der Welt wollte auch erst mal gelernt sein.

»*Howya?*«, fragte mich das bleiche Kind, das kaum über die Kasse gucken konnte. Ich schätzte, das Mädchen wollte wissen, wie es mir ging. Ein wenig anmaßend, diese Vertraulichkeit, dachte ich noch, während ich gleichzeitig nach einer passenden Antwort suchte, aber das *How-are-you*-Getue kannte ich schon aus amerikanischen Filmen. Ein Australier muss in alltäglichen Situationen wie dieser nicht erst nach angemessenen Worten kramen. Der Australier sagt entweder: »*Yeah, good. And you?*«, oder: »*I'm alright. Thank you. What about you?*«

Am besten gefiel mir aber, wie gelassen der bärtige Alte an der Nachbarkasse die Standardfrage beantwortete: »*Hm, yeah, mate. Not too bad.*«

Ich probierte diese lakonische Replik gleich aus. Seither ist das der Ausdruck für meine australische Standardbefindlichkeit. Im Supermarkt und überhaupt. Damit war ich aber noch nicht ins sichere Schweigen entlassen.

»*Any flybuys?*«

Hä?

»*Floibois?*«, wiederholte sie noch mal für Doofe schön langsam und mit dickem australischen Akzent. Ich schüttelte probehalber den Kopf, obwohl ich mir nicht sicher war, ob ich mir damit nun ein kostenloses Ticket für eine Jungs-Band, die vielleicht »*The Floyboys*« hieß, verscherzt hatte. *Flybuys*, erklärte Rachel mir, ist eine Karte, auf der man bei jedem Einkauf Punkte für einen Freiflug sammeln kann. So eine Art *Miles and More* beim Shopping.

»*Any cash out?*«

»…?«

Fragte mich das Kind etwa, ob ich ihre Kasse plündern wollte? Etwa so, wie man beim Zoll in Amerika gefragt wird, ob man vorhat, den Präsidenten zu ermorden? Heftiges Kopfschütteln meinerseits.

Ich musste noch einige Male den Supermarkt aufsuchen, bevor ich begriff, was es mit dem *cash out* auf sich hatte. Eine sehr praktische Einrichtung war das nämlich. Man konnte mit der Karte bezahlen und gleichzeitig Geld abheben. Fürs Einkaufen Geld kriegen. Das war doch mal eine Erfindung! Ging aber nur bei *savings*, und schon war ich bei der nächsten Frage. Ich kam mir vor wie bei Günther Jauch. Noch ein, zwei Fragen richtig beantworten, und die Million würde über meinem Haupt niederrieseln.

»*Credit, savings or cheque?*«

Ich atmete schwer aus. Darum hatten die Ossis daheim also immer so gejammert. Ich verstand nun völlig. Das Leben woanders war die komplette Überforderung. Wie ein vom System jahrzehntelang kurzgehaltener Ossi musste ich am laufenden Band neue Entscheidungen treffen, auch wenn ich nicht verstand, worum es da ging. Dabei wollte ich doch nur schnell was fürs Abendessen einkaufen. Der Einfachheit halber zahlte ich in bar. Das Kind zählte mir das Wechselgeld in die Hand, und während es meine Lebensmittel in viel zu viele Plastiktüten verstaute, schoss sie eine letzte Frage ab.

»*So, what are you up to today?*«

Was ich heute noch so vorhätte? Das Blut schoss mir wieder in die Wangen. Was sag ich denn darauf nur? Die Wahrheit schon mal gleich gar nicht, so viel war mir klar. Ich machte eine vage Geste in Richtung meiner Plastiktüten, aber noch bevor ich was zum Thema »Kochen« sagen konnte, hörte ich ein erlösendes »*Have a nice day!*«.

In diesen ersten Wochen in Australien fühlte ich mich, als hätte mir jemand ungefragt eine neue Identität verpasst, die leider deutlich unter dem Niveau der alten Annette lag. Rachel hatte das Pech, dass sie sich als die Menschwerdung meines angehäuften Frusts anbot. Was auch immer mir nicht auf Anhieb gelingen wollte oder sich gänzlich meinem Einfluss entzog, ich fand die Schwierigkeiten, die ich mit meiner neuen Umgebung hatte, in Rachels Verhalten wieder.

»Was willst du denn?«, stutzte mich Anja zurecht, als ich ihr eines frühen Morgens am Telefon mein Leid klagte.

»Du hast doch vorher schon gewusst, was auf dich zukommt. Da musst du jetzt mal die Zähne zusammenbeißen und durch!«

Anjas Worte klangen gewohnt harsch, aber es stimmte ja. Ich war kurz davor, in Selbstmitleid zu zerfließen, und sah um mich herum nur noch Hindernisse und Feinde. Ich seufzte in den Hörer.

»Wie geht's dir denn so?«, fragte ich etwas mechanisch zurück, um das Thema zu wechseln.

»Super! Ich hab da diesen Typen kennengelernt, im Sender. Zwar Kulturredaktion, aber keiner von diesen Hohe-Kunst-Heinis, total geerdet, sag ich dir. Du, drück mir die Daumen, dass daraus was wird! Ich muss jetzt auch Schluss machen, er holt mich gleich ab. *Dinner for two!*«, flötete sie noch in die lange Leitung nach Australien, bevor sie auflegte.

Ich hätte mich für sie freuen sollen und fühlte mich noch ein Stückchen mieser, weil ich es nicht so richtig konnte. Nicht, dass ich Anja ihr Glück missgönnt hätte, ich fühlte mich nur so außen vor. Natürlich wusste ich, dass das Leben in Deutschland auch ohne mich weiterging, aber diese wenigen, zusammenfassenden Sätze machten mir klar, dass ich nicht mehr auf dem Laufenden war.

Früher hätte Anja doch keine Sekunde gezögert, um mir mitzuteilen, dass ihr da ein Redakteur aufgefallen war. Haarklein wäre ich selbst über die allerkleinsten Fort- oder Rückschritte in ihrem Liebesleben informiert worden. Das war nun vorbei, ich war nicht mehr greifbar und somit auch nicht mehr erste Wahl für Intimgespräche. Aus den Augen, aus dem Sinn. Als würde ich nicht mehr existieren. Wie tot. Wann hatte eigentlich meine Mutter das letzte Mal angerufen? Ich flennte mal wieder eine Runde über mein Schicksal. Wenn schon sonst keiner Mitleid mit mir hatte.

Mit Johns schönem neuen Job in der Stadt war es auch nichts geworden, und damit verschlechterte sich der Ausblick auf meine unmittelbare Zukunft beträchtlich, denn meine WG mit Rachel hatte den Status der Vorläufigkeit verloren. Die Lage war plötzlich wieder ernst.

»Ich meine es ernst«, sagte ich dann auch. »Wenn Rachel nicht deine Tochter wäre, hätte ich schon längstens mal ein Hühnchen mit ihr gerupft. Aber so? Sie weiß genau, dass ich ihr nichts sagen kann.«

»Unterstellst du ihr etwa, dass sie sich absichtlich so benimmt?«

Äh, ja.

»Was heißt schon absichtlich? Mit zwanzig sollte man schon grob wissen, wie man sich anderen gegenüber benimmt.«

»Und du willst sagen, sie weiß das nicht?«

Es war, als würde ich mit jedem Satz an meinem eigenen Grab schaufeln. John würde sich nie und nimmer gegen Rachel stellen. Das hatte ich verstanden, und ich weiß auch nicht, ob ich das überhaupt gewollt hätte. Es war seltsam. So sehr ich mich auch über ihre Respektlosigkeit mir gegenüber ärgerte, ich konnte mir noch immer vorstellen, mich irgendwann mit ihr zu verstehen. Sie war intelligent, witzig, talentiert. Unsere Beziehung zueinander hatte nur völlig verquer begonnen. Ich hätte nie, nie ins elterliche Haus einziehen dürfen, und schon gleich gar nicht ohne John. Diese grundverkehrte Situation musste vom Boden auf die Füße gestellt werden. Aber wie nur? Plötzlich hatte ich eine Idee.

»Was hältst du davon, wenn wir beide nach Warrnambool ziehen?«

»Nach Warrnambool? Du meinst, so richtig? Mit neuem Haus und so?«

»Genau! Was sagst du dazu?«

Ich war plötzlich ganz begeistert von meinem genialen Einfall. Warrnambool selbst war mir dabei völlig schnuppe. Eigentlich war es noch weiter weg von dem, was ich eigentlich wollte, nämlich Melbourne oder Sydney, wo ich vielleicht eine reelle Chance auf einen Job gehabt hätte. Aber da ich die Aufenthaltsgenehmigung noch nicht hatte und somit an Arbeiten überhaupt nicht zu denken war, wollte ich fürs Erste nur überleben. Und das hieß, ich musste Rachel loswerden (und sie mich!). Und wenn Rachel irgendwo auf keinen Fall leben wollte, dann war das in Warrnambool. So gut kannte ich sie immerhin schon. Ein 30 000-Einwohner-Städtchen am Ende der *Great Ocean Road* mit Milchbauern, Rinderzüchtern und einem Schlachthof. Dreieinhalb Stunden Autofahrt von Melbourne entfernt, kein Flughafen, keine coole Szene. Dort war ich vor Rachel sicher, da wollte ich hin.

»Meinst du das im Ernst? Für mich wäre das natürlich toll, ich mag meinen Job, das weißt du. Aber was ist mit dir, und was machen wir mit Rach?«

Ihm war also auch klar, dass sie ganz bestimmt nicht nach Warrnambool mitkommen würde. Sehr gut. Das müsste also schon mal nicht diskutiert werden. Ich gratulierte mir selbst zu dieser eleganten Lösung.

»Redet sie nicht schon länger davon, dass sie in Melbourne Musik studieren möchte? Das wäre doch dann DIE Gelegenheit, das mal genauer zu planen!«

Johns grüblerischer Blick hellte sich auf.

»Stimmt! Und wenn ich ihr bei der Wohnungssuche und dem Umzug helfe, schafft sie das schon mit der Veränderung.«

Ich schöpfte wieder Hoffnung, obwohl John recht hatte und ich völlig ahnungslos war, was ich in einem Kaff wie Warrnambool tun sollte. Ich bin auf dem Land groß geworden, und seit ich klar denken kann, wollte ich raus aus unserem Dorf und weg von der gar nicht mal so nahen Kleinstadt, wo der einzige Ort, an dem man es aushalten konnte, das Jugendzentrum war. Schon damals hatte ich mich räumlich und geistig eingeengt gefühlt. Und als ich dann zum Studium nach Mainz zog, schwor ich mir, nie wieder in ländlicher Einöde zu wohnen.

Aber hätte ich damals ahnen können, mit welchen Widrigkeiten ich einmal konfrontiert sein würde? Nein, wenn Rachel und John einverstanden waren, sollten wir es einfach wagen. Immerhin war es einen Versuch wert!

12. Eine hastige Hochzeit, Familie und Kinder

Es war beschlossene Sache. Schon bald würden wir nach Warrnambool ziehen, aufs Land. Immerhin hatte ich mir ein Auto gekauft, und seit einigen Wochen traute ich mich im noch immer ungewohnten Linksverkehr sogar auf Strecken, die jenseits des Supermarkts lagen. Ich konnte ohne drohenden Herzinfarkt rechts abbiegen und kurvte fast lässig durch den Kreisverkehr, der sich in Australien extremer Beliebtheit erfreut, aber es dauerte noch eine Weile, bis ich begriff, dass auch hier rechts vor links gilt.

Natürlich kam ich am Anfang relativ langsam ans Ziel, auch deshalb, weil ich oft sinnlos lange an Kreuzungen stand, um mir genau zu überlegen, wann ich fahren durfte. Wahrscheinlich passieren genau dann die meisten Unfälle, wenn man zu viel nachdenkt, aber ich hatte jedenfalls Glück und kam ohne Schaden davon. Mobilität war jedenfalls kein Problem mehr für mich.

Für einen Umzug nach Warrnambool sprach neben der Lösung unseres WG-Problems auch, dass es recht hübsch, eigentlich idyllisch am westlichen Ende der herrlichen *Great Ocean Road* liegt. Im Winter kommen die *Southern Rights* zum Kalben dorthin, die alljährliche Hauptattraktion des ehemaligen Walfängerstädtchens. Die Wale heißen so, las ich im Werbeblättchen der lokalen Touristenbehörde, das mir John mitgebracht hatte, weil sie ihren Jägern genau richtig erschienen, eben nicht zu groß und nicht zu klein. Perfektes Abschlachtmaterial. Die Tiere waren im 19. Jahrhundert unter Walfängern so beliebt, dass der Bestand im Laufe der Zeit empfindlich reduziert wurde. Seit 1937 stehen sie nun unter Naturschutz, und wenn die Weibchen im Winter die schützende Bucht vor Warrnambool aufsuchen, um ihre Kinder zu bekommen, muss jeder, der Mutter und Kind zu nahe kommt, mit empfindlichen Strafen und dem wütenden Protest der Bevölkerung rechnen.

Jetzt musste ich mir nur noch überlegen, wie ich in Warrnambool meine Zeit totschlagen sollte. Dieses Problem würde ja durch den Umzug nicht gelöst werden. Da wir noch vor dem Umzug heiraten würden, hätte ich jetzt theoretisch die Möglichkeit, mir einen Job zu suchen. Sobald mir die unbefristete Aufenthaltsgenehmigung erteilt würde, hätte ich die Erlaubnis, zu arbeiten. Aber in Warrnambool steppte nicht gerade der Bär, und mit meiner journalistischen Ausbildung konnte ich dort nichts Passendes finden.

Ehrlich gesagt: Jetzt, da ich bald hochoffiziell einen Ehemann haben würde, ging es mir nicht anders als den Walen: Ich wollte kalben. Ich wollte mich im Schutze des übersichtlichen Städtchens fortpflanzen.

Niemals zuvor hatte ich so deutlich den Wunsch nach einem Kind verspürt. Die Zeit war auch überreif, war ich doch mit Ende dreißig in einem Alter, in dem man das Babythema nicht mehr auf die lange Bank schieben konnte. Wenn ich noch Kinder haben wollte, konnte ich mir keinen weiteren Partner leisten, der Nachwuchs ausschloss.

Das war früher anders gewesen. Für Kinder wäre auch später noch Zeit, dachte ich mir jedes Mal, wenn ich gerade wieder solo war oder mit einem Mann zusammenlebte, der an Fortpflanzungsphobie litt. Ich machte also all die Jahre weiterhin Karriere und einfach so weiter wie bisher.

Das mit Mann und Familie würde schon noch kommen,

tröstete ich mich, wenn wieder rein gar nichts in Sicht war. Schlimmstenfalls blieb meine private Situation so, wie sie war. Und wenn schon, hatte ich damals manchmal trotzig gedacht. Schließlich kannte ich genügend Frauen, denen es genauso ging wie mir. Mit denen würde ich mir im Alter ein Haus im Süden kaufen, wo wir zusammen fröhlich steinalt werden würden. Und falls wir mal nicht am Pool lagen, um unsere schrumpelige Haut in der Sonne zu rösten, dann lag das nur daran, dass wir gerade mit einem Luxusdampfer durch die Karibik schipperten und im Bordkasino unsere Kohle zum Fenster rauswarfen.

Männer müssen sich, wenn sie auf die vierzig zugehen, bekanntlich für gar nichts entscheiden, sie können sich Frau und Kind noch mindestens für ein weiteres Jahrzehnt von der Backe halten. Für mich aber lagen die Dinge anders. Wenn ich mich jetzt nicht ganz bewusst für Kinder entscheiden würde, dann wär's das gewesen.

Ich konnte es nicht länger aufschieben, doch für John sah die Lage anders aus: Er hatte Rachel und Jonathan, zwei mehr oder weniger erwachsene Kinder. Sein Verlangen, ein weiteres Kind zu zeugen, war weniger dringend – um es mal vorsichtig auszudrücken. Um das zu ändern, müsste erst Dramatisches unternommen werden, aber dazu gleich mehr.

Ich für meinen Teil war fest entschlossen: Wenn ich Mutter werde, und das wollte ich nun ganz sicher, dann hier in Warrnambool. Und hätte es einen besseren Ort für die sichere Aufzucht geben können? Nein, lautete mein Urteil. Warrnambool war friedlich, alles und jeder war in fünf Minuten zu erreichen, und ich konnte am Kleinmodell einer Stadt lernen, wie das Leben in Australien eigentlich funktioniert. Wie gesagt: Viel mehr als Kinder würde ich in Warrnambool nicht machen können, und so war ich bereit für den Nestbau.

Es gab da nur ein kleines Problem. John hatte sich nach Jonathans Geburt sterilisieren lassen. Ich wusste das bereits, denn noch bevor er mich in Deutschland besucht hatte, war er mit der Sprache rausgerückt:

Liebe Annette,
Ich muss dir was sagen, worüber ich schon seit einiger Zeit nachdenke. Es hat was mit dem »F-Wort« zu tun, weil ich nicht weiß, was du dir für die Zukunft wünschst. Ich sag's jetzt mal ganz unverblümt. Ich hatte diesen gewissen Schnitt, eine Vasektomie. Ich hätte es dir natürlich im Januar, wenn wir uns bei dir in Deutschland wiedersehen, sowieso gesagt, aber ich will nicht, dass dieses Thema dann für dich eine Überraschung ist. So, und jetzt sitze ich hier und frage mich, wie du darauf wohl reagieren wirst.

Du fragst dich bestimmt, warum ich gerade heute auf dieses Thema zu sprechen komme? Ich hab gestern Der Tod steht ihr gut geschaut. Du kennst den Film sicherlich. Der Inhalt ist eigentlich auch egal, am Ende entscheidet sich der unsterbliche Bruce Willis jedenfalls für die Sterblichkeit, und der Film endet mit seiner Beerdigung. Er hatte sich mit 50 entschieden, dass sein Leben noch mal neu beginnt: mit einer neuen Frau und jeder Menge Kinder und Enkelkinder, die am Schluss um sein Grab rumrennen. Keine Ahnung, wie er das gemacht hat.

Trotzdem kann ich mich ganz gut in ihn hineinversetzen. Auch ich fühle mich, als könnte ich mit meinem Leben noch mal von vorn beginnen. Dabei ist ein Teil von mir froh über den Schnitt (ich hatte ja seinerzeit meine Grün-

de für diesen Eingriff), der andere nicht. Ich hätte irgend-
wie noch gerne alle Möglichkeiten offen. Du musst zu all-
dem jetzt nichts sagen, ich dachte nur, du solltest das wis-
sen. Das ist alles.
   Love, John

Ich war damals erschüttert gewesen über diese neueste Nachricht, und es war mir schwergefallen, ruhig darauf zu antworten. Aber weil Schweigen auf Dauer auch keine Lösung gewesen wäre, fasste ich mir ein Herz und schrieb zurück:

Du hast den Eingriff vor Jahren machen lassen, lange bevor wir
uns kannten (hoffe ich doch!). Es hat also zunächst mal nichts
mit uns zu tun, und trotzdem bin ich traurig. Ich weiß auch nicht,
was richtig und was falsch ist. Vielleicht wäre ich als Mutter eine
absolute Lachnummer und der große Plan des Universums ist,
diese Katastrophe zu vermeiden. Keine Ahnung. Ich würde nur
einfach gerne selbst entscheiden. Ich bin jetzt 35 und habe mich
noch nicht GEGEN Kinder entschieden. Ich glaube zwar, dass ich
auch ohne Kinder glücklich sein könnte, aber ich will mich noch
nicht darauf festlegen müssen. In ein paar Jahren werde ich das
notgedrungen anders sehen – aber jetzt schon?
Ich bin jedenfalls froh, dass du es mir gesagt hast. Alles Weitere,
wenn wir uns wiedersehen, ja?

John hatte mir nur geantwortet, dass er erleichtert sei, so früh
mit der Sprache herausgerückt zu haben, immerhin war das
ein extrem wichtiges Thema in einer Partnerschaft. Anschlie-
ßend hatten wir vereinbart, uns vorerst nicht weiter damit
aufzuhalten, schließlich war unsere Beziehung damals noch
ganz frisch. Wir hatten anderes zu tun, als uns über die Kin-
derfrage zu unterhalten.

Erst als ich nach Australien gezogen war, hatten wir das Problem wieder auf den Tisch gebracht. In der Zwischenzeit hatte ich mich auch darüber informiert, ob sich so eine Vasektomie überhaupt rückgängig machen ließe. Im Internet fand ich folgende Antwort: Im Prinzip ja, doch die Wahrscheinlichkeit, dass es funktioniert, nimmt mit jedem Jahr, das seit der Vasektomie vergangen ist, ab. Nach zwanzig Jahren war es so gut wie ausgeschlossen, dass eine Rückoperation erfolgreich sein würde.

Doch so leicht würde ich nicht aufgeben. Statistiken sind bloß Zahlen, und jeder Fall ist schließlich individuell. Oder einfacher gesagt: Die Hoffnung stirbt zuletzt. Ich wollte in jedem Falle vor unserer Hochzeit mit John besprechen, was wir tun wollten. Möglichst bald also.

Als wir eines Abends zusammen in eine nette Bar ausgingen, witterte ich eine günstige Gelegenheit. Ich versuchte, den Kloß in meinem Hals herunterzuschlucken, zündete mir eine Zigarette an, und während ich den Rauch ausblies, sagte ich beiläufig: »Wir haben immer noch nicht über die Sache mit deinem Schnitt gesprochen. Ich finde, wir sollten das jetzt tun.«

Ich sah John erwartungsvoll an. Er runzelte die Stirn und schaute fragend zurück. Dabei sollte doch ER was sagen! Vor lauter Unsicherheit fing ich an zu quasseln: »Ich hab da mal ein wenig im Netz gestöbert, und es ist so, dass …«

Ich redete nun ohne Punkt und Komma über die Chancen und Risiken einer Operation, als wäre das das eigentliche Thema. Damit umging ich feige die vier Worte, die ich eigentlich hätte sagen müssen: »Ich will ein Kind.«

So aber hörte sich John meine populärwissenschaftlichen Ausführungen in aller Ruhe an und sagte nichts. Es war, als hätte ich mit der Wand gesprochen.

»Und? Was meinst du?«, fragte ich nach einer Weile, aber ich spürte auch so, dass er nichts Eindeutiges zum Thema Kind sagen wollte. Hatte ich ihn in die Ecke gedrängt? Ja und nein. Nein, denn er musste damit rechnen, dass ich das heikle Thema früher oder später ansprechen würde. Ja, denn dieser Zeitpunkt war verdammt früh für ihn. Ich wollte doch aber nicht, dass es für mich zu spät wäre.

Was sollte ich jetzt tun? Warten, bis meine Eierstöcke aus lauter Kummer vorzeitig den Dienst quittierten? Weil Monsieur bis ins Rentenalter Bedenkzeit brauchte? War er etwa nicht mutig genug, mir entgegenzutreten und zu sagen: »Vergiss es, Baby!«

Ich war traurig und wütend zugleich. Ich spürte einen Widerstand in mir wachsen und war verwirrt. Ich liebte John, aber würde ich bei ihm bleiben wollen, wenn er partout kein Kind wollte? Wenn ich verhindern wollte, dass unsere Liebe an der Frage »Kind oder nicht?« kaputtging, musste ich mir Klarheit verschaffen. Welche Konsequenzen auch immer das haben sollte.

Doch vorerst kam ich in dieser Hinsicht bei John nicht weiter. Ich musste mich gedulden, schließlich konnte ich es ihm nicht verwehren, in Ruhe darüber nachzudenken, ohne gleich die Pistole auf die Brust gesetzt zu bekommen. Doch in mir brodelte es. In diesem Zustand hielt ich es nicht einmal zwei Wochen aus, bis ich in Erfahrung bringen musste, woran ich war.

Die Sonnenstrahlen an diesem Sonntagvormittag hatten, obwohl es erst September war, schon erstaunlich viel Kraft, und nach einem langen, nasskalten Winter waren wir froh, endlich wieder einmal draußen sitzen zu können. Wir hatten uns daher spontan zu einem späten Frühstück in einem kleinen Café direkt an Geelongs *Waterfront* entschlossen und genossen die erste Frühlingswärme auf der belebten Terrasse. John las Zeitung, und ich beobachtete die Paare und Familien, die wie wir den schönen Tag nutzten und auf der Uferpromenade an uns vorbeischlenderten.

Jetzt oder nie, dachte ich mir und schwang die Füße von der Balustrade, setzte mich aufrecht hin und sagte dann, als wollte ich noch was bestellen: »Ich hätte gern ein Kind. Und du?«

Ich starrte auf die Zeitung, als könnte ich durch das Papier hindurch erkennen, was John für ein Gesicht machte. Allmählich ließ er die Wochenendausgabe des *Australian* sinken und sah mich an.

»Wie bitte? Du hast nicht gerade gesagt ›Ich hätte gern ein Kind‹, oder?«

»Doch!«, strahlte ich den potenziellen Kindsvater zuversichtlich an, »ich habe mich entschlossen, ich will ein Kind.«

So, nun war es endlich raus, und zwar garniert mit einer gesunden Portion guter Laune.

Jetzt faltete John die Zeitung zusammen und legte sie auf den Tisch. In aller Ruhe nahm er einen Schluck von seinem *flat white*. Nach einer Ewigkeit sagte er vorsichtig, als müsste er die Lage erst einmal abklopfen: »Das kommt jetzt ein bisschen plötzlich. Du weißt schon noch, dass es da ein kleines Problem meinerseits gibt, oder?«

Worüber hatte ich eigentlich die ganze Zeit in der Bar gesprochen? Ich glaubte nun tatsächlich, dass an diesem Abend nur die Wand zugehört hatte. So ein Verdrängungskünstler!

»Ja, sicher erinnere ich mich. Ich erinnere mich auch an deine Mail. Darin stand, dass ein Teil von dir gerne alle Möglichkeiten offen hätte. Treffende Formulierung übrigens. Dein Teil und das neue Leben! Erinnerst DU dich denn noch?«

John straffte seinen Oberkörper. Keine Frage, hier wurde scharf geschossen, die Situation war brenzlig.

»Und stand da nicht auch, dass ich für den Schritt so meine Gründe hatte?«, schob er fast sachte nach.

»Ich nehme mal an, du wolltest keine Kinder mehr.«

»Richtig!«

Er sagte das erleichtert, so, als hätte ich seine Motive nun endlich begriffen. Ich wartete einen Augenblick, um zu sehen, ob er sein letztes Wort noch in irgendeiner Art erklärend ergänzen wollte. Stattdessen trank er seinen Kaffee aus. Die Tasse schepperte, als er sie fest auf den Unterteller setzte. Wie? Er wollte sich also nicht weiter äußern? Na, gut: Krieg also! Den konnte er haben. War wohl längst schon überfällig, dass wir mal ordentlich aneinanderrasselten.

»Ist das dein letztes Wort zum Thema? Ich fasse es nicht! Das heißt dann ja wohl, dass du eine Rückoperation nie ernsthaft in Betracht gezogen hast!«

Ich zitterte vor Wut. Die ersten Köpfe hatten sich jetzt interessiert unserer Diskussion zugewendet, doch ich hatte das Umfeld längst ausgeblendet. Von mir aus hätte der Papst zuhören können.

»Du weißt ja gar nicht, was es heißt, Kinder zu haben!«

Auch John hatte seine Zurückhaltung nun aufgegeben und schlug mit der flachen Hand auf die Tischplatte.

»Das ist doch genau der Punkt«, sagte ich laut. »Ich würde es nur zu gerne wissen! Seit ich bei dir in Australien bin, hab ich nämlich auf einmal rein gar nichts mehr zu vermelden. Verzieh jetzt nicht das Gesicht, ist doch so! Zuerst hat Rachel meinen Alltag bestimmt, und jetzt sagst du mir, wie meine Zukunft aussehen wird. Kinderlos nämlich! Weißt du was? Mir reicht's! *F*** Australia, f*** Rachel, f*** you!*«

Damit stand ich auf und ging. Mein Zorn war so groß, dass

er keinen Raum für Tränen ließ. Mit zitternden Händen zündete ich mir im Gehen eine an und lief stadteinwärts. Nach Hause wollte ich nicht, erst musste ich wieder einen klaren Kopf kriegen. Das Pub war für diesen Zweck vielleicht nicht der beste Ort, aber ein, zwei Gläser Wein wären gut, um ein wenig Dampf abzulassen.

Ich setzte mich an die Theke, an der außer mir ein junges Pärchen saß. Im Hintergrund lief Elvis Costello. Ausgerechnet meine Lieblings-CD, die ich auch John gebrannt hatte und die nun, wie Rachel sarkastisch bemerkt hatte, auf immer im Player seines Autos versenkt war. Ich trank vom Riesling und zwang mich, nicht zu heulen. Was hatte Anja noch gesagt?

»Wenn es nicht hinhaut mit dir und dem Australier, kommst du halt wieder zurück. Was ist schon dabei?«

Genau, was war schon dabei? Schließlich bin ich ein freier Mensch. Frei, Fehler zu machen, frei, mir das einzugestehen, und eben auch frei, zu gehen.

Ich hatte das zweite Glas zur Hälfte getrunken, als John auf einmal neben mir stand.

»Dachte ich mir doch, dass ich dich hier finde.«

Ich zog an meiner Kippe und guckte schweigend geradeaus.

»Wir hätten schon viel früher reden müssen. Es tut mir leid. Schau, ich wusste bis vor einer halben Stunde nicht, wie sehr du dir ein Kind wünschst.«

Er legte den Arm um meine Schulter und sagte leise: »Ich will, dass du glücklich bist. Und wenn du dieses Kind willst, dann will ich es auch.«

Ich drehte mich zu ihm um. Meine Wut war dahin.

»Ehrlich? Ich will doch gar nicht ein Kind um jeden Preis. Wir wissen ja nicht einmal, ob eine Operation überhaupt funktionieren würde. Aber dann hätten wir es wenigstens probiert.«

»Ja, probieren wir's! Wenn du unbedingt willst, dass dein Kind einen Vater wie Charlie Chaplin hat, probieren wir's halt!«

Wir fanden einen Spezialisten in Melbourne, und man gab uns einen Termin, der Monate entfernt war. Nur gut, dass ich mir für Australien das richtige Mantra zugelegt hatte. So gesehen konnte ich mir nun wirklich noch Zeit lassen, bevor ich die Flinte endgültig ins Korn warf und mein australisches Abenteuer aufgab. Deutschland lief ja nicht weg.

Die Hochzeit fand noch in der *Fitzroy Street* in Geelong statt, im kleinen Kreise. Die Dunns von schräg gegenüber kamen, Jenny (meine Trauzeugin) und David (ein alter Freund von John), Terry (Psychologe und Johns Trauzeuge), Johns Schwester war aus Adelaide angereist und zwei, drei liebenswerte Arbeitskollegen von John fanden sich ein. Rachel und Jonathan waren natürlich auch zugegen, als uns die schwergewichtige Mary, unser *celebrant*, an diesem etwas zu kühlen Oktobersamstag in den rechtlichen Stand der Ehe überführte. Da weder John noch ich etwas mit der Kirche am Hut hatten, reichte uns diese kleine Zeremonie.

Ich trug ein mir schmeichelndes, türkisblaues Blümchenensemble mit passenden Schühchen, in denen ich nicht mehr als drei Schritte gehen konnte – umso besser, dass wir zu Hause heirateten. Am Morgen kam eine junge Frau, die mir die dünnen Haare so lange föhnte, bis Volumen zu erkennen war. Sie zupfte meine Brauen in Strichform und malte mein Gesicht bunt aus. Am Ende erkannte ich mich kaum wieder, war vom Ergebnis entgegen meiner Skepsis allerdings freudig überrascht.

John las mir am Ende des offiziellen Teils seine *vows* vor, so eine Art Eheschwur. Peinlicherweise ist mir das meiste davon entfallen (ich hab den genauen Wortlaut sicherlich irgendwo in meinen Unterlagen im Aktenschrank), doch das Wesentliche hab ich mir gemerkt. Er hat vor versammelter Gemeinschaft geschworen, dass er mir jeden Morgen den Kaffee ans Bett bringen wird. Ich hatte ihm gegenüber mal erwähnt, dass ich diese Geste als ultimativen Liebesbeweis werten würde, und er hatte sich zur rechten Zeit daran erinnert.

Wir wollten aus unserer Hochzeit keine große Affäre machen, aber ich war trotzdem ein wenig traurig, dass niemand von meiner Familie oder meinen Freunden mit uns feiern konnte. Ich blieb tapfer und vergoss keine Träne – auch, weil ich immer noch an meinem dicken Fell arbeitete. Außerdem war es meine zweite Hochzeit. Der australische Staat wollte es schließlich so. Wir heirateten, damit ich nicht des Landes verwiesen würde. Kein Grund also, um sentimental zu werden, oder?

Nicht so ganz, denn umgekehrt schlossen wir auch keine reine Vernunftehe. Im Gegenteil, eigentlich war es sogar äußerst unvernünftig, so im Schweinsgalopp in den heiligen Stand der Ehe zu reiten.

Erst als es klingelte und mir eine deutsch sprechende Dame einen riesigen Blumenstrauß von meiner Familie überreichte, kullerte eine Träne aus meinem Auge. Schade, dass wir nicht mehr Zeit gehabt hatten, unsere Hochzeit etwas besser zu planen. Da es uns trotz aller Eile ernst war, nahmen wir uns vor, in zehn Jahren ein tolles Jubiläum zu feiern, dann ganz romantisch irgendwo am Strand und hoffentlich mit mehr deutscher Beteiligung.

Das war es also. Wir waren ab sofort ein Ehepaar – *in good times, in bad times*. Praktischerweise war unser Hochzeitstag auch gleich Rachels 21. Geburtstag, so dass wir in einem Aufwasch feiern konnten. Auch geschenkemäßig schlugen wir zwei Fliegen mit einer Klappe: Rachel bekam ein Flugticket nach Berlin, wo wenige Wochen später die interkontinentale Familienzusammenführung stattfinden sollte. Der größte Teil meiner Familie kannte John – geschweige denn seinen Anhang – nämlich noch nicht.

Was wir auf unserer Winterreise nach Deutschland alles gemacht haben, habe ich vergessen. Merkwürdigerweise sind mir nur die peinlichen Momente im Gedächtnis geblieben.

Das Wichtigste war natürlich, dass John und Rachel ihren deutschen Familienzweig kennenlernen sollten.

Es war mal wieder schweinekalt in Berlin, während in Australien der Sommer gerade zur Hochform auflief. Ich nahm mir vor, in Zukunft nicht mehr im tiefsten Winter nach Deutschland zu reisen. So schön Berlin im Schnee auch war, es war viel zu eisig. Dabei rede ich gar nicht von mir, ich hatte sogar noch meine alten Pullis, aber die Australier …

John hatte immerhin sein Naturfell, doch Rachel war ein einziger Zitterrochen. Sie war sowieso nur noch Haut und Knochen, denn seitdem sich Donza von ihr getrennt hatte, aß sie fast nichts mehr. Sie sprach auch nicht mehr viel, was die Kommunikation mit den neuen Verwandten in Deutschland nicht leichter machte.

Eines Abends waren wir bei meinem Bruder Sascha und seiner Familie zum Gansessen eingeladen. Mein Bruder Nummer zwei, Christoph, war zu diesem Zweck früh angereist, um gemeinsam mit Sascha das Festmahl zuzubereiten. So eine Gans mit Klößen und selbstgemachtem Rotkohl, die dauert halt. Wir drei Australier wohnten bei meinem ältesten Bruder Peter in der Kufsteiner Straße. Um einigermaßen pünktlich zum Festessen anzukommen, wollten wir uns ein Taxi vom Bayerischen Viertel zu Sascha nach Treptow nehmen. Berlin lag unter einer geschlossenen Schneedecke, was hübsch aussah, aber leider den Verkehr fast zum Erliegen brachte. Also machte ich Druck. Rachel könne aber nicht weg, bevor sie sich nicht gründlich enthaart habe, sagte John plötzlich allen Ernstes.

»Wie bitte?« Ich dachte wirklich, ich hätte mich verhört.

»Rachel will sich noch ENTHAAREN«, buchstabierte John.

Ach so. Sicher. Kein Mensch außer ihr würde heute ein einziges Haar unterhalb ihres Schopfes zu sehen bekommen. Wir hatten sie wegen des Bibberns erst gestern bei H & M burkaähnlich einkleiden lassen, aber klar, wenn ihr Selbstwertgefühl unter der Behaarung litt …

Ich fuhr alleine schon mal los. Die beiden kamen ganze zwei Stunden zu spät. Eine Stunde wegen der Entaffung, eine zweite, weil der Taxifahrer im Wetter den Überblick verloren hatte. Die Gans war immer noch lecker. Wir Geschwister hauten rein, besonders ich, da mir die deutsche Hausmannskost fehlte. John war fürs deutsche Essen nicht so zu haben, und Liebeskummer-Rachel pickte sowieso nur wie ein Vögelchen. Doch die neue Familie war sich sympathisch, und man bemühte sich um gegenseitiges Interesse und gute Stimmung.

»Wie ist das Wetter denn so in Geelong? Bestimmt besser als hier, oder?«, fragte Peter.

John zuckte zusammen. Er war gerade im Begriff, seinen Semmelknödel zu zerteilen und unter dem Rotkraut zu verstecken. Nun fühlte er sich ertappt. »Sommer, bei uns ist jetzt Sommer«, stammelte er, »es dürften so um die dreißig Grad sein.«

»Wie sieht denn euer Winter aus?«, wollte Sascha wissen.

John war froh, das Gespräch lenkte vom Essen ab. »Unser

Winter? Hm, ja, da kann das Thermometer schon mal auf fünfzehn Grad fallen.«

Er schob jetzt etwas Rotkraut unter den abgefressenen Gänseschenkel, wobei er darauf achtete, dass sein Kloßversteck nicht aufflog.

»Winter nennt ihr das? Ist ja lächerlich!«, meinte Peter.

»Kann sich aber bei stürmischem Wind ganz schön fies anfühlen«, sagte ich, als könnte dieser Einwurf dem Gespräch eine gewisse Tiefe verleihen. Man näherte sich in kleinen Schritten an, was sonst hätte ich erwarten können? Wir waren da und würden bald auch wieder weg sein. In der Zwischenzeit führten wir höfliche Gespräche.

John kam besonders gut bei Mama an. »Dein John ist ja ein toller Mann, der ist so ganz anders als du. So ausgeglichen und geduldig – einfach toll!«, schwärmte sie über meinen Mann, als wir die Spülmaschine einräumten.

Ich erwiderte nichts auf dieses zweifelhafte Kompliment.

Ob meine Eltern und Geschwister was gesagt hätten, wenn es anders gewesen wäre? Vielleicht, aber eigentlich glaube ich das nicht, denn wir redeten einander nicht in unsere Beziehungen rein. Außerdem waren wir auf unserer Hochzeitsreise – das war für niemanden der passende Zeitpunkt, um meinen Ehemann zu kritisieren.

So, die Familie hatte sich nun beschnuppert, und somit war das eigentliche Anliegen unserer Reise erledigt. Viel mehr hab ich mir von diesem Schnelltrip auch nicht behalten.

Ich weiß noch, wie Rachel und John eine Vorliebe für den Berliner Weihnachtsmarkt entwickelten, insbesondere für die Glühweinstände (seit dieser Reise haben wir mindestens sechs Christkindl-Tassen im Schrank). Dann habe ich noch dieses Bild vor Augen, wie John sich mit dem Mördergepäck der Tochter abschleppte. Von Melbourne über Frankfurt nach

Berlin und dann endlich auch wieder zurück: »Dahahad, kannst du mir mal tragen helfen?«

Ziemlich unspektakulär also, unsere Hochzeitsreise. Ich war trotzdem zufrieden, denn ich hatte all meine Lieben mal wieder auf einem Haufen zusammen gesehen. Dass meine alte Familie meiner neuen ziemlich fremd war und umgekehrt, war nicht weiter schlimm – schließlich wohnten sie Tausende Kilometer voneinander entfernt und würden sich sowieso so schnell nicht wiedersehen.

Wenige Zeit später musste ich einsehen, dass wir uns zumindest mit den Urlaubsfotos etwas mehr Mühe hätten geben sollen. Kurz nach unserer Rückkehr stand nämlich endlich der große Tag bei der Einwanderungsbehörde an, an dem wir für meine Aufenthaltsgenehmigung interviewt werden würden.

Frank, unser Sachbearbeiter, schaute sich die Bilder der Berliner Familienzusammenführung sehr genau an. Er ging den Stapel ein, zwei Mal durch, bevor er endlich etwas sagte: »Ihre Mutter. Wieso haben sie beide die nicht schon im Januar besucht? Ihren Vater hatte John damals doch bereits kennengelernt, oder?«

Ich rutschte nervös zur Stuhlkante und schaute mir das Foto mit John, Mama und mir an. Auf dem Bild schob John der Gans gerade einen Apfel in den Hintern. Mama und ich standen dümmlich grinsend daneben. Ich sah die Szene nun mit Franks Augen, die nüchtern betrachtet nicht der beste Beleg für eine glückliche Familienzusammenführung war. Ich lief rot an. Wie peinlich!

Aber was hätten wir tun sollen? Auf unserer Deutschlandreise verschwendeten wir keinen Gedanken daran, dass wir Beweismaterial für die Echtheit unserer Beziehung brauchten. Wir mussten uns also mit den Schnappschüssen begnügen, die wir hatten. Jetzt saß ich hier mit John bei der DIMIA in einer Art Kreuzverhör und hatte klatschnasse Achseln. Glaubte Frank denn im Ernst, dass wir ihm hier nur etwas vorspielten? Sah man denn nicht gleich, dass wir ein echtes Paar waren? Ich schaute John flehend an. Ehe ich in meiner Aufregung noch was Falsches sagte, sollte er doch bitte mit Frank reden. Er hatte verstanden.

»Annettes Eltern sind geschieden, und eine Fahrt nach Berlin wäre damals zeitlich nicht drin gewesen. Wie Sie sehen, haben wir bei unserem letzten Deutschlandbesuch keine Zeit verschwendet und umgehend Annettes Mutter aufgesucht.«

Ich pflichtete John nickend bei.

Jetzt griff sich Frank einen dicken Stapel Papier, den er wie ein übergroßes Daumenkino mit einer Hand durchpflügte.

»Ein beeindruckendes Dokument«, sagte Frank, und ich meinte in seinen Mundwinkeln so etwas wie den Anflug eines Grinsens zu erkennen.

Ich wurde rot, John lachte. Wir hatten der Einwanderungsbehörde unseren gesamten E-Mail-Wechsel geschickt, um unsere Beziehung zu dokumentieren. Zensiert wohlgemerkt, doch weil John der Zensor war, war ich mir nicht absolut sicher, dass alle zweifelhaften Stellen entweder gelöscht oder zumindest unkenntlich gemacht waren. Täuschte ich mich oder war Franks Blick tatsächlich leicht süffisant?

Endlich schob Frank die Papiere zusammen und legte sie zur Seite. Er schaute uns an.

»Nun, von meiner Seite aus gibt es nicht mehr viel zu sagen. Ihre Unterlagen sind so weit komplett. Ich muss mir das in Ruhe anschauen, und dann werden Sie von uns hören.«

Damit stand er auf, schüttelte John und mir die Hände und

verließ das kleine Büro mit Glasfront, nachdem er uns hinauskomplimentiert hatte.

»Das war's?«, frage ich John ungläubig, als wir das Gebäude verließen. Und dafür hatte ich mich verrückt gemacht und die ganze Nacht über nicht schlafen können? John umarmte mich und gab mir einen Schmatzer auf die Wange: »Wenn du mich fragst, ist die Sache gelaufen, und zwar gut.«

Ich lächelte zufrieden. Die Wege der australischen Einwanderungsbehörde waren mir zwar noch immer ein Mysterium, aber Frank sagte selbst, dass wir nicht mehr hätten tun können. Dieses Interview war also der Abschluss der ganzen Prozedur. Nun war es an Frank und seinen Kollegen, über mein Schicksal zu entscheiden. Wieder einmal würden Wochen des Wartens vergehen, aber das war mir egal. Ich hatte mich ans Warten gewöhnt, und außerdem hatte ich ein gutes Gefühl. Ich würde dieses Visum kriegen. Bestimmt.

John hatte das Haus in der *Fitzroy Street* fast schneller verkauft, als ihm lieb war. Er war nämlich gerade dabei gewesen, das *For-sale*-Schild am Zaun zu befestigen, als ihn Beton-Toni von nebenan bekniete, das Schild doch wieder abzuhängen.

»Das Grundstück!«, flehte er, »ich will unbedingt das Grundstück, damit ich endlich all meine Boote um mich haben kann.«

Am Haus selbst schien er nicht interessiert zu sein, oder wollte er nur den Preis drücken? Nach zwei Tagen, in denen Toni unangemeldet alle fünf Minuten auftauchte, um gestenreich eine neue Feilschrunde einzuläuten, war der Handel perfekt.

John hatte in den fast zwanzig Jahren, die er mit seiner Familie hier gelebt hatte, viel Arbeit ins Haus gesteckt. Er zwang sich, nicht daran zu denken, was nun Zement und ein Bulldozer mit seinem ehemaligen Heim anrichten würden. Das nachbarliche Angebot war einfach zu gut, um über diesen Gedanken sentimental zu werden. Am Ende des zweiten Tages schüttelte eine behaarte Männerhand die andere, man trank Grappa, und dann bestellten wir den Umzugslaster.

13. Going bush – wir ziehen aufs Land

Es war April, und der australische Herbst war sonnig und warm. Unser neues Haus in Warrnambool war im Gegensatz zum *Weatherboard*-Haus in Geelong nicht aus Holz, sondern aus solidem Backstein gebaut und lag auf dem höchsten Punkt einer Anhöhe. Von der Küche aus konnte ich sogar einen Zipfel vom Meer sehen. Die ganze linke Hausfront war verglast, es war hell und freundlich in unserem neuen Zuhause.

Erst, als das gute Wetter nachließ, bemerkten wir den Nachteil. Der berüchtigte Südwestwind rüttelte an der Einfachverglasung, dass wir so manche schlaflose Nacht verbrachten – auch wegen der Heizkostenrechnung. Als während unseres ersten Herbststurms die Scheiben erzitterten, tauften wir unser Heim »Sturmhöhe«, nach dem Titel von Emily Brontës Roman.

Die Nachbarschaft in unserer Straße war ruhig, fast zu ruhig, vor allem aber ohne Altlasten. Ich war entschlossen, eine gute Nachbarin zu sein. So ein feindseliges Verhältnis wie zu den Smiths in Geelong würde es bei mir nicht geben.

Ich genoss die ersten Wochen in vollen Zügen. Das war endlich unser, mein Zuhause. Während John zur Arbeit ging, richtete ich unser Nest her, und wenn er zur Mittagspause heimkam, wartete bereits ein liebevoll zubereitetes Sandwich auf ihn. Zwischendurch erkundete ich die City (was nicht lange dauerte) und ging mit Lister stundenlang auf dem wunderbaren *boardwalk* am Strand spazieren, wo ich viel Zeit hatte, um zu überlegen, was ich meinem Gatten am Abend Leckeres servieren könnte. Kurz: Ich hatte mich von heute auf morgen in genau das Hausmütterchen verwandelt, vor dem mir immer gegraut hatte.

Ich brachte mir sogar das Kochen bei. Ich fand, da ich nicht arbeitete, war das nur recht und billig. Was blieb mir auch schon übrig? Es gab in Warrnambool keine nennenswerten Take-aways, mit denen wir uns für längere Zeit hätten über Wasser halten können. Ich fuhr fast täglich in den Supermarkt. Der morgendliche Shopping-Trip bei *Woolies* (die gängige Abkürzung für *Woolworth*; nicht zu verwechseln mit dem gleichnamigen Ramschkaufhaus) gab meinem neuen Alltag ein wenig Struktur.

Am meisten beeindruckte mich bei *Woolies* die Fleischtheke. So sah Fleischfressers Wunderland aus! Die Steaks waren von einer Größe, die sich mit Lappland messen konnte, und billig wie Steckrüben. Zudem schmeckten sie ausgesprochen gut, denn die Rinder in Australien haben so lange Freigang auf der Weide, bis sie schließlich ins Schlachthaus müssen.

Als Kochneuling hatte ich allerdings ein Problem. Ich erkannte nur die Steaks als solche, bei den anderen Fleischteilen hatte ich den Eindruck, als handelte es sich nicht um zerlegtes Rind, sondern um einen zerstückelten Alien aus »Startrek«. *Silverside*, *Bolar* und *Oyster Blade* las ich auf dem Etikett, daneben lagen ordentlich sortiert Päckchen von *Chuck*, *Eye-round*, *Skirt* und *Brisket* – alles hygienisch einwandfrei abgepackt mit Klarsichtfolie über schwarzer Schaumschale. Insgesamt sehr befremdlich, bis auf *Eyeround*, das fand ich auch noch abstoßend.

Da stand ich nun leicht belämmert mit meinem Einkaufszettel. Ein saftiges Stück aus der Oberschale forderte Herr Lafer für sein Rezept, den »Leibgericht«-Rinderbraten. Die restlichen Zutaten hatte ich bereits im Einkaufswagen. Was also tun? Was heißt denn jetzt nur »Oberschale« auf Englisch? Ich traute mich nicht zu fragen und entschied mich für *Silverside* – einzig, weil das Stück in etwa Bratenform hatte. Das Endergebnis brachte mich Stunden später zum Weinen. Genauso gut hätte ich meine Schuhsohlen im Ofen kurz erhitzen können.

Australische Fleischer sind mir noch heute nicht ganz koscher. Sie zerteilen die Viecher völlig anders als mein Kölner Metzger, so viel steht mal fest. Das ist ja auch ihr gutes Recht. Für mich aber ist es zum Haareraufen, denn die meisten Fleischteile lassen sich gar nicht übersetzen, weil es sie in der anderen Esskultur schlicht nicht gibt. Zwar hatte ich mit dem Silverside anatomisch gesehen gar nicht so falsch gelegen, aber was ich nicht gewusst hatte, war, dass das Fleisch aus der Oberschale generell etwas durchwachsener ist – aber natürlich auch einen saftigeren Braten hergibt.

Mittlerweile habe ich durch zahlreiche Selbstexperimente gelernt, welche Stücke am ehesten zu welcher Zubereitungsart passen. Rumpsteak geht zum Beispiel gar nicht, wenn es was Geschmortes sein soll. Je länger es im Topf so vor sich hin dünstet, desto zäher wird es. Sie wissen das wahrscheinlich schon längst, ich Ahnungslose glaubte es aber erst, nachdem ich mein im Ergebnis ungenießbares Curry vier Stunden auf der Herdplatte schmoren ließ – in der Hoffnung, dass es doch noch mürbe würde. Perfekt geeignet ist Rumpsteak hingegen für Gewoktes.

Mittlerweile benutze ich öfter australische Kochbücher als deutsche. Es erleichtert die Kocherei erheblich, wenn das passende Fleischstück schon im Rezept genannt wird.

So raumgreifend die Fleischtheke im australischen Supermarkt ist, so enttäuschend fand ich die Wurst- und Käsetheke, den sogenannten *Deli*. Mit Delikatessen hatte das nur wenig zu tun. Allein die englische Bezeichnung für Wurstwaren! *Cold meats*. Kaltes Fleisch. Das hörte sich für mich nach einem guten Krimititel an, machte aber wenig Appetit auf tierischen Brotbelag. Alles, was es gab, war wässriger gekochter Schinken und eine graue Sorte Aufschnittwurst, die mal »Strassburg«, »Fritz« oder »Devon« hieß, aber immer eklig war. Eine fettige, in Australien hergestellte Salami machte das Sortiment dann komplett.

Europäische Wurstwaren dürfen nicht importiert werden. Zu gefährlich, heißt es von offizieller Seite. Reiner Protektionismus, sage ich. Am schlimmsten waren die Würstchen. Ungelogen, die rochen schlimmer als Listers Hundefutter. Die rochen wie Listers verdautes Hundefutter. Ich hab einmal reingebissen, in die *snags*, wie die Würstchen hier heißen. Einmal und nie wieder. Der Australier isst die Dinger in einer labberigen Scheibe Toastbrot, mit Ketchup drauf. Ketchup wiederum heißt hier *tomato sauce*, und darauf legt man Wert, man ist schließlich kein kulturloser Amerikaner.

Schlabbertoast, Stinkewurst und Ketchup – das ist sozusagen der Standard fürs Barbecue. Wer mehr einfordert, gilt schnell als dekadenter Immigrant mit überzogenen Ansprüchen. So wie ich. Ich halte mich seither ohne viele Worte an die Salate oder meine mitgebrachten Spieße.

Meine Augen werden feucht, wenn ich da an meinen Kölner Metzger denke. Grobe Bratwurst, Thüringer und – oh! – ihr dicken Rindswürste, wie vermisse ich euch! Wann immer ich an die deutschen Wurstwaren dachte, lief mir das Wasser im Mund zusammen.

In der Käseauslage von *Woolies* sah es fast noch trauriger aus. Irgendwie hatten sich ausgerechnet die Norweger ein Importmonopol erschlichen. Wie sie das gemacht haben – keine Ahnung. Es gab jedenfalls Jarlsberg-Käse am Stück und geschnitten von hier bis zum Nordpol, dann lag da noch etwas australischer Feta rum, ein verlassener australischer Gouda und das war's. Wer mehr wollte, der konnte ja im Kühlregal nach eingeschweißtem *Tasty* greifen. Tasty soll so viel heißen wie »lecker« oder »schmackhaft«, und er ist der Käse für alle Fälle. Seltsam genug, dass ein Käse heißt, wie er eigentlich schmecken sollte, aber wem das nicht passt, der kann sich ja immer noch für einen grellorangefarbenen *Cheddar* entscheiden. Konnte man nach dem Verfall des Haltbarkeitsdatums sicherlich auch als Textmarker oder Radiergummi zweitverwerten.

All diese Köstlichkeiten sind stets *proudly made in Australia*. Das scheint immer die Hauptsache zu sein, die – kulinarisch gesehen – den größten Käse rechtfertigte. Gegen das Argument *Made in Australia* war man machtlos. Schmeckt nicht gibt's nicht. Hauptsache, die lokale Industrie wird unterstützt.

Um gerecht zu sein, muss ich erwähnen, dass sich das Angebot in den letzten Jahren deutlich verbessert hat. Nicht so sehr im Supermarkt, aber mittlerweile gibt es doch viele private Feinkostgeschäfte, die sogar Käse aus Frankreich importieren. Die kosten natürlich ein Heidengeld und fliegen ökologisch völlig inkorrekt einmal um den Globus, aber manchmal muss es eben der *real deal* sein.

Und auch die heimischen Produkte können sich inzwischen durchaus sehen lassen. Es gibt wunderbare, kleine Käsereien, die ihr Handwerk verstehen, und auch im Wurstbereich hat sich was getan. Aus dem Barossa-Valley in Südaustralien, wo sich zuerst die deutschen Auswanderer niedergelassen haben, kommen immer mehr Fleischwaren, die meinen und viele andere europäische Mägen erfreuen. Zwar immer noch nicht ganz mit den besten Produkten Europas zu vergleichen, aber immerhin: Es bewegt sich eine Menge in der Lebensmittel-industrie Australiens, und es wird immer besser.

Auch an den fettarmen Wahn habe ich mich mittlerweile gewöhnt. Das ist ja selbst in Deutschland schon lange nichts Neues mehr. Aber hier wird es einem besser verkauft. Joghurts haben hier nicht etwa drei Prozent Fett – wie ekelhaft! Nein, der Joghurt ist hier zu 97 Prozent fettfrei, supidupi! Butter werden sie in australischen Kühlschränken kaum finden. Man isst Margarine, weil man die für gesünder hält. Ob's auch schmeckt, interessiert nicht. Man sollte nun meinen, der Australier sei gertenschlank. Stimmt aber nicht, Australier sind noch fetter als Amerikaner, rein statistisch gesehen.

Auf einem meiner ausgiebigen Streifzüge durch *Woolies* fiel mir einmal ein wohlbekanntes Fläschchen in die Hand: Maggi! Die für Suppen aller Art unentbehrliche Flüssigwürze. Ich tat vor Freude fast einen Luftsprung. Ich bin natürlich den Küchen dieser Welt gegenüber aufgeschlossen, aber nichts rührt einen doch mehr als der Geschmack der Kindheit. Ich kenne sogar Leute, die sich heute noch Maggi aufs gekochte Ei träufeln.

Ich hatte also diese braune Flasche mit dem gelben Aufkleber in der Hand, aber dann traute ich meinen Augen nicht: Maggi wird in Australien als original asiatische Würzsoße angepriesen. Nach einem authentischen Rezept. Auf dem Etikett sah ich eine Schüssel mit Reis und Stäbchen. Ich war erschüttert. Maggi war nur eine Art Sojasoße? Hochverrat! Seit meiner Kindheit habe ich in Erinnerung, dass Maggi aus einem geheimen Kraut aus dem Garten eines Schweizers gebraut wird. Meine Mutter verriet mir dann, dass es sich bei der Zauberpflanze wahrscheinlich um Liebstöckel handelte. Und das sollte jetzt auf einmal alles erstunken und erlogen sein? Vielleicht hatte ich, so abseits von Deutschland, da etwas nicht mitbekommen? Womöglich hatten die Chinesen klammheimlich die Erfolgsmarke aufgekauft und versuchten nun, den westlichen Markt aufzurollen. Dabei diente ihnen Australien als Kampfbasis in der südlichen Hemisphäre. Geschickt! Eine Flasche musste ich dennoch aus reinen Recherchegründen erwerben. Ich brauchte mir keine Sorgen zu machen: Es schmeckte genau wie daheim.

Während der ersten Wochen in Warrnambool war ich also völlig damit beschäftigt, eine gute Hausfrau zu sein und die Zeit mit John zu genießen. Aber natürlich sehnte ich mich auch danach, sozialen Anschluss zu finden, auch wenn das als Ausländerin in einer australischen Kleinstadt nicht gerade einfach war.

Ich kannte schon ein, zwei nette Kollegen von John, sah sie aber nicht oft. Das ging auch nicht, weil John ihr Chef war. Ich verstand vollkommen, dass er Berufliches und Privates einigermaßen trennen wollte. Aber so ohne Job und Kind war es wie gesagt nicht leicht, Leute kennenzulernen.

Vielleicht sollte ich einen Töpferkurs auf der Volkshochschule belegen? Ich glaubte mir selbst kaum, dass ich dies ernsthaft in Betracht zog. Gut, vielleicht nicht unbedingt Töpfern, aber wie wär's mit Fotografieren? Ich wollte es mir überlegen.

Ich seufzte. John war für zwei Tage beruflich unterwegs, und mir wurde mal wieder bewusst, dass ich außer ihm kaum jemanden wirklich kannte – nicht nur hier in Warrnambool – nirgendwo in Australien.

Bevor ich wieder weinerlich wurde, blätterte ich in meinem Auswanderer-Ratgeber. Vielleicht wusste der ja, was ich tun konnte, um im neuen Land Freunde zu gewinnen. Der riet mir, im Pub mit Aussies zu quatschen, wo ich schnell feststellen würde, was für ein »Pfundskerl« der Aussie im Allgemeinen sei. Dieses Stadium hatte ich schon vor einiger Zeit hinter mich gebracht. Wenn es doch nur so leicht wäre! Ich las trotzdem noch ein bisschen weiter, auch wenn ich die Tipps nicht gerade hilfreich fand. Wenn man Leute kennenlernte, hieß es da, solle man auf keinen Fall mit seinen Erfolgen angeben oder Deutschland in den Himmel loben. Besser sei es, wenn man positive Dinge an Australien hervorheben würde.

Eigentlich waren solche Hinweise selbstverständlich. Jeder Ausländer sollte sich in seinem Einwanderungsland so benehmen, klar.

Außerdem war ich schon mit mehreren Leuten ins Gespräch gekommen, wenn sie mich als Deutsche erkannt hatten. Viele Australier sind stolz darauf, wenn sie einen Akzent richtig einordnen können, was mich zu Beginn noch ein wenig verletzt hatte. Wer hört schon gerne, dass sich sein Englisch so anhört wie das von Angela Merkel? Ich hatte dann aber schnell raus, dass es überhaupt nicht als Makel gewertet wird, wenn man mit Akzent spricht – schließlich ist Australien ein Einwanderungsland. Normal, dass da nicht alle in lupenreinem Oxford-Englisch näseln. Nein, für den Australier ist das Erkennen eines Akzents fast so, als beherrsche er die erratene Sprache. Was er also in diesem Fall erwartet, ist ein dickes Lob und nicht etwa eine peinlich berührte Entschuldigung.

Hatte man mich dann als Deutsche identifiziert, ging es meistens folgendermaßen weiter: »*Don't mention the war!*«, und dann lachte sich die Runde schlapp. Das Zitat bezieht sich auf die 30 Jahre alte britische Comedyserie »*Fawlty Towers*«, die auch in Deutschland immer wieder mal wiederholt wird. Die Episode »*The Germans*« hat es allen Angelsachsen dieser Welt angetan und wird leider auf ewig unvergessen bleiben. Damit meine ich nur, dass ich wohl für den Rest meines Lebens zu diesem Scherz gute Miene machen muss. Am einfachsten war es, wenn ich jedes Mal so tat, als hörte ich die Pointe zum ersten Mal. Die größte Freude bereite ich den Aussies nämlich, wenn ich mich dumm stelle.

»*Don't mention the war?* Wo kommt das denn her?«, frage ich dann arglos und kann mir sicher sein, zahlreiche Freunde für diesen Abend gewonnen zu haben. Nur zu gerne klärt man mich auf: »*Fawlty Towers*« ist ein etwas heruntergekommenes englisches Hotel, in dem so einiges schiefgeht. Eines Tages erwartet man deutsche Gäste, die man nicht vergraulen möchte. Also untersagt der Besitzer Basil (gespielt von John Cleese) seinen Mitarbeitern, den Zweiten Weltkrieg auch nur mit einer einzigen Silbe zu erwähnen. Selbstverständlich geht das daneben, und am Ende können die Angestellten – völlig zwanghaft – von nichts anderem als dem Krieg reden.

Wenn es also darum ging, lockere Bekanntschaften zu schließen, brauchte ich – auch für Australien – keinen Ratgeber. Aber alles, was über Small Talk und einen Abend im Pub hinausging, erforderte Zeit und Geduld.

Als ich irgendwann meine erste Verabredung mit einer »Freundin« hatte, war ich aufgeregt, als hätte mich mein erster Schwarm ins Kino eingeladen, dabei traf ich Kim ganz zwanglos zum Kaffeetrinken. Sie war wie ich eigentlich Journalistin, arbeitete nun aber frei an einem Projekt für Johns Agentur. Als sie von mir erfahren hatte, griff sie gleich zum Hörer, um sich mit mir zu treffen.

Ich war wie immer die Erste und hatte schon mal bestellt. Das Café, in dem wir uns verabredet hatten, war direkt am Hafen. Der Wind blies das Schokoladenpulver von meinem Cappuccino, und ich trank schnell den ersten Schluck, damit nicht auch noch der Schaum wegflog. Trotz des Windes war es ein schöner Morgen. Die Sonne schien, und kleine Schafswölkchen trieben über das Himmelsblau. Wenn ich den Blick hob, konnte ich auf der anderen Seite der Bucht die Steilküste der *Shipwreck Coast* bewundern, an der schon so manches Schiff zerschellt war.

Ich schloss die Augen und reckte mein Gesicht der Sonne entgegen. Jemand klopfte auf den Tisch. Fast hätte ich vor Schreck meinen Cappuccino verschüttet.

»Hallo, jemand zu Hause? Du bist doch Annette, oder?«

Ich schrak zusammen und schaute in ein Paar rehbraune Augen. Kim reichte mir die Hand: »Schön, dich kennenzulernen. Journalistin aus Deutschland? Das hört sich doch mal interessant an! Wenn ich noch einen einzigen Bauern kennenlernen muss, drehe ich nämlich durch.«

Ich lachte und wies auf den freien Stuhl.

»Du hast doch hoffentlich nichts gegen Bauern«, sagte ich, »keine Bauern – kein Brot. Und schon gar keine Steaks.«

»Natürlich nicht. Mein Mann ist im Besamungsgeschäft. Wir haben also ein reges Interesse an der Fleischproduktion.«

Hoffentlich hatte ich da nichts falsch verstanden. Ich sah mir Kim genauer an. Eine ausgesprochen zierliche Person, das fiel mir als Erstes auf. Als Zweites, dass sie schwanger war.

Sie war offenbar meinem irritierten Blick gefolgt und brauchte nicht lange, um zu begreifen, was ich rausgehört hatte. Kim hielt sich den Bauch und grinste frech: »Ja, das war er auch. Allerdings rein privat. Beruflich verkauft er den Samen von Zuchtbullen. Er zapft die Bullen aber nicht selbst an und lässt auch die armen Kühe in Ruhe. Das machen gottlob andere. Ich weiß auch nicht, ob ich ihn ansonsten noch an mich ranlassen würde.«

Sie lachte wieder und ich auch. Kim hatte es kürzlich von Newcastle in New South Wales auf eine Farm in der Nähe von Warrnambool verschlagen. Brett, der Besamer, mit dem sie bereits einen zweijährigen Sohn hatte, wollte sich hier im Rinderparadies eine Firma aufbauen. Kim vermisste ihr altes Leben.

»Allein das Wetter in Newcastle. Wir haben eigentlich nur am Strand gelebt, wenn wir nicht arbeiten mussten.«

Übers Wetter konnte ich mich nicht beschweren. Selbst das mieseste Wetter hier war immer noch wärmer als ein Winter in Mitteleuropa, obwohl meine Familie nicht so recht verstand, wie ich so weit von der Heimat entfernt leben konnte und noch immer fror. Als gäbe es eine Gleichung, die besagt, dass einem warm wird, wenn man nur lange genug flog.

Das Wetter in Deutschland vermisste ich nicht, aber ansonsten schlug mein Herz mit Kim im Gleichklang. Ihr fehlten die Familie, die Freunde, ihr schöner Job, und sie sehnte sich nach den Cafés, den Restaurants und nach Kultur. Wir schütteten einander das Herz aus, bis mein Magen knurrte.

»Sollen wir was zu essen bestellen?«, fragte ich.

»Ist es etwa schon Lunch-Zeit?« Kim sah auf die Uhr.

»*Bloody hell*, ich muss los. Muss Jake von der Krippe abholen.«

Sie sprang auf: »Aber das mit dem *lunch*, das holen wir ganz bald nach, ja?« Damit drückte sie mir einen Kuss auf die Backe und spurtete zum Auto.

Ich sah ihr nach. In mir jubilierte es. Ich hatte mich so gut mit Kim unterhalten, dass der Vormittag wie im Flug vergangen war. Wenn ich das hier nicht verbockte, hatte ich bald eine richtige Freundin, da war ich mir sicher. Und Warrnambool war der beste Fleck auf dem ganzen großen Kontinent. Jetzt musste ich nur noch selbst schwanger werden. Im Geiste sah ich schon meine und Kims Kinder, wie sie gemeinsam am Strand herumtollten. Wunderbar!

Wie weit ich von diesem Ziel allerdings noch entfernt war, wurde mir einige Zeit später bewusst, als Anja eines Abends anrief. Ich hörte ihrer Stimme sofort an, dass sie etwas Dringendes loswerden wollte.

»Sag schon endlich, was los ist«, fuhr ich dazwischen, als sie mir umständlich von den Komplikationen ihrer letzten Sendung berichtete. In der Pause, die dann folgte, sah ich sie förmlich erröten.

»Ja, dann sag ich's mal so rundheraus. Ich bin schwanger. Fünfter Monat. War ein Unfall, aber was will man machen?« Und dann kicherte sie wie eine Vierzehnjährige. Jetzt war ich sprachlos.

»Einen hab ich noch«, nutzte sie die Pause, »nächsten Monat heiraten wir nämlich. Ganz heimlich, nur wir zwei. Wir haben nämlich keinen Bock auf all den Hochzeitsstress. Und? Was sagst du?«

Nicht viel. Den Schock musste ich erst einmal verdauen. Ein Unfall? Anja und ungeplante Schwangerschaft? Wem wollte sie das denn weismachen? Ich wusste doch, dass sie, seit sie 16 war, selbst in Singlezeiten die Pille nahm. Natürlich verzieh ich ihr diese kleine Unwahrheit sofort, schließlich befand sie sich in einem hormonellen Ausnahmezustand.

»Hm, äh, toll! Dann mal herzlichen Glückwunsch. Du freust dich doch, oder?«

»Ja, sicher freu ich mich, was denkst du denn?«, entrüstete sie sich. Noch ganz die Alte – wie beruhigend. So ganz ungeschoren sollte sie mir nicht davonkommen.

»Wer ist denn der Glückliche?«

Ich fand, ich konnte das nicht wissen. Ich war immerhin

noch auf dem Stand ihres ersten Dinner-Dates. Von meiner Perspektive aus betrachtet war das ein ziemlich gewaltiger Sprung in ihrer Biographie.

Ich lauschte dem Rauschen der Weltmeere. Nach einer Ewigkeit hörte ich Anjas Stimme.

»Bernd … Bernd natürlich. Der Kulturredakteur oder bist du blöd?«

Wusste ich doch nicht, wie der hieß. Selber blöd!

Richtig freuen konnte ich mich nicht. Dabei war ich doch ihre Freundin! Okay, wahrscheinlich bin ich ein ausgesprochen mieses Exemplar von Freundin. Tatsache war, dass ich Anja das künftige Mutterglück neidete. Das war nicht schön, aber ehrlich. Ich trottete zurück zu meinem Sessel und ließ mich wie ein Sack fallen.

»Wer war das denn?«, fragte John und drehte den Ton runter.

»Anja.«

»Und? Irgendwelche Neuigkeiten?«

»Ist schwanger, heiratet.«

Ich steckte mir eine Handvoll Chips in den Mund und starrte auf den Bildschirm.

John kam rüber und setzte sich auf meine Armlehne. Er legte den Arm um meine Schulter.

»Ich kann mir denken, wie du dich fühlst!«

Er drückte mich an sich und küsste meine Stirn: »Gut, dass wir bald unseren Charlie-Chaplin-Termin haben. Ich liebe dich.«

Ich wandte meinen Blick nicht vom Fernseher. »Ich dich auch.«

14. Magere Zeiten, fette Zeiten

Doktor Flinn hatte sicherlich an die zwanzig Babybilder an der Wand hinter seinem Rücken hängen.

»Ich bitte im Erfolgsfall immer um ein Beweisfoto«, sagte er mit britischem Akzent.

Er sah eigentlich eher nach betagtem Anwalt aus als nach jemandem, der hauptberuflich an den Weichteilen von Männern herumschneidet. Doktor Flinn hörte sich unsere Geschichte an, und ich erwartete nun einen Vortrag über die miesen Erfolgsaussichten für unseren Fall. Ich war überrascht, wie kurz der Vortrag ausfiel. Statt lange um den heißen Brei herumzureden, stellte er eine Überweisung zum Labor am anderen Ende des Parks aus. Er schaute John an.

»Bevor ich Ihnen mehr erzähle, machen Sie erst mal diesen Bluttest. Wenn der positiv ist, können wir uns jedes weitere Gespräch sparen. Dann haben Sie nämlich Antikörper gegen Ihr Sperma ausgebildet, und das wäre dann auch schon das Ende der ganzen Geschichte.«

Wir sahen uns an. Von diesem Bluttest hatte ich im Netz gar nichts gelesen. Bei meiner nächsten Recherche würde ich mich genauer einlesen und noch mehr Quellen zu Rate ziehen.

»Und was, wenn der Test negativ ist?«, fragte ich ein wenig schüchtern.

John war schon aufgestanden.

»Dann kann Ihr Mann sich zuversichtlich unters Messer legen. Wenn Sie nicht schwanger werden, dann liegt das möglicherweise auch an Ihrem Alter – wenn ich das mal so sagen darf.«

Durfte er nicht, aber das schien ihn nicht weiter zu stören.

Er klopfte John beim Abschied noch ermunternd auf die Schulter. Der fand den Chirurgen gleich sehr sympathisch, und wir machten uns auf den Weg zum Labor. Wir warteten ganze drei Tage, und dann schickte John mir von der Arbeit aus eine SMS: »Bin fruchtbar wie ein Rammler. Nicht ohne Stolz, dein alter Hoppel.«

Ab sofort waren also auch wir im Besamungsgeschäft. Die Operation sollte in zwei Wochen stattfinden. Wenn John mulmig zumute war, zeigte er es jedenfalls nicht. Ich war zwar optimistisch, wollte mir aber keine allzu großen Hoffnungen machen. Doktor Flinn hatte ja deutlich auf mein fortgeschrittenes Alter verwiesen. Andererseits: 37, das war heutzutage doch gar nichts. Ich war pumperlgesund, und jetzt würde ich endgültig mit dem Rauchen aufhören. Das hatte ich mir und John versprochen. Wenn John sich für uns unters Messer legt, ist ein für alle Mal Schluss mit der Qualmerei.

Am Tag vor dem großen Eingriff flatterte uns ein Brief von der DIMIA ins Haus. Man beglückwünschte mich zu meinem dauerhaften Bleiberecht, das so dauerhaft nun auch wieder nicht war. Ich müsste es nach fünf Jahren erneuern. Nach zwei Jahren könnte ich mich hingegen schon für die australische Staatsbürgerschaft bewerben, aber das wollte ich mir noch reiflich überlegen.

Zum einen haderte ich nämlich mit dem Premierminister John Howard und seiner konservativen Regierung, die eine eiserne Position in Sachen Flüchtlinge vertraten. Der Hardliner-Kurs traf in der Hauptsache Bootsflüchtlinge, die nach dem Aufgreifen umgehend und ohne rechtlichen Beistand in Internierungslager außerhalb des Festlandes verfrachtet wurden. Australien hatte zu diesem Zwecke sogar ein Abkommen mit Nauru, dem kleinsten Staat der Erde. Gegen viel Geld durfte die australische Regierung dort eines dieser Lager errichten. Im September 2001 empörte Howard mit seinem Hardliner-Kurs dann auch die Weltöffentlichkeit, als er dem norwegischen Frachter »Tampa«, der flüchtende Afghanen in Seenot aufgegriffen hatte, untersagte, australische Gewässer anzusteuern. Dabei ist hinlänglich bekannt, dass die armen Bootsflüchtlinge den geringsten Anteil an den illegalen Einwanderern stellen. Viel höher ist die Zahl der wohlhabenderen Menschen, die sich ein Flugticket auf den fünften Kontinent leisten können und dann nach Ablauf ihres Visums einfach im Lande bleiben.

»Solange dieser Holzkopf euer Chef ist, mag ich gar nicht Australierin werden«, sagte ich zu John, der das verstand.

Der zweite Punkt war, dass ich auch nicht so ohne Not meine deutsche Staatsbürgerschaft aufgeben wollte. Ich konnte mir einfach nicht vorstellen, in Zukunft ein Visum beantragen zu müssen, wenn ich in das Land reisen wollte, in dem ich aufgewachsen und 35 Jahre zu Hause gewesen war. Das wäre so, als würde man mich mit behördlicher Gewalt zwingen, mein altes Selbst aufzugeben. Das konnte und das wollte ich nicht.

Ich hatte mal davon gehört, dass man sich auch dafür bewerben konnte, neben der deutschen eine zweite Staatsbürgerschaft anzunehmen. Allerdings konnte ich mir nicht vorstellen, unter welchen Gegebenheiten die deutschen Behörden da eine Ausnahme machen, denn generell gilt: Wer als Deutscher eine andere Staatsbürgerschaft annimmt, verwirkt die deutsche.

Aber um all das konnte ich mich später kümmern, für die nächsten fünf Jahre war erst einmal gesorgt. Mit der dauerhaften Aufenthaltsgenehmigung im Rücken konnte ich mich nun unbeschwert der Familienplanung widmen.

Mein armer Mann sah nach dem Eingriff an seinem Gemächt recht mitgenommen aus. Er hob kurz den OP-Kittel, damit ich mir selbst einen Eindruck verschaffen konnte. Auweia, es war doch schlimmer, als ich es mir vorgestellt hatte. Das, was da unter dem weißen Kittel zum Vorschein kam, erinnerte mich an einen gerupften Truthahn nach dem Zusammenstoß mit einem Laster. Da standen John mit Sicherheit noch ein paar schmerzhafte Wochen bevor.

»Autsch«, entfuhr es mir, und ich hoffte inständig, dass sich John nicht vergebens dieser Prozedur hatte unterziehen müssen. Wie ich meinen verwundeten Helden da so elend liegen sah, kam ich mir mit einem Male sehr egoistisch vor. Gerade auch, weil John nicht im Geringsten jammerte.

Meine kritische Selbstbetrachtung wurde jäh unterbrochen, als Doktor Flinn die Tür aufriss und mit eiligen Schritten auf den Patienten zuging. Er überprüfte den Tropf und warf dann einen Blick unter die Decke: »Gut, gut. Wird zwar noch eine Weile dauern, bis sie sich wieder potent fühlen, aber der Rohrbruch ist erfolgreich behoben.«

John und ich atmeten auf.

»Sie sollten in den nächsten zwei Wochen hauptsächlich liegen. Wenn der Schmerz dann nachlässt, können Sie auch schon loslegen, vorausgesetzt, sie verhüten in den ersten drei Monaten.«

»Wieso verhüten?«, fragte John nach.

»Was sich nach all den Jahren da als Erstes den Weg nach draußen bahnt, ist Uraltsperma. Das gibt sehr hässliche Kinder mit mindestens drei Köpfen. Das sollten Sie sich besser überlegen. Viel Glück dann also.«

Er schüttelte John die Hand und nickte mir zu, dann hastete er auch schon weiter.

Während John in den nächsten Wochen an seiner Genesung arbeitete, nahm ich meinen Teil der Abmachung in Angriff.

Ich saß in einem Motelzimmer an der *Raglan Parade*, der Hauptstraße Warrnambools, wo ich die Gruppenhypnose mit dem Titel »Kein Mensch muss rauchen« gebucht hatte. Die gelblichen Jalousien waren zugezogen. Vielleicht war ich die Einzige, die an den Spruch glaubte, denn außer mir und dem Hypnotiseur war niemand da. Ich kam mir ein bisschen blöd vor und hatte, so alleine im Motel mit einem Wildfremden, auch Probleme, mich für die Entspannungsübungen locker zu machen.

Ich sollte mir eine blaue Kugel in meinem Hirn vorstellen. Mit der Kraft meines Willens könnte ich diese dann zu einem winzigen Kügelchen schrumpfen, um sie in der hintersten Windung meiner Gedanken verschwinden zu lassen.

»Die Idee dabei ist folgende«, sagte der Hypnotiseur, nachdem ich meine Augen wieder geöffnet hatte, »Sie leugnen nicht den Drang nach der Zigarette, aber Sie lernen, ihn zu beherrschen. Die kleine blaue Kugel, das ist Ihre Gier nach dem Teufel Nikotin.«

Ich hatte die Anzeige zu diesem Seminar in unserer Lokalzeitung gelesen, und da der Mann nur für zwei Tage im Ort war, hatte ich fix gebucht. Schließlich hatte ich ein Versprechen einzulösen. John hatte sich heldenhaft unters Messer gelegt, und ich würde nun Nichtraucher werden. Dazu brauchte es zwar keinen chirurgischen Eingriff, aber qualvoll würde es allemal werden. Was auch immer diesen Schritt in die Unabhängigkeit vereinfachen könnte, war mir willkommen.

»Du und Hypnose?« John war erstaunt gewesen. Er hatte

sich zu mir auf die Gartenbank vor dem Haus gesetzt. Ich rauchte gerade meine letzte Zigarette.

»Alles, was hilft, ist mir recht. Du als Nichtraucher verstehst das eben nicht.«

Ich inhalierte tief und drückte dann entschlossen die Kippe aus. Den Aschenbecher warf ich gleich in die Mülltonne.

»Der Wille ist ja schon mal da«, kommentierte John.

Einerseits hatte ich gehofft, dass ich bei der Hypnose völlig wegtreten würde und dem eingeimpften Befehl, nicht mehr zu rauchen, blindlings gehorchen würde. Andererseits war ich froh, dass es nun doch ein wenig anders ablief. Als Kontrollfreak lässt man sein Unterbewusstsein nicht gerne nach fremder Pfeife tanzen, schon gar nicht, wenn man mit dieser Pfeife allein im verdunkelten Motelzimmer sitzt.

Der Hypnotiseur meinte, eine solch tiefe Hypnose wolle er gar nicht erzielen. Das sagte er bestimmt nur, weil er gar nicht richtig hypnotisieren konnte. Egal, ich war jedenfalls froh – auch deshalb, weil ich trotz Einzelsitzung nur Gruppentarif zahlen musste. Zum Schluss gab mir der Mann noch eine kleine blaue Kugel mit, die ich mir in die Jackentasche stecken sollte. »Immer, wenn Sie den Drang nach einer Zigarette verspüren, drücken Sie ganz fest die Kugel und rollen sie gedanklich klein.«

Das war vor sieben Jahren. Ich glaube es manchmal selbst kaum, doch seitdem bin ich Nichtraucher.

Wir entdeckten auf Tasmanien, dass ich schwanger war. Ich hatte es schon auf der Hinfahrt gemerkt, weil mir auf der Fähre kotzübel wurde. Das blieb dann in den nächsten Monaten auch erst mal so, und trotzdem war ich himmelhochjauchzend. Ich war schwanger, ich kriegte ein Kind, ich wurde bald Mutter!

Glücklich sehnte ich mich von einer Vorsorgeuntersuchung zur nächsten, heulte mir beim Ultraschall vor Rührung über das zuckende Wesen fast die Augen aus dem Kopf und wurde die Schwangerschaft erst leid, als sich das Baby im siebten Monat auf meinen Ischias setzte, wo es bis zur Geburt auch blieb.

Es war, als würde mit dem Baby auch etwas anderes wachsen. Ich schlug Wurzeln, wie man so schön sagt. Mein Kind, das spürte ich deutlich, würde mir helfen, mich in Australien heimisch zu fühlen. Dieses Kind würde hier aufwachsen, hier in den Kindergarten und zur Schule gehen. Bald wäre ich nicht länger nur eine Außenstehende, dieses Baby würde auch meine Rolle in der neuen Heimat vollkommen verändern. Ab sofort war ich nämlich nicht mehr bloße Beobachterin. Ich war mittendrin im prallen Leben.

Als ich sechs Wochen vor dem Termin mit dem Geburtsvorbereitungskurs begann, war ich mächtig aufgeregt. Hier würden sich bestimmt weitere Gelegenheiten ergeben, potenzielle Freundinnen kennenzulernen, denn die Hechelgruppe würde gleichzeitig meine *first mum's group* sein.

Und was könnte verbindender sein als gleichaltrige Kinder? Die Freundschaften, die man hier schloss, waren für immer, jedenfalls stand das so in allen meinen »Ich werde Mutter«-Ratgebern.

Ob allerdings Claire, die neben mir Platz genommen hatte, meine beste Freundin werden würde, bezweifelte ich. Sie wurde gerade von der Hebamme befragt, welche Erwartungen sie an die Geburt hatte.

Claire ergriff dankbar die Gelegenheit, ihre Meinung kundzutun: »Viel Angst habe ich eigentlich nicht. Bin ja auf der Farm groß geworden. Da hab ich schon öfters unseren trächtigen Kühen beim Kalben geholfen.«

Es folgte ein anschaulicher Bericht übers Mutterwerden im Nutztierbereich. Ich kann nicht sagen, dass ich mich danach der Natur verbundener fühlte. Ich fand Kälber auch süß, aber zarte Kalbsschnitzel mochte ich noch viel lieber.

Ich blickte in die Runde, wer da ansonsten als zukünftige Freundin fürs Leben in Frage kam. Links neben mir saß Leisha mit ihrem Mann. Beide trugen *trackies*, wie man Jogginghosen hier nennt, und obenrum gigantische zeltartige T-Shirts. In den letzten Wochen der Schwangerschaft durchaus bequem und praktisch, dachte ich (obwohl Leishas Mann natürlich nicht schwanger war) und überlegte, ob ich mir auch noch schnell ein paar dieser gemütlichen Dinger zulegen sollte. Schön waren die ja nicht gerade.

Als ich so in die Runde schaute, bemerkte ich, dass alle Anwesenden außer der Hebamme, John und mir in *trackies* gekommen waren. Die von Rosa waren auch schon ganz schön zerbeult, nicht nur an den Knien. Und weil sie dazu weiße Turnschuhe und eine plüschige Jacke trug, sah sie so hochschwanger aus wie der knuffige Samson aus der Sesamstraße.

Es sollte nach der Geburt unserer Kinder noch geschlagene vier Jahre dauern, bis ich Leisha, Rosa und Claire zum ersten Mal NICHT in *trackies* sah. Und es hatte immerhin fast zwei Jahre gedauert, ehe ich kapiert hatte, dass die Mädels vor, während und nach der Schwangerschaft nur eins trugen: *trackies*. Nur Lauren war eine Ausnahme, sie sah ich nach der Geburt wieder in normalen Klamotten – vielleicht, weil sie schon relativ schnell wieder arbeiten musste.

Ich trage im Alltag auch gerne unkomplizierte Kleidung, aber diese Jogginghosenkultur ist für meinen Geschmack denn doch ein wenig zu salopp. Natürlich kann jeder anziehen, worauf er Lust hat, aber als es dann nach vier Jahren auf einer Adventsparty so weit war, gefiel mir meine Muttergruppe in figurbetonten Jeans und Oberteilen doch wesentlich besser.

Jetzt war Lauren an der Reihe. Sie war, wie all die anderen werdenden Muttis in der Runde, um die zwanzig. Ich selbst wirkte dazu im Vergleich natürlich schon uralt, und John, der im nächsten Jahr fünfzig werden würde, machte sich in unserem Kreis, als wäre er die Figur, die man im Intelligenztest durchstreichen muss, weil sie nicht in die Reihe passte. Dabei hatte er ursprünglich überhaupt nicht mitgewollt zu diesem Kurs. Er ist schließlich bereits zweifacher Vater, aber ich hatte drauf bestanden. Wen denn sonst? Ich hätte ja nicht einfach, wie Claire, meine Mutter mitbringen können.

Während Lauren sprach, verschwand Rosa in Richtung Klo, zum zweiten Mal, seit wir hier im Büro der Entbindungsstation saßen. Lauren sprach so schnell, dass sie mit dem Reden schon fertig war, bevor Rosa überhaupt die Türklinke herunterdrücken konnte. Alle lachten und nickten Lauren zu, nur ich hatte nichts verstanden.

»Was hat sie gesagt?«, flüsterte ich John ins Ohr.

»Ihr ist alles egal, Hauptsache, das Balg will bald raus. Bevor es 18 wird, muss sie es jetzt endlich rauswerfen.«

Ich lachte, als alle schon längst wieder der Hebamme lauschten, die uns gerade einfühlsam auf den Film, den wir gleich sehen würden, einzustimmen versuchte: eine Geburt von Anfang bis Ende.

»Sie werden Bilder sehen, die Sie vielleicht schockieren, und Sie werden die Schmerzen auch hören.«

Das war die Stelle, an der ich nun verspätet über Laurens Scherz lachte. Die Hebamme war wohl einiges gewohnt und stockte nur kurz: »Ich hoffe dennoch, dass dieser Beitrag Ihnen hilft, sich auf das Wunder der Geburt Ihres Kindes geistig vorzubereiten.«

Alles schwieg während der Vorführung. Nur Claire konnte sich nicht verkneifen, auf die Parallelen zur Tierwelt hinzuweisen. Als die Hebamme das Licht wieder anknipste, schwiegen wir noch immer. Ich schaute mich um. Eine war so blass wie die andere. Mir war schlecht. Vielleicht sollte sich die Gesundheitsbehörde etwas anderes ausdenken, als werdenden Müttern knapp vor der Niederkunft ungeschönte Geburten zu zeigen. Man kann es sich hinterher schließlich nicht mehr anders überlegen.

Anders als viele meiner Mitstreiterinnen hatte ich während der Schwangerschaft nie diese süßsauren Gelüste, ich wollte meistens nur eins: eine gescheite Thüringer Bratwurst, die es in Warrnambool natürlich nicht gab. Anfangs sträubte ich mich noch gegen die Fleischeslust, doch schließlich gab ich nach und erwarb einen elektrischen Fleischwolf. Dann bestellte ich mir im Internet fünf Bücher, die mich in die Geheimnisse der deutschen Wurstkunst einweihen sollten. Was Frauen eben so tun, wenn sie als Schwangere ein unstillbarer Heißhunger überfällt.

Ich machte mich also an die Produktion von Wurstwaren und fütterte die Maschine mit Schweinefleisch, wobei ich pingelig genau auf den korrekten Fettanteil achtete, denn der, das wusste ich seit meiner Metzger-Lektüre, ist neben der Gewürzmischung das A und O einer schmackhaften Wurst. Ich probierte alle möglichen und unmöglichen Gewürz- und Fett-Kombinationen aus, denn ich war ja im übertragenen Sinne auf der Suche nach dem Heiligen Gral. Es sollte nicht irgendwie okay schmecken – nein. Ich wollte nicht weniger, als die beste aller möglichen Thüringer kreieren. Das machte Spaß, war aber auch harte Arbeit.

Am Abend, wenn John nach Hause kam, war ich so weit,

dass der Inhalt diverser Schüsseln in Wursthaut (Naturdarm natürlich, keine Kunstpelle) gepresst werden konnte. Ich glaube nicht, dass John sich darauf freute, aber es half ihm nichts. Während er das Brät in die Maschine stopfte, füllte und drehte ich eine Wurst nach der anderen. Nach einer Woche Übung sahen die Dinger sogar wie richtige Würstchen aus. Ich war begeistert und etikettierte jedes Wurstpäckchen ordentlich mit dem Herstellungsdatum, bevor ich es einfror.

»Lass uns ein Barbecue veranstalten, wo wir unsere Würstchen bewerten lassen«, schlug ich John vor. »So richtig mit Fragebogen und allem.«

Ich strahlte meinen Gatten an.

»Übertreibst du es da nicht ein wenig? Wer will beim *barbie* schon einen Fragebogen ausfüllen?«

Barbie ist die australische Form des BBQ, also des Grillens, nur würde einem Australier das Wort *barbecue* niemals über die Lippen gehen. Viel zu lang. Der Australier nutzt jede Abkürzung, die sich ihm bietet, und so begnügt er sich mit *barbie* und lässt das *cue* unter den Tisch fallen.

Mir gefällt dieser Hang zum radikalen Kürzen. Meine absolute Lieblingsabkürzung ist *smoko* – oder war es zumindest, als ich noch Raucher war. *Smoko* ist nämlich die Rauchpause. *Brekkie* ist hier kein Katzenfutter, sondern die Kurzform für *breakfast*, das Frühstück. Und dann gibt's da noch alle möglichen Berufsbezeichnungen, die in der australischen Kürze fast zum zärtlichen Kosenamen werden, wie etwa *garbo* für den Müllmann (von *garbage*, Müll) oder *postie* für den Briefträger. Ist doch niedlich, oder?

Am Ende überredete ich John doch zum *barbie* mit Fragebogen. Neben den Frauen aus meiner *first mum's group* lud ich meine neue beste Freundin Kim samt Gatten Brett ein. Ich war mächtig aufgeregt und hatte mir die halbe Nacht um die Ohren geschlagen, um das Experiment zum bestmöglichen Ergebnis zu führen. Und natürlich wollte ich eine gute und beliebte Gastgeberin sein. Das bedeutete, dass mein wissenschaftliches Interesse an dieser Verköstigung irgendwie nebensächlich daherkommen musste. Also locker, und ausgerechnet das war ich mal wieder nicht. Hätte ich nur auf meinen Mann gehört und einfach irgendwas auf den Grill geworfen, dachte ich bei mir, als die ersten Kostproben verspeist wurden.

Die erste Testperson war Leisha. Sie biss in die Wurst, die ich in einem warmen Baguettebrötchen serviert hatte, und verzog das Gesicht.

»Nicht gut?«, fragte ich sie mit besorgtem Blick. Meine Sorge galt dabei weniger der hochschwangeren Leisha als der Wurst. Noch ehe Leisha antworten konnte, spuckte sie in hohem Bogen den Zipfel aus.

»Zu heiß?« Ich reichte Leisha ein Glas Wasser.

Leisha schüttelte nur den Kopf und stürzte das Wasser runter, worauf sie sich verschluckte und rot anlief. Ich klopfte ihr auf den Rücken. Ach so. Zu gierig geschlungen.

»Salzig, viel zu salzig«, röchelte sie und rannte ins Haus, um ihr Glas nachzufüllen.

Ich glaubte ihr nicht. Ich muss zwar zugeben, dass ich es mit dem Salz – aus der Sicht von anderen – oft etwas übertreibe. Was ich gerade richtig finde, mag für manchen schon zu viel sein, das weiß ich. Deshalb hatte ich mich bei der Zubereitung des Bräts sklavisch an die vorgegebenen Gewürzmengen gehalten.

Ich biss jetzt selbst vorsichtig in die gegrillte Wurst. Tatsächlich. Das war selbst für meinen Geschmack versalzen. Hatte meine digitale Küchenwaage etwa versagt? Aber mal abgesehen davon schmeckte die Wurst ziemlich lecker – fand ich. Zugegeben, an der Optik musste ich noch arbeiten. Die

Wurst war zu dünn und das Brät zu krümelig, aber sonst? Annette Dutton – die geborene Wurstmacherin. Wer weiß, dachte ich, vielleicht wartete in Australien eine neue Karriere als Metzgerin auf mich? Fernsehen? Journalismus? Mir doch wurscht!

In Gedanken sah ich mich schon mit blutverschmierter Schürze vor einem halben Schwein, das auf dem Holzblock vor mir lag. Mein Beil war gerade im Begriff, auf die arme Sau niederzusausen, als mich die Realität wiederhatte. Ich knipste meine Fantasie gerade noch rechtzeitig aus. Metzger wollte ich lieber doch nicht werden, aber es konnte ja nicht schaden, eine berufliche Alternative zumindest in Erwägung zu ziehen. Wer schon mal wie ich sein altes Leben aufgegeben hat, der konnte sich auch gleich völlig neu erfinden. John riss mich endgültig aus meinen fetttriefenden Träumereien.

»Die kann ich noch nicht mal an Lister verfüttern. Der stirbt mir ja beim ersten Biss an Bluthochdruck!«

John hatte recht. Die Würstchen waren ungenießbar, und wenn ich so in die hungrigen Gesichter um mich herum schaute, wusste ich, dass noch kein Metzgermeister vom Himmel gefallen war. Sowieso eine bescheuerte Idee. Die Hormone halt.

Ich entschuldigte mich kleinlaut und nahm meine misslungenen Werke vom Grill. Und wenn dies hier kein australisches *barbie*, sondern eine deutsche Grillparty gewesen wäre, hätte ich jetzt alt ausgesehen. Es hätte nämlich außer meinem schwäbisch-schlunzigen Kartoffelsalat nichts zu essen gegeben.

»Ich habe ein paar Tandoori-Hühnerschenkel mitgebracht.« Kim öffnete ihren *eskie*, die Kühlbox (übrigens auch eine australische Erfindung, wie man mir mehrfach versicherte), und zauberte neben den Schenkeln noch ein paar saftige Steaks hervor. Als hätte sie damit den Startschuss gegeben, wurden nun ganz selbstverständlich weitere dieser blau-weißen Kisten geöffnet, und in weniger als fünf Minuten brutzelten neben würzigen Hühnerbeinen und mariniertem Rind die herrlichsten Spieße und Buletten auf unserem Grill.

Nur gut, dass keine Wurst dabei war. Ich wäre zutiefst beleidigt gewesen. Wo kam das alles nur her? Ich hatte doch ausdrücklich eingeladen. Traute man meinen Grillkünsten etwa nicht? Recht hätten sie ja. Mein Einstand als Gastgeberin war äußerst dürftig ausgefallen. Ich muss wohl ein wenig traurig dreingeschaut haben, denn Brett fragte mich, was los sei. Als ich auf all das fremde Grillgut zeigte und ihm mein Leid klagte, drückte er mich kurz und klärte mich auf.

»Mach dir nichts draus. Hier in Australien ist es üblich, dass man seine Sachen zum *barbie* selber mitbringt. Wenn du mal darauf achtest, wirst du sehen, dass jeder seine Getränke und sein Essen, manche sogar noch die Stühle mitbringen. Das ist hier so, man will schließlich keine Umstände machen.«

»Das ist doch dann keine Einladung mehr. Ich will meine Gäste doch bewirten.«

»Das tust du ja auch. Du hast schließlich noch genug mit dem Abwasch zu tun.«

Aber selbst das stimmte nicht. Als ich anfing, ein paar Teller wegzuräumen, quälten sich sofort Rosa und Claire aus ihren Campingstühlen, um zu helfen. War eben doch verkehrte Welt hier am anderen Ende der Erde. Ich würde trotzdem jederzeit wieder Gastgeber sein wollen, zumal mein Kühlschrank nach der Party voller war als zuvor, denn anders als ich das bei so mancher Fete in Deutschland erlebt habe, nehmen Aussies ihre mitgebrachten Getränke nicht wieder mit nach Hause.

Allerdings war ich mir nach diesem Tag nicht so sicher, ob

ich noch mal Gast sein wollte. So eine Einladung zum Grillen am Samstagnachmittag wäre ja, wenn man sich an die australischen Regeln hielt, fast so aufwendig wie Campen, das ich seit jeher meide, so gut es geht.

Gegen fünf machten sich die meisten schon wieder auf den Heimweg. Kein Wunder, im Gegensatz zu mir hatten sie auch noch ihre eigenen Tupperdosen zu spülen. Kim und Brett, die mittlerweile Klein Jake bekommen hatten, blieben noch und machten es sich bei einem Glas Roten an der Küchenbar gemütlich. Das freute mich, gab es mir doch Gelegenheit, meine angekratzte Hausfrauenehre wiederherzustellen. Ich hatte Eier im Kühlschrank, Mehl und Milch waren auch noch da.

Also gut: »Would you like a *crêpe?*«, fragte ich in die Runde. Ich wollte ja nicht zum zweiten Mal an diesem Tag etwas servieren, das keiner essen konnte.

Das Gespräch erstarb. Kim sah mich mit ihren großen Augen an. Brett schaute John an, der wiederum mich anglotzte. Was war denn nur in die gefahren? Wahrscheinlich hatten die drei so was Gutes noch nie gehört, geschweige denn gegessen.

»*Crêpes!*«, wiederholte ich deshalb langsam und tippte mit dem Finger auf das Foto in der Kochzeitschrift.

Kim, John und Brett konnten sich nicht mehr halten und brachen in lautstarkes Wiehern aus. Kim schlug sich sogar auf die Schenkel.

Was war denn nun schon wieder kaputt? Was hatte ich nur falsch gemacht?

Die Antwort: nichts! Nur, dass diese hinterwäldlerischen Buschkängurus die feinen Pfannkuchen nicht so aussprechen, wie wir Zivilisierte das tun – französisch nämlich. Nein, die Krokodilringer sagen dazu »*kräips*«. Und so kam es, dass meine einwandfrei prononcierten Pfannkuchen zum engli-

schen »*crap*« wurden – was leider nichts anderes als »Scheiße«
heißt.

Es war sogar noch schlimmer: *Would you like a crap?* ist
englisch für »Wollt ihr scheißen?«. Ich hatte natürlich keine
Ahnung und war wütend. Wieso stand ich denn als Doofi da
und nicht die?

»Wie lustig du bist! Haha, *kräips* heißen die, meine Gute,
kräips!«

Dass Kim und ich trotzdem beste Freundinnen blieben,
rechne ich zu großen Teilen meinem neu zugelegten dicken
Fell und meiner kaum älteren Gelassenheit an.

15. Zwei Existenzgründungen:
eine Geburt und eine Firma

John? Bist du noch wach?« Ich wälzte mich wieder ins Bett zurück. Zwei Wochen vor der Geburt sollte man einer Schwangeren einen Katheder legen. Ich hätte das zumindest befürwortet, denn von Blase konnte in diesem Stadium doch keine Rede mehr sein.

»Sweetie?«

»John, ich muss irgendwas Gescheites tun, oder ich drehe noch durch. Ich weiß, wir haben bald das Baby, aber trotzdem … ich muss was machen.«

John setzte sich umständlich auf. Er hatte wohl bemerkt, dass ich nicht scherzte, und stopfte sich sein Kissen in den Rücken. Ihm war klar, das könnte ein längeres Gespräch werden.

»Okay, verstehe. Du willst wieder arbeiten. Der Zeitpunkt ist nicht gerade günstig gewählt, das ist dir schon klar, oder?« Er tätschelte meinen Bauch.

Ich stöhnte leise. Ich wusste ja auch nicht, was mit mir los war, von einer pränatalen Depression hatte ich noch nie gehört. Es war nur so, dass ich immer gearbeitet hatte. Ohne Job fühlte ich mich zwar nicht nutzlos, aber doch nah dran – irgendwie war ich für meine Umwelt unsichtbar geworden. Oder lag das daran, dass ich hochschwanger war, in zwei Jahren vierzig werden würde und mir keiner mehr nachpfiff? Ich hatte einfach auch Angst, dass mit der Geburt unseres Kindes der Karrierezug endgültig abgefahren sein würde. Arbeiten, das konnte ich. Ob ich auch Kind konnte, das musste sich erst noch zeigen.

John küsste mich auf die Schläfe. Wir schwiegen beide eine Weile in die Dunkelheit hinein, dann zwickte er mich in den Arm.

»Aua! Was ist denn?« Ich stieß ihm meinen Ellbogen in die Seite.

»Diese Wurstbesessenheit von dir … hast du eigentlich schon mal daran gedacht, was damit anzufangen? Beruflich, meine ich. Eine original deutsche Wurstbude vielleicht? Hey, das wär's doch, oder? Genau, du verkaufst uns Aussies deutsche Bratwurst!«

John jodelte vor Begeisterung. Ich zeigte ihm einen Vogel. Ich kriegte ein Kind. Was sollte ich denn jetzt mit einer Würstchenbude?

»Ich beschäftige mich doch nur deshalb so viel mit Wurst, weil ich sie vermisse, nicht weil ich täglich in einer Fettbude stehen will.« Beinahe war ich beleidigt. Ich war TV-Producerin und mein Mann fand, ich sollte lieber Würstchen grillen.

»Aber die Leidenschaft, mit der du deine Wursterei betreibst, ist doch die beste Voraussetzung, um ein Geschäft aufzuziehen. Von deinem Fernsehjob hast du jedenfalls nie mit so leuchtenden Augen gesprochen. Fehlt dir deine Arbeit denn wirklich so sehr?« Er streichelte jetzt meinen Arm.

Ich zuckte mit den Schultern, weil ich in dieser Hinsicht unentschlossen war.

»Manchmal schon – im Augenblick fehlt mir der Job nicht so sehr wie eine leckere Wurst, aber ich bin ja auch schwanger.«

John lachte kurz auf. »Wenn dir die Wurst fehlt, dann ist die bestimmt so lecker, dass wir Australier sie sicherlich auch gut gebrauchen könnten.«

Ich sagte nichts. John stieß mich an: »Sag was!«

Ich schaute ihn von der Seite an: »Ich weiß nicht. Das ist eine seltsame Idee.«

»Überhaupt nicht seltsam, die ist richtig gut. Gegessen wird doch immer. So eine Bude hat hier vielleicht wirklich noch gefehlt.«

»Wo kämen wir denn hin, wenn wir aus allem, was uns fehlt, gleich eine Berufung machen? Du machst doch auch keinen Puff auf, wenn du mal guten Sex vermisst.« Was natürlich so gut wie nie vorkam, seit wir zusammen waren.

»Da wäre ich mir an deiner Stelle nicht so sicher.« Johns Finger krabbelten meine Schenkel hoch. Ich schlug ihm auf die Hand.

»*Darl*, denk doch einfach mal über so ein Wurstgeschäft nach. Es muss ja nicht gleich sein, sagen wir in ein, zwei Jahren. Solange du mit dem Kind zu Hause bist, könntest du die Zeit nutzen und in aller Ruhe den Markt, Rezepte, einen Budenbauer und was du sonst noch so wissen musst recherchieren. Wenn das Kind dann älter ist, legen wir los. Was meinst du?«

Wir? Mein Mann war Feuer und Flamme. Ich erwiderte erst mal nichts, aber insgeheim hatte ich ja auch schon an etwas Ähnliches gedacht. Ich hatte mich nur nicht getraut, es laut auszusprechen. Wenn John jetzt schon selbst damit ankam – warum eigentlich nicht?

»Schauen wir mal«, sagte ich leise und kuschelte mich in seinen Arm. Ich grinste heimlich. Eine Würstchenbude – das wäre nun wirklich mal was anderes. Wenn es schiefging, konnte ich es immer noch auf John schieben.

Die Geburt war ein Alptraum. Als es so weit war, hätte ich am liebsten das Projekt »Kind« rückgängig gemacht. Ich hatte mich nie darauf eingeschossen, unter allen Umständen eine natürliche Geburt zu erleben, aber dass ich mit jeder Droge, die für Geburten verfügbar war, Bekanntschaft machen würde, hätte ich auch nicht gedacht.

Erst bediente ich mich selbst mit einer Ladung Lachgas (brachte gar nichts), dann verpasste mir der Arzt eine Spritze in den Hintern (brachte nur wenig). Als das Kind nicht kommen wollte, holte man die Zange und jagte mir gleichzeitig eine lange Nadel in die Wirbelsäule (brachte Oscar). Natürlich wurde ich zuvor um mein Einverständnis gefragt. Zu diesem Zeitpunkt hätte ich sogar mit dem Teufel einen Pakt geschlossen.

»Das geht nur, wenn Sie sich keinen Millimeter bewegen«, sagte die Anästhesistin kühl. Eine Salzsäule hätte nicht stiller halten können. Ah, was für eine Erleichterung! Ich wünschte nur, der Arzt hätte mir gleich zu Anfang eine Epiduralanästhesie angeboten.

Als mein Sohn Oscar das Licht der Welt erblickte, konnte ich kaum noch unter meinen schweren Lidern hervorlugen, so vollgepumpt war ich. Im Rausch dachte ich, John hätte die Geburt verschwitzt, weil er irgendwann in der Nacht nach Hause gefahren war. Natürlich stimmte das nicht, ich hatte nur mein Zeitgefühl verloren. Was sich für mich unter Drogen wie eine Viertelstunde anfühlte, hatte in Wahrheit ganze 17 Stunden gedauert.

Ich will nicht sagen, dass all die Schmerzen auf einmal vergessen waren, wie es hinterher oft schönfärberisch heißt, aber es stimmt schon, was alle Mütter sagen: Auch ich war vom Glück und der Rührung, mein neugeborenes Kind in den Armen zu halten, völlig überwältigt. Zittrig streichelte ich meinem Oscar übers Köpfchen, auf dem jetzt ein blaues Strickmützchen saß. Hatte ich ihm das etwa angezogen? Ich konnte mich nicht erinnern. Oscar war mindestens genauso kaputt wie ich, er war an meiner Brust eingeschlafen. Mir kullerten dicke Tränen über die Wange.

John brachte mir am nächsten Morgen einen MP3-Player mit meinen Lieblingstiteln ins Krankenhaus. Ich hörte *Here comes the sun* von den Beatles. Ich konnte nicht anders und ersetzte »Sonne« durch »Sohn«. Jetzt fand ich das Lied gleich noch mal so schön. Frischgebackene Mütter sind eben nicht ganz dicht, aber das ist auch ganz gut so. Die großen Gefühle müssen ja irgendwo raus.

In den nächsten Wochen verschwendete ich kaum einen Gedanken an meine neue Geschäftsidee. Oscar forderte meine volle Aufmerksamkeit. John hatte sich das wahrscheinlich schon gedacht, als er mir zur Bude riet. Lass erst mal das Kind da sein, wird er sich gedacht haben, dann gibt die junge Mutter schon Ruhe. Als Vater zweier erwachsener Kinder kannte er sich da aus.

Ich traf mich ab sofort jeden Mittwoch mit der Muttergruppe im Café, wo wir uns über wunde Brüste unterhielten (außer Rosa: Die war so katholisch, dass sie während des Stillens ein Tuch über ihre Tochter breitete und beharrlich schwieg, wenn die Rede auf Körperteile kam, die etwas mit Fortpflanzung zu tun haben könnten). Wir bewunderten die Fortschritte der Kleinen und berieten uns über Windelqualitäten. In der Hauptsache war ich allerdings am Zuspruch der anderen Mütter interessiert. Ich fand es nämlich alles andere als leicht, Mutter zu sein.

Wie alle anderen Mütter litt ich an Schlafmangel. Oscar schlief auch nicht viel, schrie dafür umso mehr. Oft hielt ich den Atem an, wenn ich ihn im Kinderwagen über die Promenade schob. Er ließ sich das selten länger als fünf Minuten gefallen, bevor er lauthals protestierte. Mit dem Stillen klappte es auch nicht gut. Oscar hatte IMMER Hunger, und wenn er mich dann ausgesaugt hatte, kotzte er die gute Muttermilch gleich wieder aus, und das Spiel ging von vorne los.

Wenn er wieder mal wie am Spieß brüllte und ich nicht wusste, was ihm fehlte, war ich verzweifelt. Und erschöpft. Claire, Leisha, Rosa und Lauren hatten allesamt Mädchen bekommen. Mädchen sind bestimmt nicht immer pflegeleichter als Jungs, in meiner Muttergruppe war es jedoch so.

Ich kam mittwochs meist schon aufgelöst im Café an, weil Oscar mich mal wieder vollgereihert hatte, und traf auf eine entspannte Mutter-und-Kind-Truppe, die gerade dabei war, die Stickereien auf den diversen pinkfarbenen Lätzchen untereinander zu vergleichen. Ich konnte nicht mitreden, Oscar ließ sich erst gar kein Lätzchen umbinden. Die Baby-Girls trugen auf ihren noch blanken Schädeln einen rosafarbenen Reif mit Herz, Stern, Bärchen oder Prinzessin dran. Sogleich fragte ich mich, ob ich so was in Blau nun auch für Oscar bräuchte, schließlich sollte mein Sohn nicht als Außenseiter heranwachsen. »Wo gibt's das denn für Jungs?«, fragte ich in die Runde, während ich Oscars Wagen neben dem freien Stuhl einparkte.

Stille trat ein, und ich wusste, dass ich mal wieder ins kulturelle Fettnäpfchen getreten war. Manchmal machte mich dieses belämmerte Schweigen echt rasend. War doch nur eine Frage! Also fragte ich noch mal, dieses Mal aufreizend langsam, für den wahrscheinlichen Fall, dass ich mich undeutlich ausgedrückt hatte und wieder einmal irgendetwas Kurioses dabei herausgekommen war.

Doch diesmal lag es nicht an meinen mangelhaften Sprachkenntnissen, und ich rechne es den Mädels noch heute hoch an, dass sie mich damals nicht auslachten.

Lauren räusperte sich und mied den Blick der anderen: »Den Reif tragen die Babys, damit sie eindeutig als Mädchen erkannt werden. Für Jungs gibt's den umgekehrt nicht.«

Ach so, all die rosafarbenen Kleidchen und Spitzensöckchen waren wohl noch nicht eindeutig genug.

Ich bemerkte, dass Rosas Tochter einen Knopf im Ohr trug. Die kleine Nicole war noch kein Jahr alt und man hatte ihr schon das Ohrläppchen durchstochen! Auf eigenen Wunsch war das sicherlich nicht passiert. Wahrscheinlich wollten die Eltern ihrer Tochter das richtige Rollenverhalten mit der Muttermilch einimpfen. Falls Nicolchen mal auf eine feministische Grundschullehrerin treffen sollte, würde die ganz schön was zu tun haben.

Immerhin hatte Rosa dafür gesorgt, dass ihre Tochter einen normalen Namen trug. Das konnte man längst nicht von allen Mädels in Warrnambool sagen. Letztens hatte ich auf dem Parkplatz vor dem Supermarkt zwei Mädchen beobachtet, die sich um einen Lutscher stritten. Schließlich ging eine der Mütter dazwischen und sagte todernst: »Shakira, gib Beyoncé den Lollie zurück!«

Ich kämpfte ganz schön mit meiner neuen Rolle als Mutter, doch nach ein paar Monaten Eingewöhnungszeit mit Oscar war ich so weit, dass mich die Wurstidee wieder beschäftigte. Es tat mir gut, mich geistig auch mal mit etwas anderem als dem Baby auseinanderzusetzen. Ich glaube, Oscar sah das ähnlich. Meine mütterliche Verkrampfung lockerte sich allmählich und das spürte er auch.

Ich war also wieder offen für die Sache mit den Würstchen. Für mich stand fest, dass es nicht ausreichte, die perfekte Wurst zu erfinden: Sie musste auch hergestellt werden, und zwar von jemandem, der im Gegensatz zu mir sein Handwerk verstand.

Ich hatte bislang nur eine Thüringer kreiert, dabei wollte ich es auch belassen. Ich war nun mal kein Profi, und wer wollte schon das Rad neu erfinden? Meine gute Thüringer war eine feine Sache, doch in einer nichtkommunistischen Welt würde sie allein kaum ausreichen, um unseren Imbiss ins Geschäft zu bringen. Ich musste jemanden finden, der es in *No Wurst Country* verstand, eine Brühwurst zu machen, die der deutschen möglichst nahe kam. Neben meiner Thüringer brauchte ich außerdem gescheite Weiß-, Rinds- und Bratwürste; aus Letzteren würde ich meine später mal legendäre Currywurst zaubern (das malte ich mir in meinen zahlreichen Tagträumen so aus). Dann benötigte ich noch eine 1 a Frankfurter für die Hot Dogs (die auf keinen Fall rot eingefärbt sein dürften, wie es in Australien üblich war).

Wenn Oscar zwischen den Mahlzeiten schlief, fahndete ich im Internet und telefonierte. Ich stellte eine Liste von Metzgereien in und um Melbourne zusammen, die ich der Reihe nach persönlich abklappern wollte. Meine Hoffnung, einen Profi in Warrnambool zu finden, hatte sich schnell zerschlagen. Es gab hier keinen deutschen Metzger, und die australischen Kollegen verstanden nicht, worauf ich aus war. Es musste also unter allen Umständen ein deutscher Metzger sein. Wenn ich den nicht fand, würde mein Wurstabenteuer aus und vorbei sein, noch bevor es richtig begonnen hatte.

Einen einzigen Versuch wollte ich doch außerhalb von Melbourne unternehmen. Lauren hatte mir eine italienische Metzgerei in Geelong ans Herz gelegt. Der Laden machte einen recht durchschnittlichen Eindruck, und obwohl ich mir genau genommen zum Zeitpunkt des Einkaufs noch gar kein richtiges Urteil über die Qualität der Waren machen konnte – ich hatte schließlich noch nichts probiert –, war ich mir jetzt schon sicher, dass ich hier nicht richtig war.

Ich brauchte Wurst, die bereits gebrüht war – so, wie das eben bei deutschen Bratwürstchen der Fall ist. Rohe Wurst, so wie sie der Italiener hier anbot, ist viel zu gefährlich für den kommerziellen Verkauf, weil sie so leicht verdirbt. Giovanni war beliebt, das konnte ich aufgrund des Kundenandrangs erkennen, aber so sehr ich es mir auch wünschte: Der Italiener konnte mir nicht geben, was ich suchte.

»Und?«, fragte John, der mit Oscar im Auto gewartet hatte.

Ich schüttelte resigniert den Kopf. John drehte den Zündschlüssel um und gab Gas.

»Wohin jetzt?«

»Nach Yarraville, zu ›Andrew's Choice‹.«

Yarraville war ein Stadtteil von Melbourne. Wir hatten nun bereits fast drei Stunden Fahrt hinter uns, eine weitere Stunde würde uns jetzt bevorstehen. Yarraville würde für heute jedoch unsere Endstation auf der Suche nach der goldenen Wurst sein. Ich schaute nach hinten. Gott sei Dank, Oscar schlief. Noch diese eine Metzgerei und wir würden zu Jonathan fahren, wo wir übernachten wollten. Wenn es mit Andrews Würsten auch nichts würde, könnten wir uns immerhin noch ein nettes Wochenende in der Großstadt machen.

Für uns Menschen vom platten Land war ein Besuch in Melbourne nämlich *das* Highlight, und ich habe schon so manches Mal meine Familie in Berlin mit begeisterten Berichten von der Stadt am anderen Ende der Welt verstört.

»Schwesterchen, aus dir ist eine richtige Land-Else geworden, ist dir das eigentlich bewusst?«, kommentierte mein Bruder Peter meinen jüngsten Anruf, als ich von einem meiner seltenen Theaterbesuche so aufgeregt erzählte, als hätte sich das Rote Meer vor meinen Augen geteilt.

Noch besser wäre es allerdings, wenn Andrew unser Mann war – wenn er genau derjenige wäre, den wir für das Unternehmen »Grillmeister« so händeringend suchten. Könnte doch sein, dass Andrew eigentlich Andreas hieß und sein Fleischerhandwerk in Deutschland gelernt hatte, weil er dort aufgewachsen war. Nun ja, das würde wahrscheinlich ein Wunschtraum bleiben.

Als ich in Yarraville aus dem Auto stieg, wachte Oscar auf und schrie gleich wie am Spieß. Hatte er überhaupt Luft geholt?

»Ich mach ganz schnell, ehrlich«, sagte ich und beeilte mich, in die Metzgerei zu huschen, bevor John Einspruch erheben konnte.

Ein Windspiel klirrte, als ich durch die Tür trat. Ich atmete erst einmal gründlich aus, wodurch sich mein Dunst als Kreis auf der Vitrine abzeichnete. Erst als er allmählich verschwand, nahm ich die Schätze dahinter wahr. Fast fielen mir die Augen aus dem Kopf. Wurstwaren aller Herren Länder stapelten sich in der Auslage: scharfe *Chorizo* aus Spanien neben der italienischen *Salsiccia*, ungarische Salami vor mächtigen Kringeln aus *Boerswurst* – einer würzigen südafrikanischen Spezialität – und fette *pork bangers* (englische Schweinswürstchen) hinter gepökeltem Schinken, den ein Plastikschild als Andrews eigene Spezialität auswies. Meine Augen glänzten, und fast sabberte ich wie mein Sohn, als ich auf einem anderen Schild zwei magische Worte las: »Deutsche Bratwurst«.

Sie war gebrüht, sie sah köstlich aus, und sie war preisgekrönt. Ich war heilfroh, dass ich noch nicht dran war, und ließ meinen gierigen Blick über das üppige Sortiment schweifen – auf der Suche nach noch mehr deutscher Wurst. Ich war wie ein Schwein, das Trüffel gefunden hatte. Wenn diese Leckereien so schmeckten, wie sie ausschauten, dann war »Andrew's Choice« nicht nur eine kleine Metzgerei in Melbourne, sondern das Schlaraffenland der südlichen Hemisphäre.

»Womit kann ich dienen?«, fragte eine Stimme mit südländischem Akzent.

Ich sammelte mich. Mein Plan für die Wurstsuche war es eigentlich, inkognito zu recherchieren. Ich wollte wie ein normaler Kunde auftreten, damit man mich nicht schon jetzt als möglichen Großabnehmer behandelte. Vor lauter Aufregung und schierer Begeisterung schrieb ich alle Vorsichtsmaßnahmen in den Wind. Oh, mein Gott, es roch sogar wie in einer deutschen Metzgerei! Sofort lief mir wieder das Wasser im Mund zusammen, und ich musste erst schlucken, bevor ich antworten konnte. Ich stotterte ein wenig herum, wie sehr mich das Angebot anspreche und so weiter.

Der dunkle Typ hinter der Theke grinste nur und sagte schließlich: »Sie sind Deutsche, oder? Wir haben viel Kundschaft aus Deutschland. Wollen Sie den Fleischkäse probieren? Der ist besonders beliebt.«

Schon schnibbelte er an einem Fleischblock rum und reichte mir eine großzügige Scheibe über die Theke. Ich biss hinein. Meine Geschmacksnerven jubelten, ich grunzte zufrieden. Ich müsste mich schon gewaltig irren, wenn ich in diesem Laden nicht richtig war. Ein Ende der Gralssuche war in Sicht! Da konnte ich auch gleich Tacheles reden und mich als Australiens Wurstkönigin in spe outen.

»Superlecker! Könnte ich vielleicht mit Andrew sprechen? Ich hätte da nämlich ein größeres Anliegen.«

»Nur zu, meine Dame, nur zu. Sie sprechen bereits mit ihm. Wie groß ist das Anliegen denn?« Seine wachen Augen schauten mich erwartungsvoll an.

Ich war gerade im Begriff, den letzten Rest meines köstlichen Fleischkäses zu verdrücken, als ich in der Bewegung erstarrte. Ich besann mich gerade noch, den Mund zu schließen, aber auch so muss ich ziemlich dusselig ausgesehen haben.

Was war denn hier los? Der war doch Grieche, wenn mich nicht alles täuschte! Ein Grieche macht die beste deutsche Bratwurst des Kontinents? Ich verstand die Welt nicht mehr.

Andrew lachte jetzt herzlich. Nicht, weil er Gedanken lesen konnte. Ich war nur nicht die erste Deutsche in seinem Laden, die sich über die ungewöhnliche Konstellation wunderte.

»Ja, ich bin ein *wog* und mache Fleischkäse. Da staunen Sie, nicht wahr?«

Ich beeilte mich, den Kopf zu schütteln. Nicht, dass er dachte, ich hätte irgendwelche Vorurteile gegen *wogs*. Hatte ich nämlich nicht. Als ich noch auf dem alten Kontinent lebte, war Griechenland fast schon meine zweite Heimat gewesen – so oft wie ich dort im Urlaub war. Außerdem waren wir uns fast näher als den Australiern, zumindest rein geographisch gesehen. Aber dennoch: Irgendwie war's schon komisch – ein *wog* und Bratwurst …

Zum Glück wusste ich zum damaligen Zeitpunkt schon, was ein *wog* war, sonst hätte es wieder eine meiner peinlichen Szenen gegeben. *Wog* nennt man im australischen Englisch Immigranten aus dem Mittleren Osten und Südeuropa. Der Begriff wurde in den 50ern geprägt, als eine große Anzahl von Einwanderern aus den Mittelmeerländern nach Australien kam, das bis dahin hauptsächlich von seiner angelsächsischen Bevölkerung geprägt war. *Wog* war ursprünglich ein Schimpfwort, heute wird es meist liebevoll benutzt – besonders von der betroffenen Bevölkerung selbst. Victoria und insbesondere Melbourne ist übrigens die Heimat der größten griechischsprechenden Bevölkerung außerhalb Griechenlands selbst.

Und einer davon war Andrew Vourrahkis, von Beruf Wurstgott. Ich erzählte ihm von meinem Vorhaben, und wir schüttelten uns die Hand. Das Geheimnis der griechisch-deutschen

Wurst war schnell gelüftet. Andrew hatte bei einem Deutschen das Metzgerhandwerk gelernt und später dessen Geschäft übernommen. Dieser Andrew war Geschäftsmann durch und durch, er ließ sich keine noch so vage Gelegenheit durch die Lappen gehen. Ich fühlte mich geehrt, dass er mich Neuling ernst zu nehmen schien, denn er packte mir bestimmt ein Dutzend Päckchen zusammen, in denen sich üppige Kostproben seines Könnens verbargen.

Als ich bezahlen wollte, winkte er beleidigt ab: »Kommt überhaupt nicht in Frage. Wenn Sie alles probiert haben, sagen Sie mir, was Sie von meinen Produkten halten, und dann kommen wir schon ins Geschäft.«

Er war sich seiner Sache offenbar sicher. Wieder jemand, von dem ich lernen konnte. Ich schnürte meine Gaben und konnte es kaum erwarten, alles zu probieren. Ich hielt beide Daumen hoch, als ich ins Auto stieg. Oscar, der immer noch maulte, drückte ich eine Frankfurter ins Händchen. Bis die alle war, würde er Ruhe geben.

Andrew und ich waren im Geschäft. Er hatte schon am nächsten Morgen angerufen, um nachzuhorchen, wie mir seine Wurst schmeckte. Ich war selig. Nicht nur würde ich ab sofort auf eine äußerst delikate Kollektion an Wurstwaren zurückgreifen können – nein, Andrew würde auch nach meinem Rezept unsere Spezialität, die »Grillmeister«, herstellen. Meine ureigene Wurst!

Billig war Andrew nicht, aber hier ging es schließlich um Gold-Qualität. Und heißt es nicht immer, dass das Gute am Ende siegt?

16. Das Debakel von Timboon

Nun, da die Wurstfrage glücklich geklärt war, machte ich mich an die schrittweise Verwirklichung unseres Projekts. Zwischen Krabbelgruppe und Spielplatz recherchierte ich die Märkte und Events der Umgebung und sicherte uns dort einen Platz für unseren hübschen neuen Wagen. Doch, er war schon schön anzuschauen. So neu und weiß, kombiniert mit leuchtendem Rot und sattem Grün.

Dann, an einem Samstag im Sommer war es endlich so weit. Wir hatten die Wurst, wir hatten einen Wagen, und wir hatten einen Auftrag: Das Musikfestival in Timboon. Timboon ist ein idyllisches Nest in den Hügeln des *Western Districts*, mit dem Auto eine Stunde von Warrnambool entfernt – mit angehängtem Imbisswagen würden es sicherlich drei werden. Bei jeder Steigung lehnten wir uns nach vorne und schwitzten mit dem alten Allrad-Toyota, der kräftiger aussah, als er war.

»Schafft die alte Kiste das denn?« Besorgt sah ich John von der Seite an.

Seine weißen Knöchel hatten das Lenkrad fest umkrallt. Sein Mund öffnete und schloss sich wieder.

»Was?«, fragte ich und hielt mein Ohr näher an seine Lippen. Der Motorenlärm nahm jetzt eine bedrohliche Frequenz an.

»*Crikey*, du stellst Fragen! Ich würde ja selbst gerne wissen, ob wir den nächsten Hügel packen. Meine Antwort: *I don't know*, isch uaiz nisch, *got it!?*«

Der konnte ja doch Deutsch, wenn er wollte. Warum war

er nur so grantig? Ich wollte doch nur meine Anteilnahme ausdrücken. Doch wenn die nicht gefragt war, bitte – ich kann auch schweigen, sehr gut sogar. Ich lehnte mich zurück und schaute stur geradeaus.

Zugegeben – Schweigen war in dieser Situation nicht die beste Idee. Das war unser erster Einsatz, und ALLES musste besprochen werden, haarklein, wenn die Sache einigermaßen erfolgreich über die Bühne gehen sollte. Unsere Arbeitsabläufe waren bislang nur graue Theorie, wir sollten eigentlich jeden noch so winzigen Schritt im Vorhinein absprechen, eine Generalprobe würde es nicht geben. *Talk, talk, talk*, hatten wir uns eingebimst, oder wir würden im Chaos versinken. Und jetzt fehlten uns schon die Worte, bevor die erste Wurst überhaupt auf dem Grill lag.

Wir schafften es dann doch noch den Berg hinauf. Gegen neun bogen wir auf den Marktplatz direkt neben der Bühne ein. Die Sonne hatte schon Kraft, es würde ein heißer Tag werden. Uns konnte das nur recht sein: schönes Wetter, viele Besucher. Es dauerte eine Weile, bis John den Anhänger an der markierten Stelle positioniert hatte. Gar nicht so einfach, denn zwischen dem Stand mit dem geschnitzten Öko-Spielzeug und dem Toilettenwagen war nicht gerade viel Platz.

Wir machten uns sofort ans Aufbauen, denn wir waren spät dran. Ich war heilfroh, dass uns später Rachel und Chris, der Chefkoch aus dem Warrnambool-Pub, in der Bude aushelfen wollten – für den wünschenswerten Fall, dass die Schwarte krachte und wir mit der Versorgung hungriger Partygänger nicht mehr nachkommen würden. Wenn man sein eigenes Geschäft aufzieht, wird man zum Berufsoptimisten, ob es einem liegt oder nicht.

Im Grunde genommen hatte ich noch nie Würstchen gegrillt – mal abgesehen vom Test-Flop in unserem Garten. Andererseits: Was sollte daran schon so schwer sein? John hatte alle Arbeitsabläufe auf Tafeln geschrieben, und jetzt war ich dran mit den allgemeinen Vorbereitungen: Senf, Ketchup, Servietten – raus auf die Verkaufstheke. Schnell John fragen, wie noch mal gleich die Kasse funktionierte, Brötchen aufschneiden. *Too easy*, wie Gerry jede Situation gleichmütig beurteilte.

Gerry hatte unseren Wagen gebaut. Eigentlich restaurierte er alte Campingwagen, aber für uns hatte er einen funkelnagelneuen Anhänger gebaut. Am besten gefiel mir die knallrote Theke, die man ausklappen konnte. Das Innendesign stammte von John. Es sah gut aus und war zweckmäßig.

Nachdem ich mit den Vorbereitungen so weit fertig war, schaute ich mich noch mal um und warf wohl zum hundertsten Mal einen Blick auf die Ablauftafel. Alles paletti. Die geschälten Zwiebeln hatte ich lobenswerterweise schon zu Hause durch die Küchenmaschine gejagt. Ich schüttete einen Schwung Zwiebelringe auf die geölte Heizplatte des Grills. Eine rein verkaufsfördernde Maßnahme, denn der Geruch vor sich hin brutzelnder Zwiebeln war überall auf der Welt unwiderstehlich, das glaubte ich ganz fest. Der Duft würde bestimmt schon bald die ersten Käufer anlocken.

John hatte derweil den Grillrost mit Andrews guter Wurst bestückt. Besonders stolz war ich auf meine selbstgekochte Currysoße, die ich nun neben den Zwiebeln auf einer Kochplatte erhitzte. Ah, wie das duftete!

Das war ja auch nicht einfach nur Ketchup mit Currypulver. Nein, dieses feine Sößchen hier hatte ich aus vielen leckeren Zutaten aufwendig geköchelt und püriert. Nachdem ich 20 Liter davon hergestellt hatte, sah meine Küche allerdings aus, als hätte ich darin jemanden ermordet. Das, was von der Wundersoße nicht an den Kacheln klebte, hatte ich in Tupperdosen abgefüllt und eingefroren. Dabei träumte ich schon vom eigenen Soßen-Label: »Grillmeister's Curry« – hochwertig abgepackt im kleinen Gläschen. Ein wenig überteuert wäre sie, das schon, aber wenn sie doch jeder haben wollte …?

»Eine Wurst bitte, danke!«

Ich ließ vor Schreck die Kelle in die Soße plumpsen. Ich drehte mich um und sah unseren allerersten Kunden. Er war der Scheinwerfer, ich das Reh. Und wo war John? Hilfe, was mach ich denn jetzt? Am besten dem Typen 'ne Wurst verkaufen, denken Sie jetzt sicher.

Ich riss mich also zusammen: »Was darf's denn sein? Wir hätten da …«

»Einfach 'ne Wurst, *darl*. Hab nich viel Zeit.« Er sah auf die Preisliste und kramte in der Hosentasche nach Münzen.

»Dann würde ich Ihnen unsere Spezialität, die ›Grillmeister‹ empfehlen, die ist …«

»*Yep*, nehm ich.«

Ich zitterte vor Aufregung und drehte mich von ihm weg, als ich die Wurst in das Brötchen quetschte. Jetzt beruhig dich doch mal! Wurst ins Brötchen, Brötchen zum Kunden, Geld nehmen, fertig. Mehr isses gar nicht!

Mein Kunde zählte das Geld auf den Tresen, nahm die Wurst, schaute drauf und sagte: »*With the lot, love!*«

Mit was, bitte? Mit viel Liebe? Mann, wir sind ein Imbiss! Nur gut, dass ich mir angewöhnt hatte, im sprachlichen Zweifelsfall die Klappe zu halten.

Was er eigentlich wissen wollte, war nämlich, was ich denn noch so für obendrauf im Angebot hätte? Er wollte alles, was es gab, *the lot* eben. Zwiebeln und Senf konnte er haben, was konnte er sonst schon wollen? Ich fand die Zwiebeln auf der Wurst für deutsche Verhältnisse zwar immer noch ein wenig gewöhnungsbedürftig, aber das wusste ich nun von jedem

Barbecue, dass gebratene Zwiebelringe hier einfach dazuge-
hörten.

»*Any cheese, sauerkraut?*«, fragte es von der anderen Seite
der Theke.

Käse? Sauerkraut? Wie pervers war der denn? Der Kerl
blieb hartnäckig und schien auf einmal alle Zeit der Welt zu
haben. Mir brach der Schweiß aus. Ich schüttelte den Kopf,
mein Kunde auch, dann ging er. Ich kann nicht sagen, dass
sich bei mir ein Hochgefühl einstellte, obwohl die ersten
Münzen in der Kasse klingelten. Ob er uns weiterempfehlen
würde? Ich hatte da so meine Zweifel.

Jetzt sah ich endlich John, er unterhielt sich mit den Veran-
staltern. Mein Handy klingelte. Rachel. Ob sie sich auf den
Weg machen sollten? Ich zögerte, schließlich wollte ich keine
unnötige Hektik verbreiten. Es war ja gar nichts los, und was
wäre peinlicher, als wenn sie mit dem Küchenchef untätig in
meiner Bude rumhing?

Doch als ich kurz aufblickte, hatten sich bereits vier Menschen am Wagen versammelt, die ganz so aussahen, als wollten sie bedient werden.

»Ja, macht los. Ach, und frag doch bitte Chris, was es mit
the lot auf sich hat.« Ich legte auf und setzte ein Lächeln auf,
von dem ich hoffte, dass es professionell wirkte.

John hatte auch mitbekommen, dass sich uns Kundschaft
genähert hatte, und jetzt hüpfte er wie ein Jungspund mit einem Satz durch die Tür.

»Schatz, die Veranstalter sind ganz begeistert von uns. Sie
fragen, ob wir länger als ausgemacht bleiben wollen. Am
Abend spielen doch die großen Bands. Der *Footy-Club* wird
hier sein samt Fans und die haben Huuuuungeeeeer!«

Dafür, dass er vor einer Stunde noch so schlecht gelaunt
war, zeigte sich mein Mann nun ganz schön aufgekratzt. Ich

deutete auf die Warteschlange und drückte ihm die Grillzange in die Hand.

Ich wollte mich wegen der Fahrt hierher noch ein bisschen unterkühlt geben, doch meine sich schlagartig rötenden Wangen straften mich Lügen. Wie aufregend! Weit und breit verkaufte niemand außer uns etwas Herzhaftes, und ich glaubte im Leben nicht, dass diese stiernackigen Sportler sich mit den Poffertjes der Landfrauenvereinigung vom Stand gegenüber zufriedengeben würden.

Hatten wir überhaupt genügend Vorrat? Panik! Zum Glück konnten wir uns auf Rachels chronische Verspäterei verlassen. Sie würde sich noch längst nicht auf den Weg gemacht haben und könnte daher aus unserem heimischen Kühlschrank ein paar Großpackungen Wurst mitbringen.

Unser Absatz bis zum Nachmittag war zwar nicht berauschend, doch auch nicht entmutigend. An der Bude herrschte ein ruhiges, aber stetes Kommen und Gehen. Langsam spielten wir uns als Team ein, und nach ein paar Stunden fühlten wir uns fast schon wohl in unserer neuen Haut als Wurstverkäufer. John stand hauptsächlich hinter dem Grill, während ich die Kunden beriet und bediente.

Am meisten machte mir noch die verfluchte Kasse zu schaffen, die ich aus hygienischen Gründen einhändig bedienen musste. Die andere Hand durfte nämlich kein Geld anfassen und steckte daher im Latexhandschuh, der die Wurst balancierte. An großen Imbissständen leisten sie sich eine Kassiererin, die sich ausschließlich um Bestellungen und ums Geld kümmert. Sehr sinnvoll, war bei uns aber nicht drin, und so fiel mir schon mal die Wurst runter, wenn ich mich zu sehr auf die blöde Kasse konzentrierte. Dann nicht laut zu fluchen war auch eine Kunst für sich.

Gegen Mittag tauchten Rachel und Chris auf, zwischen sich eine monströse Kühlbox in Schieflage, weil Rachel sich im Vergleich zu Chris geradezu zwergenhaft ausnahm. Chris begrüßte uns mit einem strahlenden *G'day* – ganz so, als würden wir uns schon eine Ewigkeit kennen.

Hab ich schon mal erwähnt, dass australische Männer nur selten an Minderwertigkeitskomplexen leiden? Falls sie es doch tun, verstecken sie es jedenfalls gut. Wir hatten Chris nur einmal kurz im Pub gesehen, und jetzt machte er sich in unserem Imbissstand zu schaffen, als hätte er sein Leben lang nichts anderes getan.

»Wohin mit dem Schweinkram?«, fragte er.

Ich sagte, er solle die Kiste vor der Hintertür stehen lassen, in den Kühlschränken wäre kein Platz mehr.

»Voll? Lass mich mal sehen!« Er schob mich zur Seite und öffnete die Tür des großen Kühlschranks. Sein Oberkörper verschwand darin.

»Da ist noch Platz für ein ganzes Schwein.« Er tauchte wieder aus der Kälte auf.

»Du glaubst mir nicht?« Er muss sich dabei auf meine in Runzeln gelegte Stirn bezogen haben.

»Lass mich mal machen!«, sagte er und legte los.

In Windeseile hatte er beide Kühlschränke umgepackt und den Inhalt neu sortiert. Ich staunte nicht schlecht. Chris hatte tatsächlich eine Menge Platz geschaffen. Die neue Ordnung erwies sich zudem als überaus clever: Was sich am besten verkaufte, wurde in Zukunft auf Armhöhe verstaut.

Chris leerte die Kühlbox und packte auch einige Beutel geriebenen Käse in den Kühlschrank. Dann öffnete er zwei mitgebrachte Dosen, schüttete den Inhalt in einen Topf, den er ebenfalls aus der Kiste gezaubert hatte, und stellte das Ganze auf die Heizplatte.

»Was ist das denn?«, fragte ich.

»Sauerkraut. Das Zeug solltest du doch besser kennen als ich, oder?«

Er und Rachel lachten.

»Das sehe ich auch, dass das Sauerkraut ist. Was soll ich denn damit? Ich verkauf doch keine Schweinshaxen. Und der Käse, wozu der Käse?«

Sauerkraut, Käse. Erst der Kunde, nun auch Chris. Ich fragte mich langsam, was es damit auf sich hatte.

»Du hattest doch nach *the lot* gefragt. Bitte schön: Sauerkraut, Zwiebeln, Käse und 'ne Portion Ketchup obendrauf, *the lot*. So stellt sich ein Australier die deutsche Wurst vor.« Er rührte das Sauerkraut um.

»Das ist aber nicht richtig. Deutsche Bratwurst isst man nur im Brötchen mit Senf.« Ich wollte nicht besserwisserisch daherreden, zumal ich mit einem Küchenchef sprach, der noch dazu ungeheuren Einsatz gezeigt hatte. Aber was wahr ist, muss auch wahr bleiben.

»Ach ja, ist das so? Und wo steht das geschrieben?«

Er hatte sich an den Tresen gelehnt und krempelte jetzt die Ärmel hoch. Beide Arme waren bis in die Fingerspitzen tätowiert. Wo blieb denn nur John schon wieder? Ich hüstelte.

»Das steht natürlich nirgendwo geschrieben. Das ist eben so Tradition bei uns in Deutschland, und die würde ich ganz gerne bewahren.«

Chris hatte sich ein Bier aus der Kühlbox geangelt, öffnete es und reichte die Flasche Rachel.

»Verstehe, bewahren willst du also! Bist du so was wie die Erin Brokovich der deutschen Wurstkultur, oder willst du auch was verkaufen?« Er nahm Rachel das Bier aus der Hand, die sich gerade verschluckt hatte, und trank den Rest auf ex aus.

Erin Brokovich der deutschen Wurst – was für ein unverschämter Kerl, rotzfrech nenne ich das! Ich hatte schon meinen Zeigefinger auf ihn gerichtet, ließ ihn dann aber sinken. Besser, ich schluckte meinen Zorn runter. Solange ich das Fachwissen des Meisters anzapfen könnte, sollte ich versuchen, so viel wie möglich zu lernen. Ich wäre ja schön blöd, wenn ich es mir mit Chris gleich verderben würde. So effizient, wie der war, könnte er uns das ganze Unternehmen auf Vordermann trimmen. Außerdem schien sich zwischen Rachel und dem Großkoch was anzubahnen – so, wie die einander anschauten.

»Du hast recht«, sagte ich, »andere Länder, andere Sitten. Probieren wir's aus.«

Insgeheim hatte ich die Hoffnung, dass Chris sich täuschte und die Aussies meine Wurst auch ohne großes Gedöns mochten. Ich öffnete eine Tüte und schüttete den Käse in eine Tupperdose. Ich würde diese Extras nur auf ausdrücklichen Wunsch hin servieren. Dann würden wir schon sehen, wie oft das der Fall war.

Am Abend kamen noch mehr Leute, denn auf der Hauptbühne wurde ordentlich gerockt. John rieb sich die Hände und legte Würstchen nach. Sicher würden wir in der nächsten Umbaupause bestürmt werden. Sollten sie nur, wir waren gerüstet. Die meisten anderen Stände hatten schon abgebaut, das Ökospielzeug von nebenan war schon vor Stunden verschwunden. Wir warteten, das war bestimmt die Ruhe vor dem Sturm.

Ein verbeulter Campervan schepperte den Weg entlang und manövrierte sich umständlich in die Lücke neben uns. Was wollte der denn hier? Ich hatte diese misshandelte Sparbüchse am Mittag weiter unten schon stehen sehen. Zwei Frauen mit strähnigem Haar hatten aus dem kleinen Fenster heraus Eier und Süßigkeiten verkauft.

Die ganze Kiste wackelte, als ihr eine robuste Lady entstieg, um eine Papptafel mit einer Kordel neben dem Fenster zu befestigen. Weil es noch nichts zu tun gab, stieg ich aus und sah mir das Schild näher an. »*Meat Pies*« stand da handgeschrieben, »$ 3.50«. Ich versuchte im Vorbeigehen unauffällig ins winzige Fenster zu schielen, um unsere Konkurrenz näher in Augenschein zu nehmen. Ich konnte gerade noch die obere Ecke eines *pie warmers* erkennen, bepackt mit eben jenen Fleischpastetchen, die Australier ihren Kindern am liebsten schon im Fläschchenalter verabreichen würden.

Die gaumenbetäubend heißen *meat pies* sind nicht einfach nur ein Snack für zwischendurch – *meat pies* stehen ähnlich wie der Brotaufstrich *Vegemite* für den australischen *way of life*; wer *meat pies* isst, bringt damit zum Ausdruck: »Ich bin Aussie und stolz darauf«. Sie sind der zu Kalorien gewordene Patriotismus. *Football, meat pies, kangaroos and Holden Cars*, hieß es schon in einem uralten Werbespot, der die Ikonen australischen Lebens besang.

All das wusste ich damals allerdings noch nicht, und so war es mir unbegreiflich, weshalb sich John über unsere neuen Nachbarn so aufregte. Wer würde schon die aufgetaute Massenware bevorzugen, die in jedem Supermarkt für wenig mehr als einen Dollar zu haben war? Und dann war so eine Fleischpastete doch auch Vertrauenssache. Wer konnte schon genau wissen, was da drin war? Ich schaute von der zerdrückten Blechbüchse zu unserem Fast-Food-Juwel. Für mich war es jedenfalls keine Frage, für wen sich die hungrige Horde heute Nacht entscheiden würde.

Es sollte anders kommen. Der schäbige *pie cart* wurde vom Andrang fast erdrückt, während wir nur zugucken konnten, wie unsere Würstchen in der Warmhalteschale vor sich hin schrumpelten. Die wenigen Kunden, die zu uns gefunden hatten, waren sturzbetrunken und hatten den *pie cart* wohl nur deshalb verpasst, weil er so schlecht beleuchtet war.

Die Nacht war für die Katz, und wir waren tief enttäuscht. Aber da ich nun Berufsoptimistin war, sagte ich mir, dass man auch aus der größten Niederlage noch etwas lernen konnte. Und so war es auch: Ab sofort würden wir bei jedem Veranstalter nachfragen, mit welcher Konkurrenz wir zu rechnen hatten, denn niemals wieder würden wir einen Gegner so gnadenlos unterschätzen.

Zu guter Letzt musste ich dann auch noch Chris recht geben: Wir Deutsche hießen nicht ohne Grund *the krauts*. Die Aussies wollten Sauerkraut zur Wurst. Ich gab nach, denn natürlich wollte ich was verkaufen! In zwei Punkten blieb ich allerdings unbeugsam und schrieb sie auf einen Zettel, den ich immer im Portemonnaie mit mir herumtrug:

1. Die Qualität deutscher Wurst ist unantastbar.
2. Brötchen sind außen knusprig und innen weich.

Diese Dinge waren mir so heilig, dass ich den Anblick einer deutschen Wurst mit einem deutschen Brötchen in unserem »Grillmeister«-Logo verewigen ließ. Zwei gebogene Wurstenden schauen wie ein breites Lächeln aus dem Brötchen heraus.

17. The Best Is Wurst

Wir hatten unsere Schlappe in Timboon noch nicht recht verdaut, aber es musste ja weitergehen, und so rollte der Wagen wieder. Wir befanden uns auf dem Weg zu unserer nächsten Mission, dem renommierten *Wine and Food Festival* in den Grampians.

Mir gingen schon jetzt die Manschetten. Alles, was sich in Melbourne für Wein und gutes Essen interessierte, reiste an diesem ersten Mai-Wochenende aufs Land, um sich in herrlicher Bergkulisse gepflegt einen hinter die Binde zu gießen und ein paar Leckereien in den Mund zu schieben. Wir waren vom Veranstalter schriftlich und ausdrücklich aufgefordert, mit unserer Teilnahme »experimentell und erzieherisch« Einfluss zu nehmen.

Das war doch mal was! Endlich *durfte* ich in Sachen Wurstkultur nicht nur belehren, nein ich *sollte*, ich *musste*! Denn das war die Idee der ganzen Veranstaltung: dass man Neues anbot, und genau dies wurde von den gaumenverwöhnten Großstädtern auch erwartet.

Trotzdem hatte ich sicherheitshalber noch mal angerufen, ob sich vielleicht nicht doch auch der *pie cart* aus Timboon dorthin verirrt haben könnte. Michael, der Veranstalter, gackerte in den Hörer, als ich ihm unsere ärgste Konkurrenz beschrieb.

»Keine Angst, *darling*. Eigentlich dürfte ich es ja gar nicht sagen: Wisst ihr denn, dass ihr mit eurer Bewerbung für unser Festival sogar Wurst-Schmitt ausgestochen habt? Wurst-

Schmitt! Hörst du, *love*? Und euch macht die p*ie*-Karre aus Timboon Sorgen? Köstlich!« Er lachte immer noch.

Ich hielt die Luft an: Doch nicht etwa *der* Wurst-Schmitt?

Wurst-Schmitt war eine andere Liga, die ganz große Nummer. Wurst-Schmitt verhielt sich zu uns in etwa wie *Starbucks* zum Stehcafé an der Ecke. Damit meine ich jetzt nicht die Qualität, es geht um die schiere Größe. Hinter dem Unternehmen verbarg sich Tom, ein ausgewanderter Metzgerssohn aus Norderstedt bei Hamburg. Ich konnte mir nicht vorstellen, dass der am zwar weithin bekannten, aber dennoch, was den Umsatz betraf, recht intimen *Food Festival* in den Grampians Interesse hatte, und doch war es wohl so. Und jetzt gab man uns Anfängern den Vorzug?

Ich wunderte mich, doch Michael wollte nicht mit der ganzen Wahrheit rausrücken, wie es zu dieser Entscheidung gekommen war: »Das sind nun wirklich Interna, *darl*. Kommt einfach und seid wunderbar, okay?«

Tom hatte Wurstwagen so groß wie Häuser und caterte für Mega-Events, zum Beispiel den *Grand Prix* in Melbourne. Tom und ein gemütliches Wochenende in den Grampians? Was gäbe es für den Großmeister dort schon zu holen? Doch nur *peanuts*!

Vor fast zwei Jahren, zu Beginn meiner Recherchen zur Konkurrenz auf dem Wurstmarkt, war ich auf Tom gestoßen. Ich hatte nicht gewusst, ob mich sein Erfolg entmutigen oder anspornen sollte. Ich war also zu seiner Fabrik nach Werribee gefahren, um mir seine Geschichte anzuhören und auch, weil ich damals noch auf der Suche nach einem Hersteller für meine Wurst war. Wir konnten ja nicht alles alleine machen, ich brauchte dringend jemanden, der etwas von der Wurstherstellung verstand.

Ein dickbebrillter Herr mit polnischem Akzent und spärlichem Haupthaar verkaufte am Eingang der Schmittschen Fabrik das komplette Sortiment. Tom Schmitt hatte es weit gebracht. Er besaß nicht nur ein halbes Dutzend mobiler Imbissbuden (im Schwarz-Rot-Gold-Look), sondern produzierte auch die Wurst selbst. Seine Gewinnmargen mussten gigantisch sein. Ich betrachtete Tom nicht als Konkurrenten (darüber hätte er sich zu Recht nur schiefgelacht). Ich fand, dass unser »Grillmeister« eine Nische bediente, die für Tom viel zu klein war. »Grillmeister« zuckelte übers flache Land, während »Wurst-Schmitt« ganze Stadien versorgte. Wir würden einander nicht ins Gehege kommen. Noch nicht, ich hatte ja wie gesagt tolle Pläne. Ich kaufte eine Auswahl seiner Produkte, und dann würde ich ja sehen, was die Schmitt-Wurst tatsächlich taugte.

Ich fragte nach Tom. Der Alte im Blaumann wies auf das Tor zur Industriehalle. Ich sah einen strohblonden, schlanken Mann in kniehohen Gummistiefeln, der den Betonboden abspritzte. Tom Schmitt sah erst auf, als ich vor ihm stand. Ich stellte mich vor, und als ich erzählte, warum ich hier war und was ich vorhatte, warf er den Kopf in den Nacken und lachte schallend.

Verunsichert wich ich einen Schritt zurück. Was war denn so komisch an meiner Geschäftsidee? Gut, ich hatte nicht viel Ahnung, mein Vater war auch kein Metzger, aber ich war fleißig und lernte jeden Tag dazu. Er hatte doch auch mal klein angefangen!

Tom bemerkte, wie irritiert ich war, und wurde still. Er drehte das Wasser ab. »Nichts für ungut, min Deern!« Seine blauen Augen leuchteten jetzt fast freundlich. Er ging auf mich zu und tätschelte meine Schulter. »Ich wollte dich nicht beleidigen. Du erinnerst mich einfach nur an früher. Die erste Bude, mein Gott …« Er schwieg versonnen. Dann räusperte er sich und sah mich ernst an: »Mädchen, das ist ein verdammt hartes Geschäft. Das weißt du doch, oder?«

Dass er mich duzte, obwohl wir deutsch miteinander sprachen, war gar nicht so ungewöhnlich. Hier in Australien duzt man sich generell. Man darf sogar den Prime Minister mit dem Vornamen ansprechen »*Hey, Kev, mate! How is it hangin'*?«, könnte man ihm zum Beispiel ungestraft zurufen, wenn man zufällig Kevin Rudd auf der Straße begegnete. Dieses »Wie hängt's denn, Kumpel?« wäre zwar nicht sehr fein, aber Herr Rudd würde sich dennoch ein Lächeln aus den Pausbacken quälen, alles andere wäre unaustralisch.

Wenn man hier dann auf andere Deutsche trifft, ist dieses Duzen manchmal etwas merkwürdig, wenn man den anderen so gar nicht kennt. Noch komischer wäre es allerdings, alle Australier zu duzen und ausgerechnet den eigenen Landsmann nicht.

Tom fuhr also fort: »Lukrativ ist so eine Würstchenbude in jedem Fall, wenn man es richtig anstellt. Sehr sogar, aber jeder Dollar in diesem Geschäft ist auch verdammt hart erknechtet.«

Es wies mit dem Kinn in Richtung Parkplatz, wo drei junge Frauen mit Lappen und Eimer um zwei seiner Buden herumwuselten.

»Das Saubermachen hinterher ist das Schlimmste. Man glaubt ja gar nicht, wohin Fett überall spritzen kann. Ich mach das Gott sei Dank schon lange nicht mehr selbst.«

Ich schaute betreten zu Boden. Als hätte er meine Gedanken erraten. Das Putzen des Wageninneren nach dem Timboon-Debakel war das reinste Grauen gewesen. Ich hatte nicht gewusst, wo ich anfangen sollte. Das erkaltete Fett hing in gelblichen Schatten von der Decke, überzog beide Kühlschränke, die Gefriertruhe und die Verkaufstheke; es hatte den Fußboden in eine schmierige Rutschbahn verwandelt, so dass ich beim Putzen zweimal auf die Nase gefallen war. Noch ein bisschen Filz hier und da und ich hätte die Bude als neuen Beuys ausstellen können: *Rollkonstrukt in Fett.*

Der Fettfilm hatte sich so gleichmäßig im Raum verteilt, dass ich erst merkte, wie schmutzig es war, als ich mit dem Wischen anfing. Ich fragte mich, ob es vielleicht gar keiner merken würde, wenn ich es einfach so lassen würde. Hatte man erst einmal begonnen, war es natürlich zu spät. Der Kontrast war verräterisch. Ich gebe zu, für den Bruchteil einer Sekunde war ich versucht, es mit der Hygiene nicht hundertprozentig genau zu nehmen, aber außer dem Gesundheitsamt gibt es doch noch so was wie eine Berufsehre. Also atmete ich tief durch und legte los.

Die Reinigung war mein Job, was nur fair war, denn John hatte bereits einen Vollzeitjob und sowieso schon zu viel an der Backe, wenn wir mit dem »Grillmeister« an den Wochenenden unterwegs sein würden.

Als Expertin darf ich Ihnen an dieser Stelle einen heißen Putztipp für Ihre nächste Grillparty ans Herz legen: Schwingen Sie den Lappen, solange das Fett noch warm ist! Glauben Sie mir, es erleichtert die Arbeit ungemein.

Als ich mit dem Schrubben fertig war, zog ich die Klamotten hinter dem Haus aus und begab mich sofort unter die Dusche. Wer einmal Fettbudenmief im Wohnzimmer hatte, möchte eigentlich sofort ausziehen.

Putzen … Diesen Aspekt des Geschäfts sparte ich immer gerne aus, wenn ich an mein zukünftiges Wurstimperium dachte. Ich hielt mich lieber an die glamouröse Seite, falls es die überhaupt gab.

Plötzlich fiel mir auf, dass ich neidisch war. Ich wollte auch schon so erfolgreich wie »Wurst-Schmitt« sein. Tom pries noch kurz seine Wurst an – ich war ja potenzieller Großkunde –, wünschte mir viel Glück und ließ mich dann mit meinen vielen Fragen allein.

Außer Tom gab es im lokalen Bratwurstgeschäft noch Peter und Heiner, ein in die Jahre gekommenes Gastwirtgespann aus Geelong. Peter betrieb dort mit seiner philippinischen Frau das »Walhalla«, ein deutsches Lokal, das von der Beschallung (Blasmusik) bis hin zur Wanddekoration (Hirschgeweihe) ungeniert jedes Klischee bediente und wahrscheinlich schon bessere Jahre gesehen hatte. Die Freunde hatten sich vorgenommen, die gesamte Länge der *Great Ocean Road* mit bayrischen Buden zu pflastern.

Zugegeben: Das war meiner eigenen Idee nicht ganz unähnlich. Ich wollte auch mehr als nur eine Bude, aber im Unterschied zur Vision der beiden Siegfrieds aus Geelong sollte sich mein Büdchen im *Franchise* vervielfältigen, und zwar auf Rädern. Meine Wägelchen würden nämlich nur dorthin rollen, wo sie erwünscht waren.

Denn so weit war ich mit meinen Nachforschungen immerhin gediehen, um zu wissen, dass Peters und Heiners Plan nie funktionieren würde. Niemals würden die zuständigen Gemeinden ihre Zustimmung zu einer solchen Verschandelung der berühmten Küste geben. Ich wusste, dass man vor einigen Wochen den Antrag eines australischen Mitbürgers auf einen winzigen Kiosk an den *Twelve Apostles* abgelehnt hatte, und da sollte man nun den Einfall der Deutschen erlauben? Diesen beiden war ich mit meinen Recherchen einen Schritt voraus – das hoffte ich zumindest. »Grillmeister« war flexibel, »Grillmeister« war mobil.

Und auch mit weiß-blauen Rauten hatte ich nichts am Hut. Ich weiß sowieso nicht, was diese extreme Deutschlandhuberei im Ausland soll. Goldene Löwen auf Bierdeckeln, schwarze Adler auf Servietten, weiß-blaue Tischdecken, schwarz-rot-goldene Speisekarten. Was soll das? Woher kommt dieser Zwang ausgewanderter Deutscher, zu übertreiben, als gelte es ein deutsches Disneyland aus dem Boden zu stampfen? In Deutschland findet man diese Tümelei so geballt nicht einmal mehr auf Heino-Konzerten. Doch wenn meine Konkurrenz meinte, damit mehr zu verkaufen, bitte schön, sollten sie doch! Ich machte den Zauber jedenfalls nicht mit. Man muss doch auch vor sich selbst bestehen können. Schon in Deutschland stand ich nicht auf Blasmusik und Dirndl. Was sollte ich jetzt damit, zwischen Eukalyptusbäumen und Kängurus?

Ich wollte das ganze behutsamer angehen und mit Qualität und gutem Service punkten, das hatte ich mir geschworen. Dass es möglich war, auch ohne Germanen-Kitsch deutsche Würstchen an Australier zu verkaufen, hatten wir in Timboon zumindest im Ansatz bewiesen. Sicher, unser Marketing war noch nicht perfekt, aber es ist noch kein Meister vom Himmel gefallen.

Nun sollten wir eine zweite Gelegenheit bekommen, das Unternehmen »Grillmeister« auf sichere Beine zu stellen.

Als wir zum Gourmet-Festival aufbrachen, war es noch stockfinster. Aber wenn der »Grillmeister« um zehn Uhr verkaufsbereit sein sollte, mussten wir früh losfahren, schließlich würde es wieder eine lange Zockelei mit dem schweren Anhänger werden. Wir saßen angespannt im bulligen Landrover, der den Wagen zog. Dies war unser bislang größter Einsatz, und wir fürchteten uns vor dem, was uns erwartete. Wir hatten gehofft, vor Ort eine Verkaufshilfe zu finden, aber in den Grampians ließ sich niemand mehr auftreiben. Da hätten wir schon Monate vorher anfragen müssen, hieß es nur, die Saison war fast vorüber.

Immerhin hatten wir auf der Fahrt genügend Zeit, unsere

Checkliste noch einmal durchzugehen: »Wie viel Zwiebeln hast du eingepackt?«, wollte John wissen.

Ich verspannte mich noch ein wenig mehr, nicht nur wegen der Kälte. Die einzigen Zwiebeln, die ich um diese Jahreszeit (der australische Mai war Spätherbst) noch hatte auftreiben konnte, waren verschrumpelte Winzlinge gewesen, die ihrer Art wenig Ehre machten. Ich hatte sie dem Bauern vom Feld weg abgekauft, sie waren alles, was er noch hatte: zwei traurige Säcke. Ich hatte Zweifel, ob das reichen würde. Aber falls gar keiner kam, würde es wiederum viel zu viel sein.

Was mir fast noch mehr Kummer bereitete, war die Schälerei: Es würde die Hölle sein mit diesen kleinen, beißenden Biestern, ich würde aus dem Geheule gar nicht mehr rauskommen. Zu allem Übel hatte John mir verboten, in der Bude meine Schwimmbrille anzulegen, so wie ich es zu Hause immer tat.

»Wie sieht das denn aus? Total unprofessionell! Ian Thorpe isst während der 400-Meter-Staffel doch auch keine Bratwurst, oder?«, hatte er sich empört.

Ich fand, dass das ein saudoofer Vergleich war. Ich glaube kaum, dass Ian Thorpe beim Schwimmen meine Bratwurst so nützlich sein kann wie mir umgekehrt seine Schwimmbrille beim Zwiebelschneiden.

»Wir haben mehr Zwiebeln, als mir lieb sind«, antwortete ich knapp.

Ich fühlte mich mies. Wir hatten keine Ahnung, wie viel und was wir verkaufen würden, und daher war es müßig, über die mitgeführte Warenmenge zu streiten. Wir taten es dennoch:

»Was? Du hast nur drei Kilo *Cheese Kranskys* im Kühlschrank? Damit hätten wir gar nicht erst losfahren brauchen!«, stänkerte ich John an.

»Mehr war einfach nicht mehr da. Du weißt doch, dass es mit dem Nachschub dauert. Müssen wir eben die *Chili Cheese Kranskys* bewerben wie sauer Bier! Davon haben wir nach dem Debakel von Timboon nämlich noch reichlich«, blaffte John zurück.

Er sprach jetzt immer nur noch vom »Debakel von Timboon« als dem historischen Tiefpunkt unseres Wurst-Abenteuers. Ich schnaubte. Die *Chili Kranskys* hatten bislang nur die Besoffenen gekauft, und das hier war eine feine Veranstaltung, die am Abend endete.

So ging es noch eine ganze Weile zwischen uns hin und her (wie viele Brötchen waren als eiserne Reserve tiefgefroren an Bord? – keine?!), bis wir uns im Eifer des Gefechts verfahren hatten. Auch darauf waren wir nicht vorbereitet. Draußen war nicht ein einziges Hinweisschild in Sicht, und zu allem Überfluss hatten wir nicht mal eine Karte dabei, nichts. Wieso auch? Wir waren schon hundertmal in den Grampians gewesen, wir hätten blind hinfinden müssen.

Jetzt wurde aus dem geringsten unserer Probleme das größte. Um fünf Uhr morgens gibt es niemanden, den man im ländlichen Victoria nach dem Weg fragen könnte. Wo auch? Es gab nur einen Ort auf dem dreistündigen Weg, und das war natürlich der, dessen Abfahrt wir verpasst hatten. Wir gurkten hilflos in der rabenschwarzen Landschaft umher. Das Benzin wurde langsam knapp, doch wir hatten keinen blassen Schimmer, wo die nächste Tankstelle liegen könnte. Vor acht macht auf dem Land sowieso nichts auf. Weil wir schon mal dabei waren, ergingen wir uns in den schönsten Schuldzuweisungen.

»Wieso hast du gestern nicht getankt?«, fragte ich mit feindlich unter der Brust verschränkten Armen.

»Jetzt mach mich nicht verrückt! Du weißt genau, dass wir

so oder so auf dem Weg tanken müssen. Denk lieber nach, was wir jetzt machen sollen.«

Sprach da etwa mein ausgeglichener Australier? Das hätte ich für meine Mutter aufnehmen sollen.

Statt zu antworten, schaute ich genervt aus dem Fenster, als es plötzlich einen dumpfen Schlag tat und der Wagen nach links verrissen wurde. John trat sofort auf die Bremse und brachte unser Gespann zum Stehen, knapp bevor es von der Straße abkam.

»*Shit, a roo! Are you okay?*«

Ich nickte mechanisch. Ich war geschockt, hatte mir beim Aufstützen aber nur den Unterarm geprellt. John war Gott sei Dank auch nichts passiert. Er stieg aus und nahm die Lage in Augenschein. Wir hatten ein stattliches Känguru überfahren. Im Scheinwerferlicht sah ich, dass das Tier nicht mehr atmete. John beachtete den Körper nicht weiter und legte sich mit der Taschenlampe unter den Wagen.

»Ich hoffe, die Achsen sind nicht ruiniert.«

»Ist das alles, was du zu sagen hast? John? John! Wir überfahren ein Tier und dich kümmern nur die dämlichen Achsen?« Ich stand empört neben dem Auto und war immer noch in Streitlaune.

John robbte sich wieder unter dem Landrover hervor und stand auf. Sein Finger zeigte auf mich: »Sei du mal lieber froh, dass wir noch am Leben sind. Ein Tier dieser Größe – das hätte auch ganz anders ausgehen können.«

Aua, das saß.

Er knallte die Wagentür zu und startete den Motor. Ich machte, dass ich wieder ins Auto kam. Nicht, dass mich mein Mann mit dieser Laune noch aussetzte.

Den Rest der Fahrt schwiegen wir. Ich weiß nicht, was John durch den Kopf ging. Ich dachte nur, was für ein Riesenscheiß das alles war. Totes Känguru, kein Benzin, eine Wurstbude im Schlepptau. Ich in Australien. Ein einziger Schlamassel, das alles. Ich heulte nur aus Trotz nicht und weil es ja sowieso nichts gebracht hätte. Immerhin fanden wir die Tanke, wo wir auch nach dem Weg fragen konnten.

Als wir den Veranstaltungsort endlich erreichten, lief Michael uns entgegen, als wir auf den Eingang zufuhren.

»Endlich, da seid ihr ja!« Er wies mit der Hand auf unseren Stellplatz und winkte uns durch die schmale Einfahrt.

Die Männer konzentrierten sich dabei so sehr auf das millimetergenaue Einparken auf den mit Farbe markierten Standplatz, dass sie den Torbogen, unter dem wir durchmussten, komplett vergaßen. Während Michael lotste und John Zentimeterarbeit am Steuer verrichtete, nahmen wir den kompletten Aufbau unseres Anhängers mit. Dabei hatte ich noch gewarnt, dass es obenrum eng werden könnte, aber auf uns Frauen hört ja keiner.

Ich schüttelte den Kopf. Ich hatte keine Energie mehr übrig, um mich aufzuregen. Ich vermied es, John anzuschauen. Noch ein Streit und ich hätte die Flinte ins Korn geworfen.

Michael raufte sich die Haare. Ich konnte nicht verstehen, was er sagte, und war eigentlich auch ganz froh drum. »Willkommen zum Gaumenerlebnis des Jahres« stand auf einem Banner, das an dem vermaledeiten Torbogen angebracht war; beziehungsweise gewesen war, denn jetzt hatte es sich unter unserem Scheibenwischer eingeklemmt und tanzte vor unserer Nase im Wind.

»*Shit!*«, zischte John zwischen den Zähnen hervor, aber da wir jetzt praktisch schon durch waren, fuhr er einfach weiter.

»Wenn die Bude jetzt mal keine Kratzer hat. *Shit, shit, shit!*« Australier fluchen nun mal gerne.

Michael lief uns nach. Er war wohl italienischer Herkunft, denn er begrüßte uns mit einem »Mamma mia« und wuschelte wieder nervös in seinen Haaren herum. Wir entschuldigten unsere Verspätung erst gar nicht. Das würde nun auch nichts mehr ändern, und so machten wir einfach weiter im Programm, als wäre nichts gewesen. John schloss Strom und Heißwasser an, drehte das Gas auf, und ich kümmerte mich um die verdammten Zwiebeln. Nutzte ja nichts, wir mussten da durch. Wenigstens konnte ich jetzt losheulen, ohne dass jemand Verdacht schöpfen würde.

Wir schufteten im Akkord hinter der noch geschlossenen Verkaufsklappe. Es war kurz vor zehn, ich musste aufs Klo und erschrak, als ich die Menschenschlange vor der Bude sah. Die wollten doch nicht etwa alle eine Wurst von uns? Jetzt schon, vor zehn?

»John«, keuchte ich, als ich zurückgelaufen kam, »du glaubst es nicht. Kunden, Kunden, Kunden! Lass uns aufmachen, los!« Ich drückte ihm einen flüchtigen Kuss auf die Wange.

Er schaute nun selbst nach. »Halleluja!«, entfuhr es ihm.

Wir blickten uns in die Augen und umarmten uns. Für einen Augenblick blieb die Zeit stehen. Wir waren am Wendepunkt, das spürten wir. Ich holte tief Luft, noch lieber hätte ich in eine Tüte geatmet, so aufgeregt war ich.

»Wir schaffen das, oder?«, fragte ich mit dünner Stimme.

»Wir schaffen das!«, antwortete John und gab mir einen festen Klaps auf den Hintern. Was war ich mal wieder froh über die stählernen Nerven meines Gatten!

Jetzt konzentrierten wir uns voll auf unsere Aufgaben. Die Wurst war auf dem Grill, die erste Ladung Zwiebeln geschält, die Brötchen aufgeschnitten. Alles so weit im Lot.

»Fertig?«, fragte John.

»Fertig!«, antwortete ich.

»Dann lass die Welt über uns hereinbrechen!«, sagte John und stemmte kraftvoll die Klappe nach oben.

Mir standen die Tränen in den Augen. Diese verfluchten Zwiebeln aber auch!

Die nächsten zwei Tage sind mir nur noch verschwommen in Erinnerung. Von dem Moment an, da John die Ladenklappe geöffnet hatte, bis zum Ende der Veranstaltung rödelten wir, bis uns die Finger bluteten. Ich übertreibe kaum, denn was John betrifft, ist das durchaus wörtlich zu nehmen: Der Arme schnitt sich mit dem Brotmesser tief in die Handfläche. Ich schickte ihn zum Erste-Hilfe-Zelt und wollte ihn zu einer Auszeit zwingen, aber es war nichts zu machen, nach zehn Minuten stand er wieder am Grill.

An beiden Tagen ging ich kein einziges Mal aufs Klo; ich musste überhaupt nicht, obwohl ich genug Wasser trank (außerdem hatten wir einen kleinen Weinkarton im Kühlschrank, für die Nerven). Die Schlange, die ich am Morgen gesichtet hatte, riss das ganze Wochenende nicht ab. Wir waren im Rausch und arbeiteten wie die Roboter. Anfangs konnte ich gar nicht aufsehen, wenn ich bediente, weil mir all die wartenden Menschen Angst machten, aber irgendwann tat das Adrenalin seine Wirkung und die Würstchen flogen nur noch so vom Grill.

Am Abend schafften wir es gerade noch, zu duschen und eine Kleinigkeit zu essen. Jede Faser unseres Körpers brannte, die Knochen schmerzten. Ich war erschlagen und doch aufgekratzt. Ich strich John über die Wange, er schlief schon. Ich lag mit dem Bier in der Hand auf dem Bett unseres Motelzimmers und ließ den Tag Revue passieren.

Das genau war es, wovon ich geträumt hatte! Wir hatten Erfolg, die Leute mochten unsere Wurst, sie gierten regelrecht danach. John hatte kurz zuvor den kompletten Inhalt der Kasse aufs Bett geleert und die Scheine gezählt.

»Nicht, dass du dich vom Bargeld blenden lässt!«, hatte er mich gewarnt, »denk an all die Unkosten und was alles noch abzuzahlen ist.«

Er hatte mir verschmitzt zugelächelt, und da wusste ich: Das war der Durchbruch. Endlich hatten wir den handfesten Beweis, dass wir aufs richtige Pferd gesetzt hatten (oder sollte ich sagen aufs richtige Schwein?) – und dass nicht nur wir auf gute, deutsche Bratwurst standen, sondern eine ganze Menge Australier noch dazu. Ich war im Himmel.

Am nächsten Morgen sprach mich eine schicke Dame mittleren Alters an. Wir hatten noch geschlossen, aber sie wollte sichergehen, dass sie nicht leer ausging: »Kann ich eine Vorbestellung für unseren Boule-Club machen? Gestern mussten wir so lange warten, und das ist nicht gut fürs Spiel. Ich hab unsere Bestellung aufgeschrieben. Hier!«

Sie reichte mir einen Zettel. »Geht das?«

Holy Moly, heiliger Strohsack. 50 Portionen. Und ob das geht! Ich jubilierte, natürlich nur innerlich.

»Ich denke, das lässt sich machen«, sagte ich wie ein alter Budenhase.

Yippie, unsere Wurst war gut, sie war sogar verdammt gut.

Am Nachmittag sollte im Zelt gegenüber ein berühmter Maestro eine Kochshow abhalten, darauf folgte ein fünfgängiges Dinner. Ich empfand kurz Bedauern darüber, dass ich nicht dabei sein konnte. Als aber die Köche des Maestro einer nach dem anderen bei uns auftauchten, um sich noch schnell eine Wurst zwischen die Rippen zu schieben, war ich versöhnt.

»Lass dir das mal lieber nicht zu Kopfe steigen, meine Liebe«, ermahnte mich John. »Du weißt doch von Rachel, dass es die feinen Köche privat zum Fast Food zieht. Nur Hummer und Kaviar ist eben auch nicht das Wahre.«

Seit Rachel den tätowierten Chefkoch kennengelernt hatte, redete sie von nichts anderem mehr als Essen. Vielleicht hatte John recht und unser Produkt war nichts Besonderes, aber dann geschah etwas, dass selbst ihn ins Grübeln brachte.

»*Mate, mate*, ich brauch unbedingt deine Wurst für unser Grillfest nächste Woche. Tauschst du eine Packung deiner ›Grillmeister‹ gegen meinen besten Wein?«

John schaute mich an. Ich zuckte mit den Schultern. Das war der Typ vom nobelsten Weinstand des ganzen Festivals. Warum nicht? Dann hätten wir heute Abend wenigstens was Ordentliches, um auf den Erfolg anzustoßen.

Am frühen Nachmittag hatten wir keine einzige Wurst mehr übrig. Ausverkauft! Ich war erleichtert und happy, zum einen natürlich, weil die Kasse klingelte, aber das allein war nicht ausschlaggebend. Ich empfand es als tiefe Befriedigung, den Menschen etwas gegeben zu haben, von dem sie offensichtlich nicht genug kriegen konnten, und das nicht nur, weil es ihren Hunger auf bequeme Weise stillte. Wenn es einem so richtig schmeckt, wenn man Heißhunger auf etwas verspürt, wie etwa nach einer würzig-saftigen, kross gegrillten Thüringer, und wenn man sie dann endlich im knusprigen Brötchen auf der Hand hat, dann ist das nicht nur Nahrung für den Körper. Das ist *soul food* – mit jedem Bissen wird auch die Seele ein wenig satter. Unsere Wurst tat den Leuten gut, das sahen wir, denn sie kamen ja wieder. *The best is wurst* stand auf unserer Geschäftskarte, und wir fanden, dass unser Slogan an diesem ersten Mai-Wochenende ganz besonders stimmte.

Nachdem die allerletzte Wurst über den Tresen gegangen war, schloss John die Verkaufslade. *End of story, morning glory* – Schicht im Schacht. Obwohl wir kaputt und überdreht waren, mussten wir zumindest noch die gröbste Sauerei im Wagen beseitigen. Ich spülte die Grillzangen und das Wasserbad, John reinigte den Grill. Immer wieder schüttelte einer von uns ungläubig den Kopf. Wenn wir uns ansahen, mussten wir lachen.

»Komm, lass uns die Flasche köpfen. Ich bin in Feierlaune«, sagte John nach einer Weile. Er wischte sich die Hand an der Schürze ab und goss den Roten in zwei Plastikbecher.

»*Cheers, darl.* Auf dich, auf uns, auf ›Grillmeister‹!«

Meine Wangen röteten sich schon nach dem zweiten Schluck. Wir hatten den ganzen Tag noch nichts gegessen.

»Was der wohl gekostet hat?«, fragte ich.

»Das weiß ich zufällig ganz genau«, sagte John und grinste.

Ich schenkte nach. Gut, dann konnte ich wenigstens sicher sein, dass man uns nicht reingelegt hatte und wir morgen früh vom billigen Wein einen Kater erleiden mussten. Ich nahm einen kräftigen Schluck.

»100 Dollar.«

Fast hätte ich mich verschluckt: »Was? 100 Dollar?«

Ich rechnete die australischen Dollar im Kopf immer noch in D-Mark um – die Macht der Gewohnheit. 120 Mark, überschlug ich, also um die 60 Euro. Noch nie hatte ich einen so teuren Wein getrunken, zumindest nicht eine ganze Flasche, und schon gar nicht aus Plastikbechern. Ich musste zugeben: Das flüssige Geld ging runter wie Öl. John legte seine Hände um meine Hüften und zog mich an sich.

»Das reinste Frolleinwunder, was wir beide hier erleben.«

Er küsste mich. Ich schüttelte den Kopf. Als wäre das allein mein Verdienst! Ohne John hätte ich mit der Bude gar nicht erst angefangen, ohne ihn würde gar nichts laufen.

»Nein, kein Frolleinwunder, das perfekte *joint venture*«, sagte ich.

Ich wusste nicht, was in Zukunft aus »Grillmeister« werden würde. Nicht alle Events würden für uns so wunderbar laufen wie dieses hier, und wir mussten uns darüber klarwerden, wie viel John überhaupt zuzumuten war. Es wäre zu diesem Zeitpunkt wahnsinnig gewesen, wenn er seinen sicheren Job für »Grillmeister« hingeworfen hätte. Und dann war da natürlich noch unser Sohn Oscar. Ich konnte und wollte ihn nicht jedes Sommerwochenende bei Kim und ihren Jungs unterbringen.

Es gab also viel, worüber wir in der nächsten Zeit nachzudenken hatten, wenn unser kleines Unternehmen weiterhin wachsen und gedeihen sollte. Einfach würde es nicht werden, vor uns stapelten sich die Hürden geradezu, aber immerhin: Wir konnten uns aufeinander verlassen, das war doch schon eine ganze Menge. Alles andere würde sich zeigen, und wie sagte John es treffend: »Gegessen wird immer.« Genau. Am Ende war die Bude doch keine so blöde Idee. Irgendwie würden wir uns da schon durchwurschteln. *No worries, mate!*

Doch für heute hatten wir genug. Wir wollten nur noch zurück nach Hause, zu unserem umstürmten Haus am Meer und heim zu Oscar, unserem Sohn.

Mit jedem einzelnen Tag lernten wir dazu. Jeder Markt, jedes Festival war anders, hatte andere Bedürfnisse und Anforderungen an unser Wurst-Business. Mal verkauften wir weit mehr als erwartet, doch schon beim nächsten Event mussten wir die Hälfte der Ware mit nach Hause nehmen.

Aber insgesamt betrachtet hatten wir ein wirklich gesundes Unternehmen auf die Beine gestellt, das viel mehr war als eine selbstgeschaffene Arbeitsstelle für eine frustrierte Hausfrau. Der »Grillmeister«, das war mein zweites Baby, eine zunächst nur etwas verrückte Idee, die tatsächlich Wirklichkeit wurde.

Das kleine Familienunternehmen funktionierte, und wer weiß, was sich daraus noch entwickeln konnte? Außerdem machte mir mein neuer Job trotz aller Schwierigkeiten einen Heidenspaß. Endlich hatte ich wieder eine Betätigung, die mich forderte. Auch wenn es sich komisch anhört: Die Würstchenbude war für mich ein wichtiger Schritt im neuen Land. Ich war nicht länger nur die Touristin, die sich bloß einen Einheimischen geschnappt hatte. Nein, ich gehörte dazu, ich hatte mir in meiner neuen Heimat etwas aufgebaut, ich war ein Teil der australischen Gesellschaft.

Ich war happy und nicht ohne Stolz. Ich hatte das Gefühl, dass ich in den letzten Jahren über mich hinausgewachsen war. Im Laufe der Zeit hatte ich die zweifelnde Annette ein gutes Stück hinter mir gelassen, und das hatte sich gelohnt: Ich hatte es geschafft! Ich war in Australien angekommen.

Epilog

Unser größter Erfolg mit dem »Grillmeister« war das Falls Festival in Lorne, ein bekanntes Open-Air-Konzert, das regelmäßig über Neujahr stattfindet. Ich hatte es geschafft, beim Management einen der begehrten Stellplätze zu ergattern und sogar die saftige Standgebühr zu drücken. Jonathan rückte mit drei hübschen Freundinnen zum Helfen an. Zwei Tage und Nächte kamen wir mit dem Grillen kaum hinterher, so gefragt waren unsere Würstchen.

Am Neujahrstag passierte es dann. Das Festival war vorbei, wir packten zusammen, und John machte den Imbiss abfahrtbereit. Ich war schon vorgefahren, um Oscar bei Kim abzuholen, und wunderte mich, wo John so lange blieb. Eigentlich hätte er längst unterwegs sein müssen. Da erreichte mich der Anruf: Plötzlicher Seitenwind hatte den Anhänger ins Schlingern gebracht, er war außer Kontrolle geraten und umgekippt. Der Toyota wurde ins Gebüsch geschleudert. John hatte sich Schulter und Rippen gebrochen, die Lunge war punktiert.

Der Mann, der am Unfallort Erste Hilfe leistete, war zufällig ein Mitglied in Johns ehemaliger Kirche, John hatte ihn wiedererkannt. John erzählte mir später, er habe gewusst, was dieser Mann in jenem Moment dachte, da er John dort im Gras liegen sah: Er dachte, dass Gott die Dinge so gefügt habe.

Während John noch auf der Intensivstation lag, rief dieser Mann mich an und meinte, Gott habe John gerettet.

Darüber war John sauer: »Wenn Gott was mit dem Unfall zu tun gehabt hätte, dann hätte er die Bäume versetzt und meine Rippen wären noch heil.«

Heute geht es John wieder gut, manchmal schmerzt ihn noch die Schulter, aber ansonsten hat er Glück gehabt. Die Wurstbude war völlig hinüber, da gab es nichts mehr zu flicken. Aus der aufgerissenen Seite quoll der zermatschte Inhalt: der schöne Grill – verbogen; die Kühlschränke – zerdrückt; die Gefriertruhe – zerschmettert. Dazwischen waren Senfeimer und Ketchup-Flaschen aufgeplatzt, das Kleingeld war aus der Kasse geflogen und hatte sich überall in dem Chaos verteilt. Leider war unser Anhänger nicht versichert, weil wir zu diesem Zeitpunkt noch keinen Versicherer gefunden hatten, dem der Flammengrill kein Dorn im Auge gewesen wäre. Und einen neuen Wagen konnten wir uns nicht leisten.

Das war's also. »Grillmeister« war futsch. Vom Winde verweht. *End of story.* Eine Zeitlang versuchten wir noch, »Grillmeister« als Business zu verkaufen, denn außer dem Wagen selbst stand ja alles: Kunden, Zulieferer, Webpage, Logistik – das alles war noch da, und der Käufer hätte nur noch einen Wagen bauen lassen müssen. Doch es gab uns wohl noch nicht lange genug, als dass sich jemand auf das geschäftliche Risiko eingelassen hätte.

Wir beschlossen umzuziehen. Dorthin, wo es immer warm ist: in die Tropen Australiens. Dort hatten wir uns vor zehn Jahren kennengelernt, dort wollten wir in Zukunft als Familie leben.

Aus Chris und Rachel wurde tatsächlich ein Paar, und Rachel zog zu Chris nach Warrnambool. Das Musikstudium in Melbourne hat sie geschmissen, heute arbeitet sie als Küchenchefin.

Jonathan spielt seit langem nicht mehr bei *Neighbours* mit, er führt dort mittlerweile Regie.

Tja, und Lister, der Terrier mit dem unbändigen Freiheitsdrang, hat sich eines Tages in den Hundehimmel gegraben. Da soll's ja keine Zäune geben. Holly, unser Border Collie, hat sich von ihm den Klobürstenlook abgeguckt.

John, Oscar, Holly und ich leben nun also in Cairns. Das ist in *Far North Queensland*, ungefähr 3500 Kilometer von Warrnambool entfernt. John ist Geschäftsführer eines ziemlich großen Sozialdienstes und hätte heute gar keine Zeit mehr für Würstchen – außer am Wochenende am heimischen Grill. Ich arbeite freiberuflich hin und wieder fürs deutsche Fernsehen und kümmere mich um Oscar. Er ist sechs und geht in die erste Klasse.

Wie es uns geht nach all der Aufregung um »Grillmeister«? Es geht uns gut. Wir zwicken uns manchmal gegenseitig, weil wir es kaum glauben können, dass wir in dieser paradiesischen Kulisse leben. Sicher, ich bin manchmal traurig, wenn ich ans Ende unserer Wurstbude denke, aber noch mal von vorne anfangen? Würstchen unter Palmen? Viel zu heiß! Mir fällt schon noch eine neue Geschäftsidee ein, mit der ich den armen John überfallen kann. Mein australisches Abenteuer ist nämlich noch lange nicht vorbei, und – wie gesagt – ich habe Zeit, sehr viel Zeit.

Im Rückblick verklärt man die Vergangenheit gerne, und manchmal vergesse ich, wie schwierig ich das Leben im neuen Land anfangs empfand: mit John und seinen Kindern, mit der Würstchenbude und selbst mit Oscar. Erst glaubte ich noch, das Auswandern selbst sei der große Neubeginn, dabei war es nur der erste Schritt auf dem holprigen Weg in ein neues Leben, dem noch ganze Wanderungen ins Unbekannte folgen sollten – in Schuhen, in die ich erst hineinwachsen musste.

Auswandern ist heutzutage kein lebensgefährliches Abenteuer mehr, jedenfalls nicht, wenn Australien das Ziel der Reise ist. Wie riskant dieses Unternehmen im Vergleich für die frühen Siedler war! Es starben ja nicht nur viele Alte und Kinder auf der monatelangen Überfahrt; selbst gesunde Erwachsene hielten die Strapazen auf dem Schiff kaum aus. Wer es dennoch schaffte, fand sich in einem unbekannten Land wieder, über das er bestenfalls zuvor ein paar Seiten gelesen hatte. Was für ein Schock, dann in dieser Fremde leben zu müssen! Ein Ticket zurück konnte sich keiner leisten. Der Abschied von den in Europa Zurückgebliebenen war für die allermeisten Auswanderer ein Abschied für immer.

Heute ist es natürlich leichter, seine Heimat zu verlassen. Es gehört nicht viel dazu, sich in ein Flugzeug zu setzen, selbst wenn man wie ich unter Flugangst leidet. Es war mein freier Entschluss, zu gehen, und ich freute mich darauf. Australien war exotisch, aufregend. Heute weiß ich, dass es exotische Orte in Wirklichkeit gar nicht gibt. Exotik ist eine Palme im Kopf, die immer dort am Strand steht, wo man gerade nicht ist. Ich meine, John fand mich als Deutsche exotisch! Oder um es mit einem Liedtitel zu sagen: *People are strange when you're a stranger* – die Leute sind eben seltsam, wenn du ein Fremder bist.

Anders als die ersten Siedler musste ich Europa nicht verlassen, weil ich in der Heimat nicht mehr genug zu essen hatte oder weil ich wegen meines Glaubens verfolgt wurde. Ich ging, weil ich mich verliebt hatte und weil ich hoffte, dass ich in Australien mindestens so gut wie in Deutschland leben könnte. Ich war frei, zu tun, was ich wollte, und ich tat, was mir mein Herz sagte.

Bin ich heute glücklich wie im Märchen oder bereue ich vielleicht meine vor Jahren getroffene Entscheidung? Glück ist kein Dauerzustand, das weiß jeder, und Glück empfindet nur, wer auch das Gegenteil kennt. Ich erlebe viele glückliche Momente, für die ich dankbar bin. Ich empfinde Glück, wenn ich den Mona-Lisa-Blick sehe, mit dem John unseren Sohn beim Spielen betrachtet (manchmal spielt er nämlich ohne Killergeräusche). Ich bin glücklich, wenn ich neben meinem Mann liege und zuhöre, wie im Morgengrauen die Natur vor unserem Fenster mit Mordsgeschrei erwacht (was wir einem seltsamen Vogel verdanken, dessen Namen ich vergessen habe). Ich bin glücklich, wenn ich sonntags mit meiner Familie am Strand entlanglaufe und in das klare Blau des Himmels schaue. Ich liebe dieses besondere Licht, die Weite, die Menschen hier.

Bin ich wirklich angekommen in meiner neuen Heimat? Ich glaube, ja, auch wenn mir meine neue Heimat immer ein wenig fremd bleiben wird. Das Gefühl, dass man als Ausgewanderte nirgendwo so ganz dazugehört, ist wohl ein unabänderlicher Teil dieser Erfahrung. Das kann sich manchmal komisch anfühlen, auf der anderen Seite bin ich nun in zwei Ländern zu Hause. Wer wollte schon sagen, dass dies keine Bereicherung sei? Ich – meine Familie und ich – wir leben gerne in Australien.

Natürlich hilft es ungemein, einen Australier als Partner zu haben. Dennoch brauchte ich eine ganze Menge Zeit, um mich hier heimisch zu fühlen. Auf Menschen zuzugehen ist in Australien für mich immer noch ein bisschen schwieriger als in Deutschland – einfach, weil es anders funktioniert. Es ist, als müsste ich mich kurz räuspern, bevor ich mich ins Gespräch mit einem Australier stürze. Ich muss mir kurz ins Gedächtnis rufen, wie ein Gespräch hier abläuft. Keine große Sache, aber doch ist da immer diese Trennwand, die sich zwischen mir und meinem fremden Gegenüber aufbaut.

Der kulturelle Graben verkleinert sich mit jedem Tag, den ich hier lebe, aber ganz verschwinden wird er wohl nie. Zuweilen ist es ja auch ganz schön, wenn man mal nichts sagen muss. So werde ich auch in Zukunft schweigen, wenn das Gespräch im sportverrückten Australien auf *Cricket* oder *Footy* kommt, das macht mir gar nichts, es interessiert mich nicht. Gerne mitreden würde ich allerdings, wenn Freunde über die heimischen Lieblingsserien ihrer Kindheit reden (»Skippy, das Buschkänguru« kannte ich als Kind immerhin auch).

Die Anzahl der Missverständnisse hat sich über die Jahre kontinuierlich verringert, doch ganz Verschwinden werden auch sie nicht, auch nicht die zwischen John und mir. Wie oft schon entpuppte sich eine witzige Redewendung, die ich Johns Originalität zuschrieb, als kulturelles Allgemeingut? *Dry as a witch's tit* fällt mir da gerade ein: Ausgedörrt wie eine Hexentitte sei er, sagte er einmal, als ihm schrecklich nach einem Bier dürstete. Als ich den deftigen Spruch in einer wörtlicheren Bedeutung später in meiner Muttergruppe wieder hörte, war ich ein bisschen enttäuscht. Das alles ist keineswegs tragisch, ich hab mich mit der Zeit dran gewöhnt.

Seltener, aber doch noch hin und wieder denke ich heute darüber nach, wie es wäre, wenn ich Deutschland nicht verlassen hätte. Seit mein Sohn geboren wurde, ist die Frage nicht mehr so wichtig. Oscar hat meine Anwesenheit in Australien zu einer Selbstverständlichkeit gemacht. Wo sonst sollte seine Mutter schon hingehören? Seit er drei ist, korrigiert er meine Aussprache und arbeitet aktiv an der Vergrößerung meines Wortschatzes mit (*Mum*, die schwierigen englischen Wörter kannst du eben noch nicht). Auch damit kann ich mittlerweile leben.

Außerdem, wer grübelt schon täglich über längst vergangene Entscheidungen? Das Leben geht schließlich weiter. Und doch wird es nie leichter, meine Eltern, Freunde und Geschwister so weit weg zu wissen. Ich verdränge den Gedanken daran, was wäre, wenn meiner Familie in Deutschland etwas passieren sollte, und ich bin dann nicht für sie da, war es all die Jahre nicht. Es ist traurig, dass ich die Kinder meiner Brüder so wenig kenne, und ich bedauere, immer nur kurze Zeit mit ihnen verbringen zu können. Ich fühle mich manchmal schuldig, weil Oma und Opa an Oscars Geburtstag nie mitfeiern können.

Im Kindergarten gab es mal einen *Pop-and-Nanna*-Tag, wie Opa und Oma hier heißen. Die Großeltern besuchten ihre Enkelkinder im *kindie* und aßen Kuchen, den die Kinder zu diesem Anlass gebacken hatten. Johns Eltern sind schon lange verstorben, und erst wusste ich nicht, was ich machen sollte. Ich wollte nicht, dass Oscar als einziges Kind ohne Großeltern dastand. Vielleicht sollte er besser zu Hause bleiben? Dann hatte ich eine Idee. In Oscars Alltag gab es nun mal keine Großeltern. Sollte er sich deswegen etwa verstecken? Das wäre nun wirklich traurig, fand ich, und so ging ich eben mit. Zum Ausgleich hatten wir Bilder von den Großeltern dabei. Oscar ging von Tisch zu Tisch, zeigte stolz die Fotos herum und erklärte: »*My pop and nanna live in Germany.*« Er schien mit seinem Sonderstatus sehr zufrieden zu sein, denn alle hörten ihm aufmerksam zu und stellten Fragen.

Nach Deutschland komme ich nur noch auf Besuch. Jedes Mal, wenn ich dort ankomme und meine Eltern zur Begrüßung umarme, fällt mir auf, wie sie sich verändert haben. Leider bleibt auch mein Älterwerden nicht unbemerkt. Letztes Jahr in Berlin schenkte mir meine Mutter eine Faltencreme.

Ich lebe seit neun Jahren in Australien. Deutschland ist mir nach wie vor vertraut, ich habe dank meiner Mutter ein ZEIT-Abonnement, bestelle mir deutsche Bücher und verfolge die aktuellen Nachrichten im Internet. Ich kenne Deutschland,

Deutschland ist für mich leicht, ich muss nicht erst lernen, wie das Land tickt, und doch schleicht sich ins Vertraute immer öfter etwas Fremdes. Das macht mich immer ein bisschen wehmütig. Meist ist es nur ein Wort oder ein Ausdruck: »Bionade« oder »Hartz IV« habe ich beispielsweise nicht mehr kennengelernt (»Sei froh«, werden Sie vielleicht sagen); und anfangs wunderte ich mich, wenn ich zum wiederholten Male las, wer jetzt nicht alles »gut aufgestellt« sein wollte. Ich selbst benutzte diese Formulierung höchstens mal als Lob, wenn mein Sohn mit seinen Bauklötzchen ordentlich was aufgetürmt hatte.

Meine Vergangenheit in Deutschland verschwimmt zunehmend, vielleicht weil meine Zukunft woanders liegt. Ich merke das erst, wenn ich wieder einmal in Deutschland bin. Dann kann es vorkommen, dass sich mir das Herz ein wenig zusammenkrampft. Manchmal ist es nur ein beiläufiges Gespräch mit meinem Bruder, in dem es vielleicht darum geht, wie wichtig es ist, dass die Kinder in Deutschland das Gymnasium schaffen. Dann merke ich plötzlich: Das geht mich nichts mehr an. Ich fühle mich in solchen Momenten ausgeschlossen und ein wenig verlassen, obwohl doch ich diejenige bin, die gegangen ist.

Wer auswandert, begibt sich auf schwankenden Grund. Und das Einzige, was sicher ist, ist zunächst nur, dass dieser Zustand erst einmal so bleibt. Das muss man aushalten können, besonders wenn es mal wieder stürmt und die Aussichten alles andere als rosig sind. Doch so ein Unwetter dauert ja nicht ewig, am Ende schieben sich dann wieder die Wolken auseinander, die Wogen glätten sich und der Himmel wird heiter. In solchen Momenten spüre ich eine innere Weite, eine gelassene Freude – ich nenne das Glück. Woanders und überall.

Danke

John muss der gelassenste Mensch der Welt sein. Anders kann ich mir nicht erklären, wie er all die Monate, die ich an diesem Buch schrieb, so ruhig bleiben konnte. *»It's fine, love«*, winkte er jedes Mal nur lächelnd ab, wenn ich vorsichtig anfragte, ob es denn okay sei, was ich da gerade wieder über ihn in meinen Laptop gehämmert hätte. Da er immer noch kein Deutsch spricht, wird er ja nicht lesen können, was ich über ihn verzapfe. Ob ich umgekehrt so entspannt geblieben wäre, wage ich zu bezweifeln.

Aus demselben Grund danke ich Rachel. *»No worries«*, hat sie gesagt, als ich ihr andeutete, dass sie im Buch nicht so supersuper wegkommt. Verdichtet man all die Ereignisse, die sich über Jahre hinweg zugetragen haben, wirken einige Personen wie Rachel oder Anja ein wenig überzeichnet. Ich weiß und hoffe, dass sie mir das nicht übelnehmen. Rachel ist heute eine wundervolle junge Frau, die ihr Leben mit Freude und Elan meistert. *Thank you, Rachel and John, for your never failing humour and for being such great sports. Love you, guys!*

Ich danke Anja dafür, dass sie mich vor zehn Jahren zu jener folgenschweren Australienreise verführt hat. Wir sind Freundinnen fürs Leben, und weil ich ihren Humor kenne, weiß ich, dass das immer so bleiben wird.

Mein Dank gilt nicht zuletzt dem Droemer Knaur Verlag, der großes Vertrauen bewies, als er mich dieses Buch schreiben ließ. Besonders danke ich dort der Lektorin Iris Hechenberger, die mich mit untrüglichem Gespür und Sicherheit durch das Tal des Schreckens geleitete, das das Schreiben über mein eigenes Leben nicht selten war.

Thomas Kausch

Dear Americans

Schön, dass wir euch wiederhaben

Lebt George W. Bush jetzt in einem Outlet in Dallas? Wieso mixt Obama die Barszene in Washington auf? Warum ist Johnny Depp in Wirklichkeit sehr klein und normal? Und warum hasst ein Friseur aus L. A. alle Düsseldorfer? Der bekannte TV-Moderator Thomas Kausch gibt Antworten auf diese und viele weitere Fragen. Als ehemaliger Auslandskorrespondent kennt er die USA wie seine Westentasche und hat sich nun auf die Reise durch das »neue Amerika« begeben.

»Unwiderstehlich!«
LARRY HAGMAN

Knaur Taschenbuch Verlag

Simone Buchholz

Pasta per due

So schmeckt die Liebe

Ein Italiener braucht eine Frau, die kochen kann. Eigentlich ein Klischee. Aber Simone Buchholz schert sich nicht darum, sie bekocht ihren Italiener gerne. Anhand ihrer Lieblingsrezepte, von Antipasti bis Dolci, erzählt sie, wie sie sich nicht nur in sein Herz, sondern auch in das seiner Familie gekocht hat.

Knaur Taschenbuch Verlag